河出文庫

私戦

本田靖春

河出書房新社

目次

私戦

第一章　引金

旭町は、国鉄東海道線清水駅から南へ六百メートル、私鉄静岡鉄道新清水駅から北東へ百メートルという地の利を得て、バー、スナック、飲食店など約三百軒が蝟集《いしゅう》するネオン街を形づくっている。

その中でひときわ目をひく六階建の北村ビルは、新清水駅前を南北に走る国道一四九号線から一本東側へ寄った市道に東面して立ち、清水港江尻波止場は、そこから東へ二百五十メートルの地点にある。

かつての旭町は、いわゆる赤線地帯であった。土地の老婆は往時を次のように話す。

「パンパン屋のころは、船が入ると、二時でも、三時でも、（パトロールカーのサイレンが）ウーウー、ウーウー鳴っとってね。私ら、うるさくてねられやせんの。

そいでね、船の衆は、やたらフカフカ、フカフカ歩いて来て、自分たちの方がぶつかっちゃ、『人にあたって、なあにインネンがあるだ、ええッ?』『何いうだ。ぼくらあたったんだねくて、あんたっちあたって来たでねぇか』っていうと、『何をッ!』て、殺し合いの喧嘩だわね。まず、あったね。いまはないけん。いまは漁師じゃないけんね。船入っても。漁師でないと金遣わんから、鹿児島とか三重とかの遠くの船、たまにくるけど、くりゃ、みんな奥さんが宿とって待っとるからね。そうは遊び歩かんし――」

赤線が廃止になったあと、それまでの業者はあらかた姿を消し、ここもご多分に洩れず、飲食街に生まれ変わった。

北村嘉一が、六階建のビルを構えて、業界で「大箱」と呼ばれるキャバレーの経営に乗り出したのは、昭和三十六年九月のことである。

清水の市街地を西へはずれた北矢部町で、農家の長男に生まれついた北村は、農業に飽き足らず、成人してからは転々と職をかえた。

一時は缶詰の会社を手掛けたことがある。その後は、畑違いの質屋を開いたりもした。どれもが成功だったとはいえない。

だが、三十五歳にして転進した飲食業で、彼の事業は軌道に乗ったのである。

北村ビルの敷地は約七百平方メートルで、その北側の半分に近い三百七十平方メートル余を建物が占め、残りが駐車場にあてられている。

ビルの一階が北村の経営するキャバレー「みんくす」で、五階が彼の居宅と従業員食堂、六階が事務室、二、三、四階は別経営のトルコ風呂「クイン」となっている。

清水市内で「みんくす」の規模を上回る店はない。百人のホステスを擁するこのキャバレーは、ようやく高まって来た高度経済成長の波に乗り、連夜、盛況を示していた。

昭和四十三年二月二十日、北村の妻淳子が五階の居宅を出たのは、午後七時五十分である。

いつもなら、きまって七時に店に入っている彼女は、遅れたからといって、だれに咎《とが》められるわけでもないのだが、何となく追われる気持になって、降りて行くエレベーターの中で腕時計に目をやっている。

　エレベーター・ホールはトルコ風呂「クイン」の入口で、「みんくす」とは別の区切りになっているから、淳子が自分の店に入るには、いったん通りへ出なければならない。

　その男がロイヤル・ボックスを立って、クロークを兼ねているレジへやって来たのは、淳子がそこにおさまった直後であった。

「市外にかけたいんだが、ちょっと電話を貸して下さい」

　レジのカウンターに置かれているピンク電話（清水二局〇〇九六）から、男は一〇〇番の交換台を呼んだ。

「静岡八五局」という局番だけは、無意識のうちに記憶したが、これに続く番号は淳子の耳に残っていない。

　そのとき彼女は、レジを任せている夫嘉一の弟、三郎と、会計係の小島の三人で、とりとめのない会話をかわしていた。

「ママさん、ぼくの席にいらっしゃいよ」

　通話を終わった男は、交換台が料金を告げてくるのを待ちながら、淳子を誘った。

「はい、ありがとうございます」

　返事とは裏腹に、彼女はその場を離れなかった。

　男が初めて店に来たのは、前の年の、そろそろ暑くなりかけていたころであった。

店で若い男の飲み逃げがあり、指名されたホステスから報告を受けた淳子は、彼女と二人して表に飛び出した。

駐車場に立って、もうそこいらにいるはずもない男の姿を求め、通りの左右を見渡していたときのことである。

「どこへ行っちゃったのかしらね」

なかば独り言めいて、かたわらのホステスに声をかけた淳子へ、通りすがりの男が近づいた。

「何かあったんですか？」

りゅうとした身なりをしているのだが、どこか遊び人のにおいを漂わせている。それが男を見た、彼女の第一印象であった。

「飲み逃げがあったんですよ」

いく分警戒しながら答える彼女に、かさねて男がたずねた。

「いったい、いくらですか？」

口をきいてしまうと、急に話を打ち切るというわけにはなかなかゆかない。

「二万円ばかりなんですがね」

返事をした淳子に、男は思いがけないことをいった。

「それじゃ、私がその分を立て替えます」

彼は背広の内ポケットをさぐって、三枚の一万円札を差し出した。

一面識もない人物にいきなりそのようなことをされて、とっさには返す言葉が見つからない。淳子には、気味のわるさの方が先に立った。

「いいえ、けっこうですよ」

それだけをいって、彼女が入口へ歩きかけると、男は札をなおも押しつけようとする。

「いいから取っておきなさいよ」
二、三度、押問答があった。埒《らち》があかぬとみたか、男は札を淳子の和服の胸元に差し込んだ。
そこで淳子は、にわかに気色ばんだ。

「けっこうですよ。あなたにそんなことをしていただくいわれはございませんから」

そういうなり、抜き出した札を相手に向かって投げ返し、ホステスをうながして、店内に入った。

それで片がついたと思ったら、男はドアを押して後に続き、レジまでやって来た。

「それじゃ、これで、ぼくに飲ませてくれないか」

彼はさらに二枚を追加、合わせて五枚の一万円札を手渡した。

飲むというのであれば客だから、無下《むげ》に断る理由もない。いくらか気分を取り直した淳子は、男を二番テーブルに案内した。

彼は席につくホステスを端から場内指名にし、自分はアルコールをほとんど受けつけない体質であるらしく、フィズ類で間《ま》を保《も》たせながら、もっぱら彼女たちにすすめるのであった。

その間、男は、自分も浜松でキャバレーを開いたばかりだといい、淳子に向かって、「女の子を五、六人連れて、雇われマダムに来てくれないか」と、冗談とも本気ともつかず、相談を持ちかけたりした。

午後十一時の閉店まで盛んに振る舞って、勘定は三万二千円程度であった。預かっていた五万円の中から釣り銭を渡そうとする淳子を押しとどめた男は、その分を居合わせたもので分けるようにと言い残して、颯爽《さつそう》と席を立って行った。

それから彼は、二度、店にやって来た。一度は暮れも押し詰ったころで、見るからに田舎育ちとわかる、二十歳そこそこの女性を連れて来た。もう一度については、淳子にはっきりした記憶がない。

その男である。

彼は、自分が招待したらしい三人連れと、ロイヤル・ボックスの十四番テーブルにいて、姿を見せない淳子に、二度、催促の伝言を寄越した。

店内は、宵の口であるにもかかわらず、七十人ほどの客で賑っていて、何かと手の放せない彼女は、つい顔を出しそびれていたのである。

ロイヤル・ボックスというのは、西側の奥に設けられたステージに向かって右側の手前にあたる一劃で、一般席が並ぶフロアより約二十センチ高くつくられている。

その六十八平方メートルを壁が仕切っているのだが、壁とはいっても隙間が多い格子状のもので、内部が完全に遮蔽されているわけではない。適当に配置された衝立《ついたて》や鉢植えの棕櫚《しゆろ》が、効果的に物陰をつくり出すという寸法である。

壁の切れ目になっている出入口から先は、一面に敷きつめられた卵色の絨氈で、右側に二つ、左側に七つのテーブルが置かれており、客席は茶の飾り織で張られたソファである。

ここでは、一人につき二百五十円のテーブル・チャージが加算されるだけだが、客の心理からすると、一般席並の支出に抑えようとするのは、いささか憚《はばか》られるところであろう。ロイヤル・ボックスの発案者は、当然、そうした計算を踏まえていたに違いない。

八時になろうとしていたとき、ここの客は、入って右隅の十四番テーブルに陣取った、例の一組だけであった。

それから十数分後、男はまたレジへ立って来て、三郎にこういった。

「ちょっと用事で外に出るから、あの客が何かきいたら、そういっておいてくれないか」

言づけを残して表へ出て行った男は、用事といったわりに、早く戻ってくる。その間、五分とたっていない。

彼は、布製の長い袋を提《さ》げていた。

ゴルフの道具であろう。レジの前を通りかかる男の手元を見て、三郎はそのくらいにしか思わなかった。

その直後、ロイヤル・ボックスの方角で、何かが爆《は》ぜるように連続音が起こった。

「金田さんでしょ」

「はや、やってるわ」

「しょんねぇな、あの衆は。ほんとにいたずらで」

レジのカウンターの中にいた三人は、顔を見合わせて口々にいった。

ここに名が挙げられたのは、「みんくす」に近い、はごろも缶詰の取締役工場長、金田実で、この店をよく接待に使う。

金田は、表から戻って来た男のすぐ後に続いて三人連れで現れ、いつものようにロイヤル・ボックスへ向かった。

迎える淳子の目に映った三人は、すでにかなりの下地を入れているようであった。

陽気な酒の金田を長にいただいているせいであろう。この常連はいつも賑やかで、しょっちゅうクラッカーを持ち込んで来て、派手な酒席に盛んな音を添える。淳子は、音がした方角を見やって、こういった。

「今日のクラッカーは舶来かしら。いい音がするわね」

ホステスの信子（二十一歳）がメンバー係から曾我の指名を聞かされたのは、これより早い七時二十分ごろである。

信子はそれまでに、曾我の指名を三、四回受けている。いつのことだか、はっきりおぼえていないのだが、信子がたまたま曾我の席についたとき、以前の勤めをたずねられて伊東の地名を口に出したのが糸口となって、彼の妻がかつて同じ店で一緒に働いていた朋輩であることがわかった。それが縁で、以後、指名されるようになったのである。

十四番テーブルに行くと、曾我が、

「今日はこの人に招待されたんだ」

といって、「金岡」という男を紹介した。店内で一、二度見かけた顔だが、彼女は席についたことがない。

ビールをすすめる信子に、「金岡」はジンフィズを注文し、

「民子さんおりますか?」

ときいた。

二歳違いの先輩ホステスである民子がやって来て、本番の克枝たちも交え、浮わついた夜がいつものように始まろうとしていた。

だが、この席の会話は、一向に弾《はず》みそうにない。

曾我の隣に坐った「金岡」は、

「もう少し待ってくれ。今日持ってくることになっているから」

と、弁解めいた口調でいった。

ホステスたちは、二人のあいだに込み入った事情を感じとり、そこへ入るのを控えた。

「金岡」は、遠慮がちにしている民子へ、自分から、簡単な説明をした。

「三十万円、この連中にやらなきゃならん」

彼は、八時ごろ、市外電話をかけるのだといって立って行く。

関係者の証言を総合すると、ほどなく戻って来た「金岡」は、十数分後にもう一度、席を

立つのだが、信子には、どういうものか、二度目の中座が記憶されていない。彼女によると、「金岡」は八時に席をはずしたきり、二十五分ほどボックスをあけていたという。

補助席にいた信子は、「金岡」が立って行ったあと、若い人をとりもってもらいたい、と曾我にいわれて、高橋と大森という、初めて見る男たちのあいだに席を移す。しばらく「金岡」の帰りを待っていた曾我は、高橋に命じた。あまり遅いから様子を見てこい、というのである。

信子が気づいたとき、「金岡」は彼女の左横にある衝立の前にライフルをかざして立っていた。

突然、起こった銃声に驚いて、反射的に両手で耳を押えた彼女は、ソファに顔を埋めた。それでも発射音が、連続して鼓膜に届いた。だが、進行している事態を、何一つ目にしていない。

音が止むと、付け下げの和服を着ていた信子の臀部が左の方からじわじわと温かくなって来た。

身を起こした彼女の目にまず飛び込んだのは、白地の部分を浸し始めている血液で、その赤があしらわれた牡丹《ぼたん》の柄までも、一色に染め上げようとしていた。

次に感じたのは、左肩にかかる重みである。撃たれた大森が、血の噴き出す上体を信子に預けていた。逆上した彼女は、その身体を押しのけて、無我夢中で逃げた。

「金岡」はもういなかった。曾我はソファの肘掛けに頭をもたせかけて横になり、あたかも寝ているようであった。

淳子がレジにいて聞いたのは、十回くらいの連続音である。

それが途絶えると、右斜め前方八メートルのロイヤル・ボックスの出入口から、例の男が背を彼女の方に向けて姿を現し、ゆっくりした足取りで後ずさりして来たが、彼女の二メートルほど前で振り向き、ライフルを両手で突き出して、

「ママ、曾我を殺して来たぞ！」

と叫ぶなり、一発、発射した。

銃口は、彼女に向けられていたのではない。その方向は斜め上で、弾丸は天井板を撃ち抜いた。

だが、発射音を耳にしたとたん、淳子の意識は遠のいて、憶えているのは、くたくたと身体が崩れ落ちたところまでである。

北村嘉一は、五階の居室で知らせを受けた。宅内電話のブザーが鳴ったので受話器をとると、うわずった声が叫んだ。

「社長、殺人事件です。いま、ここで」

「殺人？　バカいうな」

思わず怒鳴ってはみたものの、次の瞬間、聞き返していた。

「一一〇番に電話したか？」

どてらでくつろいでいた北村は、帯をとく間ももどかしく服に着替えると、エレベーターへと走った。

ちょうど上がって来た箱の中から、両脇を従業員に抱えられた失神状態の淳子が出てくる。

「一一〇番、連絡したか?」

この念押しで、すでに通報済みであることが再度確認されたが、それでも気がかりな彼は、廊下のピンク電話に手を伸ばした。そのとき、ビルへ近づいてくるパトロールカーのサイレンを聞いた。

一階に降りて、非常扉から店内に入ると、ロイヤル・ボックスにもっとも遠いそのあたりの一般席は、普段と寸分変わらない雰囲気である。北村がとっさにとった措置はこうであった。

「お客さん、気がついていないですよ、だれも。酔っ払いだけ、いく分気がついたから、これ、ちょっと黙っていてくれっていったんです。騒ぐと困るからってね。

これでわし、支配人呼びまして、このままショウやっちまえっていったですよ。覆面で。その間には、きっと取締当局の人が来て、警備してくれるから、そこでちょっとマイク持って、ちょっと問題起きましたからということでいいから、このままショウやんなさいって、ショウへ入っちゃった。

ショウのさ中にもう県警から清水の署長から……県警も早かったねえ。要するに全部来たわけだ。

その、来て検分を始めたときにね、ショウやってたわけです。で、刑事部長が、あとで聞いた話ですが、ホトケさんが出来て、あの野郎は商売してやがったって、こういったらしいですよ。

でも、あたしは、そんなような訓練受けたことはないし、とっさの機転で、このままほうかむりして時をかせいだ方が、現場がそのまま保存出来るんじゃないか、とね。

こんなになっちゃったら、それこそどうしようもないし、ま、見とって、一人、脈があったもんだから、すぐ救急車で送らしたですよ。もう一人は完全にホトケさんになってたし。で、結論としては、ほら、グラス一つ転げなかったし、そのまま保存出来たわけだね。現場は。だぁれも（文句）いえなかったからね」

このようにして、現場保存は完璧に行われた。おそらく北村にとってはより切実であるに違いない、もう一つの「現場保存」も、である。

「私も料金をもらって入れたお客様、これは締めくくりがあるだから、ね。まさか、始まったショウを警察の人が来たから、は、すぐやめて、ひとつ帰ってくんないか、とはいえないから、最後までやらせたわけ。

そして、終わったところで、センターマイクで支配人にいってもらって……そんときは、ちゃんとキーピングが出来てましたからね。

客が入って来ちゃ困るから、鍵かけちゃったですよ、入口は。こっち入れないで、さっさ、さっさ帰しちゃった。横からね。

いや、前金じゃないですよ。その場でおあいそだから、やったわけですね、勘定だけは。ただ帰しちゃうわけにはいかないから。

その、警察の皆さんが来てからの営業の跡始末が二時間ぐらいかかるでしょう。これは、ね。こりゃ、お茶飲みに来たんじゃないから。

ねえ、うちとしてみりゃ、やっぱり、働く皆さんのお給料払ってくれるお客様だから、ホトケさまが出来たけん、こりゃ当局の人に任せておけばいいことだし、こっちはこっちで、大切なお客様の始末して、スルスル帰ってもらわな困るし、あちらはあちらで精一杯やったつもりだけど、当局の人、来て、頭に来ただと思いますよ」

十四番テーブルに残されたチケットから、使用のため切り取られたのは、白券（ワインセット四百五十円分）が四枚、ピンク券（二百五十円相当）が五枚、五千円券、二千円券が各一枚とわかる。

ライフルの銃弾によって終わりを早められたこの夜、「みんくす」が回収に失敗した売り上げは、十四番テーブルの一万二千八百五円（税金を含む）だけであった。

清水警察署無線指令室に一一〇番が入ったのは、その夜の八時二十三分である。発信者は女性であった。

「大至急来ていただきたいんですが、唯今鉄砲を持った人が店に来て人を殺すといって発射し、怪我人があり店内では大混乱しているから、大至急来て下さい」

と記録されている。

勤務中の坂東巡査がこれを受信、相手を「みんくす」のレジスター係、佐々木和子（二十四歳）と確認しているところへ、今度は男の声で通報があった。

「『みんくす』ですが早く来て下さい」

というものである。

その電話回線を通して、ライフルの発射音が、一一〇番受理のテープに収録される。

清水署を八時三十分の定時警らに出発するため、すでにその態勢にあったパトロールカー「清水1」が、ただちに直行、八時二十五分ごろ現場に着いた。追いかけるようにして、市内西久保をパトロール中の「清水4」がかけつける。こちらの現場到着は一分から二分のあいだの遅れである。

八時三十分、パトロールカーの乗務員によって、一人の死亡と、一人の負傷が確認され、清水署の当直主任に、その旨の報告が届いた。

だが、犯人については、通称を金岡あるいは金本という朝鮮人らしく、年齢は三十七、八歳、身長が一メートル七十センチ前後、赤いハンター帽をかぶり、ライフル銃を持って、白っぽい乗用車で逃亡した、というあらまししかまだわからなかった。

静岡県警察本部通信司令室は、同じ時刻に、事件発生の概況報告と緊急配備の要請を受けた。

これに基づいて、八時三十二分、県中部ブロックの二号配備を発令、同時に、静岡中央、静岡南、蒲原の三署にまたがる隣接配備も発令した。これらの三署は、清水署と管轄区域を接しているので、特に入念な配備が指示されたということである。

これに続いて八時四十三分、通信司令室は県東部の二号配備を発令する。

この段階ではまだ不明であった犯人の逃亡方向を、東と踏んだのであろう。

のちに犯人は西へ逃げたことがわかり、緊急配備の判断のわるさが指摘されるのだが、ともかく、二十二署三支隊（特別機動警ら隊）、三百五十八名による百十四ヵ所の配備が、最初の発令から約四十分以内に完了した。これを主要幹線道路の検問所についてだけいうと、まず国道一号線においては、東を富士川橋と西間門（沼津）の二ヵ所で抑え、西を天竜川鉄橋で封じ、一五〇号線においては、そののど元にあたる掛塚橋を固めるというものであった。

これまた、後に明らかになったことだが、犯人は配備箇所を、清水署管内で三ヵ所、静岡南署管内で一ヵ所、すり抜けている。なぜなら、これらの四ヵ所を彼が通過したとき、警察官はまだ配備についていなかったからである。

彼の逃走方向が、東であろうと、西であろうと、これでは捕捉出来ない。

犯人は、緊急配備が、緊急の間に合わないことを教えた。ちなみに静岡県警の、その前年における緊急配備は、平均して、発生から一時間十二分で完了している。この場合の四十分というのは、比較的手際のよい部類に属しているのだが、それでも手遅れだったとわかって、問題が部内に残った。

第二章　挑戦

清水署刑事第一課の西尾正秀主任（巡査部長）が上司である小林昇次刑事第一課長から電話を受けたのは、その夜の八時半をいくらか回ったころである。

帰宅して夕食をとり、一服してから風呂で温まっていた西尾は、身体を拭くのもそこそこに、電話口に立った。

「西さん、殺しだよ。場所は旭町の『みんくす』。知ってるだろ？」

「ええ。ところで、どういう事件なんです？」

「ガイ者はヤクザ。これがライフルで撃たれてね。ホシはとんじゃったらしい」

「ホシのジンダイ（身元）は割れてないんですか？」

「それが、まだなんだ。どうやら朝鮮人らしいというんだが――」

そこまで聞いて、西尾には、直感するものがあった。

「課長、それは金嬉老ですよ。私が掛川（署）で面倒見た男ですが、うちにも資料があるはずですから、写真を参考人に見せて、確認を取っておいて下さい。私は、すぐ現場に向かいます」

そういって受話器を置いた西尾は、興津の自宅から車を走らせた。

その前夜のことである。帰宅した西尾は、留守中に金嬉老から二度電話があった、という報告を家人から受けた。

最初の電話をとったのは、高校に行っている娘である。

金は何を慮《おもんぱか》ったか、このとき「掛川の山本」という偽名を名乗っている。

二度目の電話は妻が受けた。夫が掛川署に勤務していた当時、後にのべる事情で西尾方に出入りしていた金だから、彼女はその声を、とっさに聞き分けた。

「あんた、その、だいぶ掛川あたり、あっちこっち不義理して、どっか姿くらましたという噂聞いたけれども、随分お父さんも心配しているし、怒ってるよ。いま、どこから電話かけてるの？」

「清水からです」

「じゃ同じね。同じ市内に住んで、あの、いまいるならば、そんなところでうろうろしてないで、こっちへ来なさいよ」

「うん」

二人のやりとりは、そういうふうであったと妻はいう。

それで、西尾は彼からの連絡を待っていたのだが、本人は現れず、電話もかからなかった。課長の話をきいていて、犯人が金嬉老に間違いないと直感したのは、前日のことがあったからである。

それに、もうひとつ、ライフルというのが、西尾にひっかかった。

以前、ライフル銃を手に入れたいと相談に来た金を、西尾は思いとどまらせた。そのときの記憶を甦らせたのである。

「みんくす」に西尾が着くと、現場検証が始まっていた。

十四番テーブルには、L字形にソファが置いてある。その東端に背広姿の男が、肘掛けを枕にした恰好で、右側面を下にして息絶えていた。

この被害者の身元は、静岡市横田二の五七の二、金融業（稲川組静岡大岩支部員）、曾我幸夫（三十六歳）と判明する。

同じソファの西側の端に、ねずみ色のカーディガンを着て倒れていた若い男は、「清水1」が現場に到着したとき、まだ脈があったので、救急車を呼んで清水厚生病院へ運んだが、八時四十分に死亡したということであった。

こちらの方は、焼津市小川三八一二の一三、稲川系準構成員、大森靖司（十九歳）であることがわかる。

二人の解剖は、翌二十一日午前一時三十五分から清水厚生病院で県警本部法医理化学研究室長、鈴木完夫の執刀により行われた。

曾我の上肢と軀幹《くかん》部には、貫通四、盲貫四、計八個の射創が認められたが、この中には、いわゆる一撃多創があり、彼が受けた弾丸は六発であると判定された。死因は心臓および胸部大動脈損傷による大量出血で、ほとんど即死と見られた。

彼の胸には、右にひょっとこ、左におかめ、股には、右に緋牡丹、左に唐獅子の刺青が彫られていた。そして、背中は一面の昇り竜で、右肩から左腰にかけて、南無妙法蓮華経の七文字があった。ライフル弾の一発は、ひょっとこの右頰から入り、別の一発は竜の胴から抜けていた。

大森に撃ち込まれたのは四発であった。腹部に受けた射創が致命傷と認められた。

日付を元に戻して、二十日午後九時十分のことである。

清水署に外から電話をかけて来た男があり、対応に出た同署刑事第一課係長春田警部補に、

「西尾さん、いますか？」

とたずねた。

「いま、おりませんが」

「じゃ、あんた、さっき殺人事件があって、二人殺されたんだが、知ってるかね？」

「はい、知っております」

「あれはね、私がやったんですよ」

「え？　あなたは、何という方ですか？　いま、どこにいるんですか？」

「それはいえない。警察は逆探知をやるからいえない」

「どこにいるのか教えて下さい」

「私は、自分で自分を処置します。自分で処分しますよ」

「そんなことをいわずに、いるところを教えなさいよ」

「この電話を切ったときには、もう丘の上にはいないよ」

丘といわれても、それがどこであるのかはわかるはずもない。

しかし、電話の主は犯人で、西尾にきけばそれがだれであるのか、見当がつくであろうとは考えられた。

そこで「みんくす」にいた西尾を電話口に呼んだところ、その男はやはり、掛川の金嬉老に違いないという。

そのとき清水署に、信子などホステス数人が参考人として連れられて来ていた。写真を見せられた彼女たちは、西尾の言葉を裏付けた。

現場で鑑識活動に従事していた西尾は、ただちに本署へ呼び上げられる。金が、ふたたび彼あてに電話をかけてくるであろう、という判断からである。

果たして、日付がかわって間もない二十一日午前零時十分、西尾を名指しした金からの電話が入った。

「お前、とんでもないことをしてくれたじゃないか。いったい、いまどこにいるんだ?」

「川根の温泉場だよ」

「川根だといったって、あっちこっちに温泉場があるじゃないか」

「なに、川根もいちばんどんづまりだから、わかるから」

「お前の言い分をとっくり聞いてやるが、いったいお前のいるところはどこなんだ?」

たずねられた金自身も、居場所がわからないようである。かたわらのだれかに、

「ここは何という旅館だ?」

ときいている。

「ふじみ屋」

遠くから答える男の声が、西尾の受話器にも届いた。

二人がやりとりをしている最中に、県警本部捜査第一課の小倉一男課長補佐がやって来た。

彼は西尾のかたわらに椅子を寄せて、筆談で指示を与えていたが、つい声を出してしまう。

「そこにだれかいるだろう？」

金が聞き咎めたので、西尾は答えた。

「小倉警部だ」

「じゃあ、小倉さんに代わってくれ」

金の要求で、西尾は小倉に受話器を渡した。

「もしもし、小倉だが」

「おれの経路をいおうか？」

「あ、あれ、やってから？」

「日本平で一服して、それから日本平を登りきって、向こうへ下って百円払って……。ゆうべ料金所で百円札と五百円札を間違って出した客がいるか、きいてみりゃわかる」

「お前出したのか？　あわてていたなぁ」

「あわてちゃいないよ。おれ、いま、ほんとうに落ち着いていて、自分のここ二、三ヵ月の鬱憤を晴らしたよ。

それでねえ、奴らも殺されるには殺されるわけがあるんだ」

「ああ……」

「それはきいてみりゃ、すぐわかるよ。とにかく清水はチンピラが多過ぎるんだ」

「そうだなぁ」

「それだから、おれは警察さえ邪魔しなけりゃあ、野郎ども、軒並に本気になってやる気だったよ」

「警察は、きょう、邪魔もしない」

「警察がやってくれれば、向こうだってこっちだって、撃たにゃならないよ」

「それはそうだな」

「おれは、警察とは因縁浅からぬ仲があるんでねぇ」

「うーん、お互い恨みっこがあるわけじゃない」

「だが、おれはね、これをやるのにね、ちゃんと千八百メートルまで距離をはかれるスコープをつけてさ……」

「スコープ？　望遠の？　おーおー」

「四倍のね」

「おーおー」

「これは青森から持って来ているんだ。青森の鉄砲を持って来たところへ照会すればすぐわかる」

「ああそうか、青森で買ったのか」

「青森で買ったのじゃないよ。横浜でおれ買ってやったんだ。おれは、あの彼女の……」

「ああそうか。さっきいってた彼女か」

「なんだ、電話、ダブルで聞いているなあ」

「聞いてっこないよ」

「まあ、とにかくね……。おれ、ざっくばらんにいうけどさ。泊まり客が十人ばかりと、子供三人、それに夫婦、それだけ人質にしてある」

「その旅館にか？」

「あんたたちが撃っても弾丸が突き抜けないように、蒲団を積んでちゃんとしておいたぞ」

「とにかく西さんをやるから」

「あんたたちが変な真似して登ってくれれば、おれは容赦なく撃つことだけ覚えておいてくれ」

「よおし、わかった」

「おたくだって自分の部下たちを、傷つけるようなことはしないだろう。おれもこんなことは、金輪際いって来たことはないのだから」

「うん、うん」

「その点、おれはこの間やめた小林牧さん（小林牧太郎元掛川署長）には、随分、人間的にも教わったんだ。店を出したり。一時は身上《しんしょう》も残したけどね。頭へ来ちゃったもんでだめだよ。

女房とも別れ……」

「ああ、掛川に女の子があったちゅうじゃないか。別れちゃったのか?」

「市役所に勤めていた子ね。あの女が原因で女房と別れて、家庭をつぶしてしまったけどさ。女には罪はないよ。女の誘惑に負けたのが、おれの間違いだから。その女には恨みもなんにもないよ」

「ああ、そうだな」

「きょう、女と別れた」

「どこで?」

「焼津で」

「新しい女か?」

「青森の女だよ」

「さっき西さんにいった、青森の鉄砲なんとか……なんという鉄砲だ?」

「ホーワ・ライフル」

「和製だな。いくらだ」

「八万五千円した。和製だけど威力は最高だ」

「横浜で買ったのか?」

「そうだ」

「登録はだれのにした?」

「登録は青森の（女性の）兄貴名義で、ちゃんと確認も受けているんだ。兄貴はおれが銃を持ち出したのを、おそらく、まだ気づいていないと思う。まだ二連と五連の銃が置いてある」

「五連とはなんだ？　ブローニングか？」

「SKBだ」

「お前は女の家にいたのか？」

「三日ばかり前までいた」

「曾我らがどこかへ汽車で行ったとかいったが、青森へ行ったのか？」

「夜中に曾我らが寝込みを襲ってくるから」

「いつ青森へ行ったんだ？」

「直二とか浅風、小諸なんていう、うるさいのばかり連れて来やがって」

「ううん、あいつらな」

「ほんとに悪どいぜ、あいつらのやることは。それなのにニュースは、労務者曾我幸夫を殺したなんて、あんまりでたらめをやりやがるんで、おれは頭に来たんだ。警察もいい加減なものだな」

「それはおれの方じゃないぞ」

「警察で発表したからだろう。おれはニュースを聞いているんだ。こっちだって、罪もないあんたたちに夜の夜中に駆け足させて悪いとは思うけど、理由があってやったんだよ。国道一号線は張り込みを解除してもいいよ。電話も逆探知したろ？」

「逆探知なんかしないよ。家に帰って飯を食って風呂に入ろうと思ったら、呼び出しをくっちゃった。あんまり罪なことをするなよ」

「だけど小倉さん、みごとに撃ってあったろう？　一人五発以上入っていただろう？　そこで何か気づくことはないか？」

「何を？」

「だってよお、正規の弾倉は、五発以上入るやつは許可にならないんだろう？」

「変に思っていたんだ。だから、それをお前にきこうと思っていたところだ」

「米軍のカービン銃に使う弾倉だよ。三十一発撃てるんだ」

「そうか、そんなに撃てるか」

「それじゃ、ここで撃ってみようか……何か内緒話してるな！」

「何もしてないよ。ばかに疑ぐり深いな」

「おれは警察にだまされたことがあるから警戒心は旺盛だよ」

「それでお前はどうするつもりだ」

「おれは自分で死ぬ」

「つまらんことするな」

「つまらんこと？　小倉さんも随分わからんことをいう。おれの首にロープをかけて、ばたんて落としたいのかい？」

「そうではないが、真相を聞かなければわからんじゃないか」

「真相がわからなければ、いくらでも聞かせてやるよ。調べればわかることだ。おれにハッパを回した浅風、岡村、直二が聞けば高飛びする。奴らも当然やばいことを知っているから。それを早く手配しないと……おれにこういうことをさせる材料をくれたのは奴らだから」

ここで金は、曾我を射殺するもととなった手形の一件に触れるのだが、その複雑な経緯の説明は、後に譲るとしよう。

清水署は電話局に依頼して、金の居所を突き止めるべく逆探知を進めていた。そのために小倉は金との会話を引き延ばす必要があった。

同時に、彼には、可能なかぎり多くのことを聞き出そうとする義務感も働いていたのである。

だが、この警部がそれを心掛けなかったとしても、結果は同じであったろう。

金は、まだ、話さなければならないことを多く残していた。警部の思惑とは別に、彼は続けるのであった。

「曾我の家を捜索したかい?　曾我のところには拳銃が三梃あるぞ。おれが見ているんだから」

「どんな拳銃?」

「コルトだ。野郎は拳銃をのんでいると思ったが、のんでいなかったようだ。おれが三十万の金が出来たからといったら、エサにひっかかって来たわけだ」

「どうして、あそこで会うことにした？」

「七時に『みんくす』で待っているといってやったからだ」

「ああ『みんくす』の殺した場所でか？」

「殺した場所といっても、おれは表の車の中で、野郎らのくるのを待っていたんだ」

「車はどこの？」

「車は島田のプリンスから、若い衆が乗るというやつを、おどかして乗って来たんだ」

「それは返してやれよ」

「うん、車はいためてないから」

「プリンスか。どこの所有だ？」

「島田プリンスのレンタカーだ」

「ううん、そうか」

「それは、いじめないでくれよ。関係ないものだから」

「どこの子だ？」

「それは金谷でＭ（匿名）といって聞けばわかる。おれも気にしていたんだが、迷惑をかけて悪かったといってくれ」

「『みんくす』へ何人来たんだ？」

「五人だな。五人で、たぶん、車の中に二人ばかり残っていたはずだ」

「『みんくす』へ入ったのはだれだ？」

「あの野郎、物凄く警戒心の強い野郎で、悪知恵が働くから、入って来たのは曾我と、もう一人のおれが殺した奴……」

「曾我でない方は名前知らんのか？」

「知らん」

「なんで知らん奴をやったんだ？」

「野郎らは曾我の子分であると同時に、おれのところにくるまでには、それだけの下相談もあったろうし、おれの前でいきがった態度をとっていやがったからやったんだ。

　そうだ！　あそこには曾我と若い衆二人とおれの四人でいたんだ」

「いっしょに向き合って座っていたのか？」

「曾我はおれの横」

「ライフルは？」

「電話をかけるふりをして、奴らが安心している間に、車からさあっと持って来て、くるが早いか安全をはずして、飛び込んでしまった」

「何へ入れて持って来た？」

「『てめぇ、この野郎、身に覚えがあるだろう』といって、パンとやったんだ」

「もう一人は？」

「もう一人は逃げてしまった。女どもにきけばわかるさ」

「その二人はお前知らないのか？」

「曾我の子分だということは知っているし、見たこともあるが、名前は知らない。おれは清水の警察は気に入らない。ギャングを労務者だなんて。

それに、おれはいままで随分極道《ごくどう》して来たが、組織暴力なんかに入ったことはないよ。西尾さんにきいてみな。

まあ、とにかく、皆さんに迷惑かけて悪かったよ」

「とにかく、西さんをそこへやるから、静かにそこにおれよ」

「静かにといっても、おれは、どっち道死ぬ人間だから、そこらにやたら車の音がしたり、ポリらしい、デカらしい奴が変装して来たと思えば、容赦しない」

「そんなことするな。関係ない人をやっても仕方がないぞ」

「やらないよ。だから、いまだって一人もふんじばっていない。おだやかに話をして、夜遅いところをすみませんが、実は、これこれこういうことをして来た人間です、といってさ……。

当然、死ぬことを覚悟してやったことだから、自分の身を滅すことはいとわないけれども、警察へ、ニュースの訂正など、自分の要求を通したいから、ニュースで、こういう取締まりをしたということを、おれの納得のゆくよう放送してくれよ。それでなければ納得出来ない。そうしてくれれば、だれも傷つけないで、自分の納得のゆく線で、行くよ」

「西さんを知ってるというから、そっちへやるから」

「西さんを寄越したって、おれがどうなるんだい。おれが聞くと思うかい？」

「聞くか聞かんかは別として、一応、こっちの話を聞けよ。そう、こっちに迷惑をかけるな」

「いやだね！　情があれすりゃ、からまれるんでね。おれの入ったところには、ちょうどよいことにガソリンのドラム缶、二本あるよ」

「そこは民家か？」

「違うよ。旅館だよ。寸又《すまた》旅館とかいう。名前を知らなくても、車を旅館の前に置いてあるからわかるさ」

「寸又峡《すまたきよう》には旅館が六、七軒あるが」

「旅館といったって、田舎のことだから……。あわくってとばしてくると、道が凍ってるから、谷底へ落ちるぞ。おれはチェーンを巻かないで来たが、運転はベテランだからな」

「免許証はあるのか？」

「ノー、ノー」

「そうか、無免許皆伝か。とにかく、そこへいて、西さんと話をしろ」

「おれはね、直二の野郎を先回りして殺してしまおうと思って、いま考えている」

「直二？」

「野郎も殺したくて仕様がないんだ。そういうふうにいってくれ。おれが、やる気かといって銃を向けたときね……」

「今月は直二はいないんだろう？」

「世の中には、善人といってもなあ……おれも随分奴らにはやられて来たんだ。おれも、女の子の借金を払ってやって、身うけしてやったこともあるし、随分善根を施しているつもりだ。

女の子を売りとばしたり、麻薬を売買したこともないよ。やっていいことと悪いことがあるんだ。だろう？」

「いま、そういうのが多いんだ」

暴力団に対する憎しみをこのようにしてのべた金嬉老は、次いで、警察にその舌鋒を向ける。

やがて、〝ライフル魔〟としてマスコミに登場することになる彼は、反朝鮮人感情の高まりの中で、生命を賭けた被差別の立場からする訴えを、おのれの殺人事件に対する責めを民族問題に転嫁するものであるとして、葬り去られるのである。

彼が警察に謝罪要求を突きつけた、いわゆる小泉刑事問題も、根拠のない言いがかりに過ぎないとして、これまた、一連の動きの中に封じ込められてしまう。

しかし、この電話で、「英雄」になる以前の金嬉老が、はっきりその問題に言及している点に注目しておかなければならないであろう。

「清水の奴ら、皆そうだよ。だいたい清水の警察は腰抜けだよ。だって、若い小僧が百万以上もするＧＴの新車に乗って歩くなんて、かならずその裏に何かあるわけだ。そういう点は、清水の警察も手ぬるいよ」

「ううん」

「おれはね、清水警察の小泉にゃあ、ほんとに憎しみを持っている」

「なんで？」

「おれが清水でこういうことをやる計画をたてたのも、小泉刑事への面当《つら》てという理由があったんだ。遺書に書いてあるんだ」

「遺書つくったのか？」

「遺書はブンヤさんに渡すよ。警察に渡せばもみつぶすからな。それにはいろんなことが書いてある。世話をかけた人には、迷惑をかけないようにしてある。とにかく、掛川署の大橋朝太郎さんね。この人をおれは親のように慕っていた」

「おお、この人は知っている。眼鏡をかけた人だな？」

「おれは、この人は信用出来るから、大橋さんとブンヤさんを寄越してくれ。事情を説明するから」

「いまなあ、大橋さんが心配しているといって、電話かけて寄越したそうだ。方々にわかってしまうよ。いい加減にしようよ」

「いい加減になんて、小倉さんも随分わからんことをいうなあ。何も面白半分にやっているんじゃない。自分の身体を張ってやっているんだ」

それからちょっとしたやりとりがあったあと、

「寸又峡温泉にあがってくれれば……」

といいかけた金は、表に停めた車のナンバーを確認に出て行って、戻ってくると、

「〃わ〃ナンバーの車で、クリーム色の静岡5―1299、スカイラインだ」

と教えた。

「それだけでは旅館の中を一軒、一軒、見て歩かなければわからないじゃないか」

「寸又峡へあがってくる一本道のところで、右の方の最初から二、三軒目。おれが、よく見通しのきくところに車を停めてあるからわかるよ」

「人影を見たって、間違って撃つなよ」

「だけどね。旅館の前で一度、武装しているかどうか検査をするから、武装させないでくれ」

「よし、おれ一人じゃ決められないから、一応、上司と相談して電話する。電話は何番だ?」

「千頭《せんず》の三〇八番だ。しかし何も無理しておれの話を聞いてくれなくってもいい。県下の警察官が大勢で来てもいいよ。おれの腹はきまっているんだ」

「うん、よしわかった」

「じゃあ、どうも。夜分遅く、どうもすいません」

静岡県警の高松敬治本部長は、事件の報告を、その夜の十時過ぎに、伊豆の長岡荘で聞いた。

同じ日、殉職警察官の遺族三十人ばかりをここに招いて、慰労の集りを開いていたのであ

る。

（犯人の名前も割れているし、いいかなあ）

一旦はそう考えた本部長だったが、妙に気にかかるものがあった。

この時点ではまだ、金は逃走の途中で、寸又峡に立て籠もるには至っていない。

事件のあらわれ方としては、被害者が暴力団員の、さほど稀《まれ》でもない殺人であった。

人命を軽く見ることは出来ないが、常識的に考えた場合、ヤクザ同士の抗争というのがせいぜいである。

ただちに夜道を清水へ向かった高松本部長の判断は、この事件の異常な発展に照らし合わせるとき、たいへん適切であったといわなければならない。

だが、その本部長も、車に揺られているあいだ、ことの重大さを予測していたのではなかった。

清水署に着いたのは、二十一日午前零時二十分ころである。小倉警部が金と電話のやりとりをしている最中で、刻々と情勢が明らかになって行った。

そこで高松は、居合わせた県警本部の池谷真二刑事部長、同小幡金治捜査第一課長と協議、次の捜査方針を決定した。

一、人命の尊重を第一に考え、なんとしても人質になっているもの全員を救出する。

二、そのために本人に対し、人質を返すこと、自首することを、警察はもとより、金の肉親、知人などで説得力の強い人物に出来得る限り説得させると同時に、金の要求に対しては可能な限り受け入れる方針をとり、これ以上に事態を悪化させないこと。
三、人質を脱出させる方法を極力講ずる。
四、逮捕する機会があれば、そのチャンスをつかんで、もちろん逮捕する。
五、人質になっている者およびその他の者に対する危険がとくに切迫した場合には、犯人を射殺する。
六、そのために警察官の中に犠牲者が出ても止むを得ない。
七、犯人が単身あるいは人質を連れて逃走を企てた場合においては、警察の総力を挙げてあくまでも阻止する。
八、犯人が自殺するようなことがあっても止むを得ない。
以上の八項目を、厳密な意味で捜査方針と呼べるのか、どうか——疑問が残るところである。

一貫しているのは、人質の安全尊重であって、これについては論議の余地がない。だが、犯人への対応策を見ると、説得に重点を置いているのかと思えば、危険の切迫を条件に射殺をうたい、最後には何の脈絡もなく自殺を止むを得ないとするなど、明らかな矛盾をのぞかせているのである。

文書には、〈以上の捜査方針をもって、あらゆる場合を想定して、それぞれ出来るだけ併行的に捜査をすすめ、その時々の状況に応じて、どれに最も力を入れてやるかという判断を加えて、対抗していく方法をとった〉とある。

つまりは、これといって確定した方針があったわけではない。下世話《げせわ》にいう、出たとこ勝負がこれである。

この捜査方針と呼ばれるものは、かつて経験したことのない事件に逢着《ほうちゃく》した静岡県警の狼狽ぶりを伝えているといえるであろう。

池谷刑事部長、小幡捜査第一課長が第一陣となる清水署員二十名を率いて現地に向け出発したのは、二十一日の午前三時であった。出動が遅れたのは、事件発生の際の緊急配備で、各署の防弾チョッキが出払っており、これをかき集めるのに手間取ったためである。

この第一陣は乗用車一台、小型乗用車三台に分乗、国道一号線を西へ走り、静岡から四一・九キロの国道三六二号線を西北へたどり、本川根で進路を北に取り直して、さらに八・五キロ奥まった奥泉の警察官駐在所に現地捜査本部を設置した。

ここから寸又峡温泉へは旧林道伝いに一〇・九キロの道程《みちのり》である。

この動きと併行して、機動隊二個小隊と清水、島田両署の各二十名による寸又峡の完封作戦がとられた。

だが、機動隊の大型車輛は、第一陣がとったコースを行くと、国道三六二号線の中途にある清沢の峠を越せないという奥泉からの回答で、金谷から大井川沿いに現地を目指した。

厳冬の時季、奥大井の人々は早々と眠りについていて、前夜九時のテレビ・ニュースが伝えた「みんくす」における殺人事件を聞いたものも、はるか下方の港町に端を発した不測の事態が、闇に塗りこめられた山峡に忍び寄っていようとは知るよしもなかった。

だからといって、凍《い》てついた漆黒《しっこく》の九十九折《つづら》りを急ぐ警官隊が、夜明けとともに日本列島を揺さぶることになる事件の進展を、そのかたちで予知していたわけではない。

同じことは、金との同宿を余儀なくされた「ふじみ屋」の宿泊客八人と、そこの経営者の一家族五人についてもいえた。

彼らに恐怖がなかったと言い切るのは妥当ではない。

だが、生命の危険を感じたわけでもなかった。

寝入りばなを起こされて、ハンター・スタイルの男に「協力」を求められたこの十三人は、目的を意識しないままに、奇妙な「壁」を築こうとしていた。

事態の意味するところをまだ理解していないという意味では、彼らも、自分たちを救出に向かっている警官隊とかわりはなかったのである。


一梃のライフル銃と、四百五十七発ないし五百四十七発の実包と、七十三本のダイナマイトで武装し、ハンター服に身を固めた金嬉老は、遅い夜明けを待って、独《ひと》り次の目標に向け、行動を起こそうとしていた。

第三章　結婚

青森県三沢市からほぼ真北に向かって、十和田観光電鉄というのが出ている。延長にして十五キロ、駅数にして九つ先の終点が十和田市で、二輛連結の電車がこの区間を二十五分で走る。

途中駅には、ほとんど駅員の姿を見ない。車掌がベンチ式の座席を回って乗車券を切り、またそれを回収する。

だから、駅というよりは、停留所と呼ぶべきなのかもしれない。

そこからの連想でゆくと、この電車は市電である。実際にも、二つの市を結んでいるのであるから。

だが、沿線にひらけるのは田園風景で、二階屋を見ることも少ない。道路に沿って流れる水路が、都会の雑踏を見慣れた目に新鮮である。

昭和三十年二月、三本木町、大深内村、藤坂村が合併して三本木市が誕生、翌月これに四和村が吸収され、三十一年十月、市名を十和田市と改めた。

そのときの人口が四万六千余りで、現在では五万を越えている。この田園都市は、過疎の悩みと無縁のところにいるようである。

中心部にあたる三本木は、約百十年前に、南部藩士、新渡戸《にとべ》伝《つとう》によって開拓された。日本最初の農学博士となった新渡戸稲造は、その孫である。

新渡戸伝と、嫡男十次郎（稲造の父）は、十和田湖から流れ出る奥入瀬《おいらせ》川に灌漑用水を求めて、この地域の大動脈となる人工河川の稲生川を切りひらく。これによって荒地が穀倉地帯に生まれ変わった。

その恩恵に浴さなかった旧大深内村に、戸数五十一戸の芋久保という集落がある。

十和田市から十和田湖へは、国道一〇二号線を西へ二十キロ以上も行かなければならないのだが、芋久保はこれと別方向で、七戸《しちのへ》を経て野辺地に出る国道四号線（旧奥州街道）を二十分ほど走ったあたりにある。

昭和三十九年から四十二年にかけて、この地域でも開田が盛んに行われ、様相が大きく変わったが、それまで一帯は純然たる畑作地帯であった。

「畑作地帯ということは、貧乏だということですよ。早い話が、非常に貧農だね。

当時は、魚売りがですね。野辺地ってあるでしょ。それから上北町。そこで降りた魚売りが、魚を背負って、国道へ出るまでずうっとくると、魚買うとこ、二軒くらいしかなかったって。それ、なぜかっていうと、買う人は、教員住宅の先生だけだったと。いかに貧しい村だったかということ、わかるわけですよ。

あのあたりでは、まず菜種とか、葉タバコですね。それから、デントコーン。

菜種はですね、全国からミツバチのジプシーが訪れましてね。初めは千葉県でレンゲ。それから菜種とって北上して、ここの菜種をあれして、北海道へ渡ってアカシヤね。途中で十和田湖に入りますね。東北の花のジプシーの行路は、こんなとこですよ。その菜種畑も最近は非常に少なくなりましたね。

葉タバコはバレー種です。現在は、これがいくらか収入あげているんじゃないですか。デントコーンだってね。こりゃ牛馬の飼料に売るだけの話だからね。これだって安いもんでしょ。トウモロコシね。あれを長靴の底で落とすんだよね。それをまとめて北海道へ送り出すと。いくらにもならないわけですよ。菜種だっていくらにもならないんだから」

と話すのは、十和田市内でタブロイド判の『皆さんの新聞』を発行している佐藤不狂である。

金嬉老が事件を起こしたとき、NHK十和田通信部の記者であった佐藤は、犯行の直前まで金と行動をともにしていた藤子の実家へ取材に行った。金が一時期、ここに身を寄せていたからである。

「女性には会わなかったです。お父さんとお母さんがおりまして、割合に悪びれないんだね。それ、いまでも印象に残っていますよ。

金嬉老は用事ないのに何してるんですか？　って、ぼくきいたらさ、パチンコなんかやりに行ってるんだってね。

あれ、ひまでしょ。農作業も出来ない人だしね。で、どうですか？　っていったら、いやぁ、たいへんにね、愛嬌のいい方《かた》でね、たいしていいらしいんだよね。

お父さんの話では、全然わかんなかったっていってましたね。朝鮮人だってことを。日本語はベラベラだったっていうし。

ただですね、非常にラーメンをね、ラーメンが好きだって。それも自分でつくるって。それで、そのラーメンにトンガラシをたくさん入れて食べるっていうんだなあ。

この辺には郷土料理みたいなものはないし。だから、金嬉老がソバ食ったっていうのも、この辺の食い物が悪かったからじゃないの。おれ、そう思うよ。その鍋見りゃ、いやんなっちゃうと思うだよ。入っているものといえば、野菜とか芋とか、そんなのばっかりでしょ。とにかく、あそこの金持だっていうとこでお膳出されて、何食っていいかわからなかったよ。なんでかっていうとね。そこの殿様といわれてる人だよ。その家で出されたのが、イワシを酢漬けにしたやつ。腹まっかでしょ。おら食えなかったね。メシだけ食ってね」

国道四号線と別れて、左右に葉タバコと山芋の畑が続く農道を一・五キロほど東へ行くと、そこが芋久保である。

藤子の実家の所在を土地の人にたずねると「クズヤだから行きゃすぐわがる」という。

十和田市もいちばんはずれのこのあたりで、廃品回収業がどのようにして成り立つのであろうか。と考えたのは早計で、その家は青塗りのトタン屋根が一般的になった集落の中で数少ない藁《わら》葺きの農家であった。これをクズヤというのであろう。

広い土間と、それに見合うスペースの板の間があって、その奥の居間に切った掘炬燵《ごたつ》の中に、藤子の父親は独りでいた。

――金嬉老はここへ来て、しばらく泊まっていったんですって？

「そんだ。長ぇことだもな。ちょっと忘れてすまったわ」

――何日ぐらい泊まったんですか？

「なんぼぐれぇ泊まったんだかな。わけわかんねわ。忘れも忘れるなんだ、血圧上がってるもんで」

――身体が悪いんですか？

「うんだ」

――藤子さん、いまどこにいるんですか？

「ここにいるんだ」

――ここですか？　じゃ、いま畑ですか？

「んだ」

――夜になると帰りますか？

「いつけぇってくるんだかわかんねぇ」

――藤子さんは、集団就職で静岡に行ったんですね？

「静岡に？　どんだったかなあ。憶えてねぇわ」

――何年間も行方がわからなかったんですか？

「うんだ。わかんねかったなあ」

――藤子さんは、いまここに住んでるんですか？

「いや」

――ちがうんですね？

「んだ」

事件の後の四十四年に、藤子は獄中の金嬉老と結婚して、彼の籍に入った。だが、やがて別れて、四十九年に地元の青年と結ばれ、現在では一児の母である。

脳卒中の後遺症に悩む六十四歳の父親は、九人きょうだいの末っ子である藤子についての記憶さえ呼びさますことがおぼつかないのだが、かつての娘婿に話題が及ぶと、にわかに昂ぶりを示すのである。

「まあ、知らねぇうちにな、知らねぇ土地だば、たいしたいい人だども思ったども、なぁに話きいてみなきゃ。だんだんに話きいて、なぁに、とんでもねぇことやってるつうことだどもな」

「そして、おれの娘にも別れないで、そんでよう、離れるっつう気持はでけたもんで、一緒になるの、離れるって。離れねばなんねぇっていったら、わかって、で、は、一緒に来年離れるっていってて、そして、その、ここさ来ただ」

「いい人なんて、よせや。話きくときゃ、耳さ痛きゃ蓋しておったし、話ぐれぇきけっていってな。困ったもんだってな。結局」

これによると、金が藤子と芋久保に現れたのは別れ話のためだということになるのだが、前後の関係から推して、その事実はない。

後に述べるような経緯で、曾我らに追い詰められていた彼は、たまたま知り合った藤子を頼って、彼女の実家に難を避けていたというのが真相である。そして、事情を知らされていないこの父親は、彼を暖かく迎えた――。

「ああ、そうそう。なんぼもそんなこと知らねぇんだし、いい旦那だ、なんていたんだ。自分は亭主なって、おらはフズ（藤子）のオヤジになってるってきいたし、おらそう思ってるって。なぁに、話しっかりきいてみなきゃ、なぁに、なぁに。とんでもねぇことになってるんだもん。うちから行くと間もなく事件をおっぱじめるんだ」

すべてがあいまいになってしまった記憶の中で、金嬉老に関する部分だけ鮮明だというのは、二人が去って行った直後に持ち上がった事件の与えた衝撃が、この父親において強烈であったということなのであろう。

彼の欠落した記憶を、親戚筋にあたるという付近の男性が、次のように補う。

「藤子は静岡さ、ミカン狩り（摘み）に行っただよ。向こうの方の農協で決めて、何名ほしいってくるんだ。それで、毎年、娘たちが季節労働者みたいなことで行ったんだ。村で。青年団だか、農協だか、いろいろまとまって行ったんでねぇか。そっちの方が忙しいとき、こっちの方がひまになるでしょ。

で、ミカンやって、やめて、レストランかなんか行って働いたとかって。

ここさ金嬉老と帰って来たあたり、どうなってたんだか、さっぱりわかんね。こっち来ても、なんも話さねぇから」

金が藤子と出会ったのは、事件を起こす前の年、つまり四十二年の五月から六月にかけてのあたりである。

このころ、金はまだ完全には追い詰められていないのだが、その過程にあった。

ここで、彼がなぜライフルを手にするに至ったかを知るために、その半生を少しさかのぼっておかなければならない。

昭和三十四年二月、強盗などの罪で八年の刑に服していた金が、千葉刑務所を出所して掛川の母親のもとへ帰ってくる。それから間もなく、彼は最初の結婚をした。

『金嬉老の法廷陳述』（金嬉老公判対策委員会編・三一書房・以下『法廷陳述』と略）によると、そのいきさつはこうである。

〈その年に掛川に住んでいる家の近くに、金本順子、向こうの名前をキム・クッツイといいますが、字は金末順（まつじゅん）と書きます。その人と、私の母親たちの反対に押し切って結婚しました。反対されたというのは、その人は要するに、結婚して六ヵ月目に、出もどりだったです。近所の人たちから白眼視されて、「出もどり娘、出もどり娘」といわれてる人でした。ところが私は、自分の過去に汚れた傷を持ってるし、すさんだ道を歩んだ人間なんだから、結局彼女と結婚することによって、何とか成り立っていくんだったら、お互いにいいんじゃないかと、そういう気持ちが強かったために、母親の反対を押し切って、母親は自分はまだ嫁さんもらったことがないじゃないか、はじめて結婚するのに、何も選りに選って再婚の人をもらわなくても、出もどり娘をもらわなくても、ほかからも来る人もいるんだからということを言われましたが、私は頑としてこれを聞き入れず、その人と結婚したんです。結婚式は朝鮮の式でやりました〉

彼が、過去の汚れた傷というのは、その犯罪経歴を指している。

警察の記録によると初めての犯罪は、十七歳の誕生日を迎えて三日目の二十年十一月二十三日のもので、清水市入船町のNを被害者とする詐欺である。

〈「実は最近、朝鮮人連盟から帰鮮する話があり、この人達がたくさんあり、米がとどこおっていて、一升四十円から楽に入手できる。一斗も買ってやろうか」と申し向け同人（N）をその旨誤信させ、よって同人をして米穀買入代金名義のもとに金四百円を交付せしめ、これを騙取〉（『いわゆる金嬉老事件の捜査概要』・静岡県警察本部・以下『捜査概要』と略）したというものである。

この他にも、同様の詐欺一件と、静岡県小笠郡原田村の原田村農業会倉庫から玄米十一俵を盗み出した窃盗が発覚、合わせて懲役二年の判決を浜松区裁で言い渡される。

このときは、未成年者の初犯ということで、四年の執行猶予がつけられたが、翌年、金はさらに犯行を重ねて、実刑を科せられる。そこから先のいわゆる前科は次の通りである。

▽21・8・19　窃盗・詐欺・横領
　懲役一年六月　浜松区裁

▽25・3・20　詐欺・脅迫・銃刀法違反・単純逃走
　懲役二年　静岡地裁掛川支部
▽25・8・31　傷害
　懲役四月　静岡地裁浜松支部
▽27・9・29　強盗・横領・銃刀法違反
　懲役八年　静岡地裁

強盗というのはこうである。

二十七年四月に新潟刑務所を釈放された金は掛川へは戻らず、静岡でぶらぶらしていると、かつて掛川署に強盗の被疑者として留置されていた杉浦という男と路上で出くわした。俗にいう留置場仲間である。

二人は、行動をともにしているうちどちらからともなく誘い合って、横浜へ遊びに行った。そして、数日で金を使いはたす。

金はそのとき、知り合いから預かった旧陸軍の拳銃と実弾三発を隠し持っていた。

「ちょっと拳銃をかしてみろ」

杉浦がいうので手渡すと、彼はいきなり走って来たタクシーを停めて乗り込み、うしろから運転手にそれを突きつけた。

金に事前の相談はなかったと本人はいう。だが、運転席に移ってハンドルをにぎったのは、金であった。

タクシーを元箱根の山中に乗り入れて、二人は運転手の両手両足を縛りつけ、猿ぐつわをかませて、彼の所持金四千円を強奪した——。

強盗罪まで重ねた金には、世間にまともな結婚相手などいるわけがない、という意識が働いていたのであろう。

だが、どの道、金末順との結婚は失敗であった。

〈当時、父親の一番下の妹が、静岡市八幡本町で食料品店をやってました。そこの、要するに、配達やいろんなものを手伝う関係、いろいろそういう仕事の関係で、そこの叔母さんとこの離れに世帯を持ち、そこの家の仕事を手伝ってました。ところが、その結婚した相手のクッツイという女性は、非常に勝気で、私の留守の間にその叔母とトラブルを起こし、また祖母とトラブルを起こしたりして、私自身までがそういうところにまきこまれたりしたことによって、いろんな問題が起きたわけです。

そういうことをしながらなおかつ、彼女が元東京にいたとかで、ダンスが非常に好きだった。私が仕事に出てる留守に、彼女は静岡の美松あたりのダンスホールへ行ってダンスをおどっている、そういう女性でした。

で、そういうふうなことでは家庭がこわれてしまう、と言ったところが、彼女の言った言葉を今でも忘れませんが、「別れたっていい、私はもう一回嫁に行き直す」と、そういうことを言われた。そして仕方なしに私は彼女に実家へ帰れと、そう言って荷物を全部、日通の人に頼んで、私は自分の着替えだけ二、三持って家を出てしまいました〉（『法廷陳述』）

彼女と別れた金は、浜松へ行った。そこで二人目の妻となる和子と知り合う。三十四年の八月のことである。

和子には複雑な家庭の事情があったらしい。愛知県瀬戸の焼物屋の娘だが、母親と折り合いが悪く、家を飛び出して来て睡眠薬自殺を図ったところを旅館の経営者夫婦に助けられ、夜の世界で働いていた。

その生い立ちがさせるのであろうか。金嬉老には、底辺の人々に対してたいへん涙もろいところがある。

ある日、掛川駅前のタクシー待合所にぽつねんと座っている妊婦を金が見掛けた。事情をきいてみると、彼女の夫が掛川で喧嘩をして傷害現行犯で挙げられたので、横浜から身重なからだを運んで来たのだという。

金は、頼まれたわけでもないのに地検の掛川支部に彼女を連れて行き、検察事務官をしていた顔見知りの元掛川署員に話して担当検事との面会をとりつけ、略式による一万円の罰金でその夫を掛川署から出してもらった。

これが縁で、彼、Sと金の文通が一年半ほど続き、放浪の旅に出た金が、Sを頼って横浜に身を隠すのだが、それは後の話である。

和子との結びつきにも、多分に彼の同情心が働いていたと思われる。

〈（和子は）打撃を受けて、人生に悲哀を感じている時でした。そんな時に偶然私と知り合って、私はまあ、彼女に元気づけたりなにかして、つき合いを深くはじめるようになりました〉（『法廷陳述』）

金は自分が朝鮮人であることを隠して、共同生活に入る。

〈その彼女と知り合い、しばらくする間に、その彼女から実際に、「あんた朝鮮人だったのね！」と言われました。私のポケットに外国人登録手帳のあるのを彼女が見つけたらしいのです。彼女はその時、目に涙をいっぱい浮かべながら、私に、朝鮮人であったことがいかにも、その、悪いことのように、何か非常にこう、ショックだったような態度で私にいったわけです。そういう彼女の態度が、私自身に非常に大きなショックだったです。

「そいじゃ別れよう」と私は言いました。ところが「もう今さら別れることはできない」、彼女はそう答えました。私はそれから、彼女とのそういう問題があってから、彼女の親を呼び、親のいる前でも彼女に「この人、朝鮮人なのよ」と、こう言われたことも覚えています。（中略）だけど、その後、私の家庭に入って、朝鮮人の生活というものもどんなに人情深いものであるか、人間味のあるものであるか、その生活様式、そういう風俗習慣が変わっていても、やはり人間の情においては変わったところがないということを、彼女はつぶさに知ったと思います。それは私の母親からとくに感化されたと思います〉（前掲書）

戸籍上はともかく、二人の実質的な夫婦生活は、このようにして始まった。だが、昭和三十六年二月、またまた恐喝などの罪で起訴された金は、懲役二年六月の刑を言い渡されて、浜松―静岡―小菅と、四度目の刑務所暮らしに入る。このときの刑期は、前の分が併合になって五年であった。

三十三歳になっていた金は、自分の将来を考えないわけにはゆかなかった。

〈私は浜松の刑務所からいよいよ、よそへ移されるというときに、いろいろ考えました。自分がこんな生活を三度も四度もくり返して何になるんだ。結局、自分自身は少しくらい苦学して勉強したからといって、頭でっかちで知ったかぶりしても、手に職一つ技術一つついてないじゃないか。そういうことで、私は自分が生来、車が好きなものですから、自動車の整備士の勉強をやろうと、そういう気持になったんです。

私は、当時、千葉から小菅刑務所に管区長として行っておられた浅井豊保安課長のところへ、浜松から手紙を出しました。どうにかして自分は技術を身につけたい、自動車の整備士を身につけたい、何とかしてもらえないか、と。私は浜松から静岡へ移され、静岡の保安課長に頼んで、府中へ送られるところを小菅へ送ってもらいました。小菅へ行っていろいろ条件を聞いてみたところが、最低中学卒業程度の学歴がなければいけない、というようないろいろな条件がありました。その時分、神戸の刑務所からよりぬきの人が選ばれて、整備士の国家試験を受けるための訓練生というものが作られて、やられておりました〉（前掲書）

金がここで述べている「苦学」というのは、この前の獄中生活での独学を指している。

二十七年、強盗などで静岡刑務所内の静岡拘置所に拘置されていた金は、隣の独房に入れられていた若い共産党員に関心を持った。この活動家が、義務づけられている正座を拒否してはね回ったり、食事の改善を要求して担当職員とやり合ったりしていたからである。やがて散歩や入浴の時間を通じて活動家と言葉を交すようになった金は、自分も勉強したいと言い出して、彼の救援会から本の差し入れを受けた。

初めはアラゴンの『フランスの起床ラッパ』などの文学書や、許南麒の詩集などを読んでいたが、そのうち社会主義関係のものを自分から希望して、『レーニン主義の基礎』など、社会科学の本に読書範囲を広げた。

活動家はその年の暮れに保釈で出所、オルグに飛び回る日が続いて金と疎遠になるが、彼の妻が本の差し入れを継続し、彼女とのあいだの文通は切れなかった。

金は千葉刑務所で受刑するようになってからも、生まれて初めて身につけた読書の習慣を捨てず、いったん跡切れていた活動家との交渉が再開すると、かえって自分の方から毛沢東の『思想方法論』などを彼へ送って寄越した。党活動に専念している彼は、本を買う金にも事欠いているだろうという心配りからである。

そして、金の手紙の内容のほとんどは、読書の感想であった。

寸又峡での事件のあと、党の方針で、活動家は金嬉老との一切の交流を断つのだが、なお妻とのあいだの文通は続く。

受刑者の等級によるが、千葉にいた金は、月に二度の発信しか許されていなかった。その二度の機会を、活動家の妻に向けていたのである。

そのちに弁護団側の証人として法廷に立った活動家は、こう告白した。

〈僕の常任生活の中では金嬉老も（中略）説得したりとか、あるいは工作したりという、そういう生活の中での一人に過ぎなかったけど、金嬉老にとっては（中略）その手紙の内容にもあります通り、もう自分のすべてということで、私たちを通じてそういう運動につながれると、自分がやはり、そういう生活、そういう考えを本当にそこからつかめるんだということで、もう一生懸命だったと思います。おそらく、千葉の刑務所でも、それが金嬉老の支えじゃなかったのかというふうに思うんですけれども、それでも私にとっては、それが一部分に過ぎないとすれ違いがあったと思うんです。（中略）金嬉老を含めて朝鮮の人たちが持っているそうした重み、ちょっとした刑務所の中でのふれ合いでもそれを放さないで、もうそれにしっかりつかんでいきたいと思うほど、またそれが生活のすべてになるほど、置かれている状況がきびしいし、そこに期待をかけていたんだということが、やはり私を含めて当時の左翼に理解ができなかったし、（中略）むしろそうした部分のほうから金嬉老をつきはなすという結果になったわけですから、そうしたことの中でやはりありきたりの左翼が、自分のそうした身体を、生活を、思想をかけたもんとつながらないということがはっきりした方向で金嬉老がつかんだものは、今度のように自分の体をかけてもそれを日本の社会に思い知らせるということ以外になかったんじゃないかというふうに思います〉（『証言集2』・金嬉老公判対策委員会）

金嬉老の生い立ちについては、彼を犯罪へと追いやった背景も含め、章を改めて述べるが、「ライフル魔」の五文字で彼の半生を片付けてしまったマスコミに、こうした痛みは残っていないようである。

ともかく小学校を五年生で中退しなければならなかったこの在日朝鮮人に、日本の社会が唯一、与えた勉学の場が刑務所であったという事実を、ここで確認しておく必要があろう。

獄中の彼は、漢和辞典と国語辞典をはなさなかったという。朝鮮人である自分の言葉によってではなく、押しつけられた日本人の言葉で、被圧迫民族としての自分の立場をさぐろうとした、その自分というのは、いったい何であったのか。

この段階での彼にたしかなことは、技術の習得であった。整備士を志したのは、差別社会に同化すべく、生きる一つの手立てを獲得することであった。

日本の国家がいう「更生」も、しょせん、その方向を指し示しているに過ぎない。

服役中の金嬉老に、主体的な意味を見つけるとするならば、母親朴得淑と、そこに身を寄せて彼の出所を待っていた和子への愛の発露ということになるのであろうか。

「うちで嫁としては、和《かず》がいちばん。最高にいい嫁じゃった。ほじゃけんど、それもみな、だめになったし……。わし、いまでも、あの子は、忘られることは、出来ないです」

と、このオモニ（母親）はいう。

「いま、名古屋にいるですよ。手紙？　いいや、嫁行っただもん。ま、どっちでっと、わし思うよりは、向こうは冷たいだもんね。そりゃ、そうですよ。わたしは、もう嫁に行かない――」

〝冷たい〟この嫁の肌のぬくもりが、血の通わぬオモニに、まだ忘れられない。

「そうです。私と同じ蒲団に、四年半寝たんですもん。一つ蒲団に、一つ腰掛けに……。狭い店で、腰掛けを三つ入れりゃ、ちょうどいっぱいじゃった。そこ、蒲団一枚ひいて、掛けんの一枚持って来て、二人抱いて、四年半寝た」

そのころオモニの家は、掛川から豊橋へ向かって出ている二俣線で四つ目の原谷《はらのや》にあった。ここはまだ掛川市内である。そのもう一つ先の駅が周智郡の森になる。遠州森町といえば、たぶん、その名前を知らないものはない。

ある日、森町に住む趙潲衍が、店の権利を買わないか、と話を持って来た。

そのころ、オモニの夫で金嬉老の継父である金鐘錫（金岡藤太郎）は、交通事故の後遺症に苦しめられていた。

〈おとうさんが自分の車で、袋井で事故をやって、それから病院入るのは三月《みつき》くらいで退院したけんど、ここを、初めいってみたら折れている。ふせて、車が上に乗っちゃって、顔中の皮むいちゃって、いったん石を拾い出して、こればっかり何をして、初め行ってみたら、ここがすでに折れていて、こうなっちゃっていたですよ。ここが重なっていたですよ。それだもんで、私が先生に「腕が折れている」といったら、「そんなものは問題じゃない」って、「人間が生きるか死ぬか」というもんですから。

それもそうだと思って先生にまかしておいたら、三日だかたって石膏したですよ。位置をはめて石膏すればよかったが、位置をそのままで石膏して、ここを折ったのに、手を肩から指をみんなこうやって手をつけちゃったです。それから五十日目にノコギリで石膏切って、そうしたら、手がこうなったままで絶対こっちへこないわけです。それだもんで、またたち割って位置を入れて、ここ（腕の根元）が折れたけれども、ここが折れたのを知らないでやったもんで。

肉をもって、どうもしようがないといって、それで焼津で機械で抜いて、位置をはめてなおすところがあるから、そこに三月間、切符買ってかよったけんど、あんまり痛くて涙がでるといって、二月《ふたつき》くらいかよって、うちで夜、私が手をもんでやるのが仕事で、昼間は何もしてやるひまがないですから、自分でもむのがこうやってこうやって、いくらかこうなったですけんど。

一年くらい着せたり、脱がせたり、病院に行ったりしたもんで、一年くらいで何もやれなかったですよ。そうしたら、もとも何もなくなって、どうしようもなくて〉（『証言集2』）

この「もと」は、いわゆる密造酒の回転資金のことである。

日本の敗戦後、九人という子沢山のオモニはイモ飴づくりを三年ほど手掛け、それから焼酎づくりを十五、六年続けた。

取締まりの税務署員に、彼女はこういった。

「子供さえ学校おりれば、あんたちがやれやれといってもやらないから、子供が学校おりるまで、どんなことをあんたちが来て、わしを引っ張って行っても、刑務所入ったたって、やらなけりゃ子供を養ってゆけないからやる」

そうはいったものの、オモニは税務署との「喧嘩」にいやけがさし、「命がかわいく」なって来ていた。

何か、生計の途を立てなければならない。その窮乏ぶりを見るに見かねた趙湍衍が、「もとはわしが貸してやるで」と話を持ち込んで来たのである。

売りに出ていたのは、小さな焼鳥屋であった。この店を開いたのは日本人で、そこから朝鮮人の手に渡った。

「二人もつぶれたのに、どうしてわしがやってみたこともないのにやれるかどうか。おっかない」

こういって、二の足を踏んでいたオモニを、一万七千円という権利金が決心させる。

何とか二万円を工面して、残った三千円で皿やコップをととのえ、材料を仕入れた。

焼酎が一杯二十円で、ホルモン焼が一皿十円という値段である。開店の日、手が追いつかないほど、客が入った。

店を閉めて計算してみたら、売り上げは千五百円で、粗《あら》利益が五百円と出た。夫に早く知らせようと、夜道を飛ぶようにして家へ帰った。

この店をオモニは和子と二人で、懸命に盛り立てた。どうしても、夜が遅くなる。わずかばかりの板の間に、ベンチ様の木製の椅子を三脚並べて、その上で抱き合って眠る母と嫁は、毎朝六時五分の一番列車で帰ってくるのであった。たった一駅の距離というが、その間、タクシーを使えば、二人がかりの一日の儲けが、たちまち消えるからである。

「和は、腹におきどう（置きどころ？）があって、腹にし（秘）めてね。そのように守って、ついて（来て）ですね。それが私、なんとなく女らしいとこがあると思いますよ。一回やったことは、いわれたことといって、これはこうしなくちゃ、あれはああしなくちゃ、っていわれたことは、自分が出来なくても、その真似事でも、ついて行ってみようっていう根性が、わし好きでした」

仮釈放をもらって、四十年五月に出所して来た金嬉老は、オモニのそばを離れずに自分の帰りを待っていてくれた和子を見て、感激した。

再出発にあたって、和子は掛川駅に近い連雀の通称「きちがい横丁」に「松屋」という一杯飲み屋を開き、金は自動車整備士として勤めることを決めた。

小菅で訓練生に加えられた彼は、かつての読書に数倍する苦しみを味わわなければならなかった。足し算、引き算は、銭勘定で身についている。しかし、国家試験に当然出されるであろう、圧縮比や排気量の計算には、数学の基礎が欠かせない。

中学校の数学の教師の免状を持つ浅井保安課長が、所長と相談した結果、訓練生の中の希望者を集めて、数学の講座を開くことになった。金は他の服役者がキャッチ・ボールや野球に興じている休憩時間にも、コンクリートの上にチョークを持って行っては、数学の例題を解くのであった。

訓練期間を終えて、国家試験を受けた金は、一度でこれに合格した。運輸大臣の発行する合格証書を手にしたとき、「これで人にバカにされなくていい。朝鮮人だってやれば出来るんだと、自信を強く持った」と、金はのちに法廷で陳述している。

彼もその時点では、そういう考え方が自己の尊厳を自らおかすものであることに、まったく気づいていない。

朝鮮人を日本人より劣等な民族であるとする通俗概念は、日本帝国主義が朝鮮に対する植民地支配を進め、深めて行く過程で、つくり上げられ、広められて行った虚構である。

刑務所での金の学習は、長年にわたって日本に大きな影響を与えて来た朝鮮文化にまで及んでいなかったのであろう。

「朝鮮人だって」という発想は、とりも直さず、彼もまた「同化政策」の完全な被害者であることを証拠立てるものであって、その延長線上にあらわれてくるのは、朝鮮人としてのアイデンティティを自ら放棄して、もっぱら日本人らしく見せかけようと腐心する、敗北の思想でしかない。

〈整備士手帳の中に、本籍は静岡県掛川市本郷、現住所、静岡県掛川市本郷となっています。それは私が、わざわざ刑務所の職員に頼んで、そういうふうにしてもらったのです。これは公文書じゃないんだから、私文書なんだから、要するに偽造したとか、ということじゃなくて、とにかく朝鮮人という住所を書いたんでは就職できない、だから頼むから朝鮮籍にしないでくれ、というふうなことをこんこんと頼んで、私は本籍も現住所も同じ日本にし、名前も金岡安広という誰が見ても日本人にみられるようにしました〉（『法廷陳述』）

それで、「金岡安広」は、日本人社会に受け入れられたのか――。

〈しかし私がその整備士手帳を持って就職を探し歩いても、いざ今度、運輸大臣の合格証書を見れば金嬉老となっています。結局、朝鮮人だということで、あるいは知っている所では「あれは刑務所を出たり入ったりした人間だから」と、ま、そういうことが理由だったと思います。そしてどこでも使ってくれる所がありません〉(『法廷陳述』)

仕方がないので金は、和子と二人で「松屋」の経営に力を入れた。さいわい、店は繁昌した。だが、そこから生じた経済的余裕は、夫婦の安寧につながらなかった。

趙潲衍は金の性格をこう見ている。

〈気が早くて短気だと思います。それで、人がおだてればのる性格じゃないですか。まあ自分が困っても、人が頭さげればきく性格。それで人間的に情のもろい所がありますね。自分が困っても、人が頭をさげたり、あるいは頼んだりすると、おそらく九九パーセントまではきくと思いますね。彼の性格はね、彼の性格の一番悪いというのは、すぐのっちゃうんですね。(中略)いい面というのは、結局、短気であとがないと、ただ言うだけでちっと言ったら、あとはもう全然すかっと、ぐずぐず言うような性格じゃないと〉(『証言集2』)

四十二年四月、金の服役にも動じなかった和子が、彼のもとから去って行く。原因をつくったのは、商売がうけに入って、のっていた金である。

彼は掛川市役所の女子職員と親しくしているうち、妊娠させてしまったのである。その相手は、夫のある身でいながら、とかくの風聞が絶えない女性であった。その狭い町のことで、二人の交際はたちまち、和子の耳にも入る。

初めのうち、彼女は、その話題に他人がふれても、ただ笑うだけであったという。夫婦の仲が険悪になったのは、金嬉老が問題の女性の妊娠を和子に告げ、子供が生まれたら引き取って育てたい、と言い出してからである。

彼女は頑として、これに同意しなかった。金は「妻に子供を生めない身体の欠陥があることから、ほかへ子供を妊娠させせました」というが、彼を信じて連れ添って来た和子には、いささか酷というものであろう。

自ら招いた結果ではあったが、この離別が金に大きな打撃を与えた。彼のそれまでの半生を振り返るとき、和子との生活が、例外的に安定したものであったことに気づく。彼はそれを失ってしまったのである。

〈三者三様に悩んだあげく、私は妻とも別れる代わりに、その女の人にもお金をやって子供をおろさせて別れました。

そして私は孤独になった。一人になった。自分でまいた種だから当然しようがない。今まで油にのっていた商売の方も、そのまま。別れた女房は自分の荷物だけを持って実家へ帰ってしまいました。それで私は店も人手に渡してしまい、家の中のものもみんな二束三文に売り払ってしまい、母親もあんまりにも格安のたたき売りで、どんどん、どんどん、みんなくれてしまうもんですから、そばで唖然として見てました。

私はそのときに、掛川の自分の店のすじ向かいにあった薬局で青酸カリを一びん買いました。それは検察官側に行ってると思います。その青酸カリを買った目的は、とにかくどこか誰も知らない所へ行って、これを一気に飲んで死んでやろうと、もう世の中生きるのが嫌になった、十年間（五年八ヵ月）も一緒にいたのにあっけなく去られたということ、そして自分自身がまいた種でもって、どうにもこうにも自分の気持が動きが取れなかったということによって、私は青酸カリを買い求めたんです〉（『法廷陳述』）

母親にもいわずに掛川を出奔《しゅっぽん》した金は、青酸カリを持って、無免許運転の車で西へ向かう。日本海側に出て、鳥取、島根を通り、関門海峡を越えて九州を横断、熊本から山鹿温泉へと死場所を求めて彷徨したが、結局は生への執着を捨て切れず、山陽道を経て、幼児期から少年期を過ごした清水へと帰って来た。十日間ほどの、あてのない旅であった。

そこで出会ったのが藤子である。

〈清水の今回事件が起きた所の近くにクラウンというキャバレーがあります。それはぼくたちの国の同じ同胞が経営しているキャバレーです。そこへ以前、二、三度行ったことがありました。たまたま、また足が向いてそこへ行ったところが、一人の東北なまりのある女性がマイクを片手にステージに立って、バンドをバックにうたをうたってました。その時のうたは悲しい哀調を帯びた「異母姉妹」といううたでした。それはちょうどその時の私の心境にピッタリくるものがありました。そして私は彼女にアンコールをし、リクエストをし、そして指名もしました。

私は正直にいって、キャバレーに行っても、ビールをコップに一杯ないし二杯飲めば真赤になってしまいました。母親が、子供のときから知り合いの人がお客さんに来て、男の子だからってついでくれても、この子は酒は飲めないから、体がわるいからと、そういうことを理由にして飲ませませんでした。それは義父が酒ぐせが悪かったことにこりたから、私にそういうことをさしたんだと思います。そのおかげで、私は酒の味と勝負事は全然知らないで、今日に至っております。

それでその彼女を指名し、彼女といろいろ話しているうちに、彼女が青森県の十和田の出身だと、集団就職で興津の小島という所へ就職して来たところが、たまたま自分の友だちがこういうキャバレー街で働いていて、それにさそわれてそこへ働きに来たところが、その友だちというのもやはり清水の稲川系統の連中に手ごめにされていたずらされた上に、結局そういう所で働かされるはめになった。彼女もやはりそういう酷《ひど》い経験をたどっております。

私と知り合ったときもやはりチンピラに追いかけ回されて困ってるときでした。私は彼女をかばうために彼女を車に乗せてさけてやったこともあります。私はその当時、そのクラウンで知り合った青森出身の彼女と、結婚しようとか、もう一回世帯を持とうとか、そういうふうな気持は毛頭ありませんでした。しょせん、そういう所で働いている女の人と、金が仲介のただ一時の遊びにすぎないという気持でいました。（中略）私自身は一緒になるつもりはなかったんですが、彼女の借りていたアパートに私は行きました。ところが彼女のアパートは、店の中で働くときはケバケバして見せても、彼女たちが住んでいる所は本当に乞食小屋に近いような所です。そこへうすい汗ばんだせんべいぶとんで寝かして、それで働かしているようなそういう所です。ぼくはそれを見た時に胸がジンとしました。私はさっそくマットレスからふとんから扇風機から電気器具、そういうものを集めて、買いそろえて、彼女の部屋に一緒に住もうという気持になりました。ところが、結婚するとか、そういう気持はありません。ただ一時的な気持だったです〉(『法廷陳述』)

金には、同情癖とでもいうか、かわいそうな人を見ると自分を抑制出来なくなってしまうところがあって、相手が女性である場合、その傾向がいっそう強くあらわれるようである。和子との場合がそうであった。藤子に対しても同様である。

だが、藤子は、〝孤独になった〟金にとって、行きずりの女性であった。和子によって小さな安定につなぎとめられていた金嬉老は、彼女が去ったそのときから、見えない糸で「みんくす」へ、寸又峡へとたぐり寄せられ始めていたのである。

第四章　母親

「金時」は東海道線掛川駅構内の西のはずれに近い、線路際の一杯飲み屋である。店名は、オモニの日本名「金岡時子」からとったのであろう。

写真でなりとも金嬉老を知っているものは、オモニを一目見ただけで、彼がその風貌を、母親から強く受けていることに気づくはずである。

「金時」の向かって左隣は、東京の大学を出た金嬉老の弟夫婦が経営する中華料理屋で、明るく清潔なたたずまいを見せている。それと対照的にオモニの店は、裏町によく見掛けるていの、飾りけのない、ごくありふれた店構えである。

ここの売り物の一つは豚足《とんそく》で、これを仕入れた翌朝、近所のアパートに独り住まいするオモニは、七時に起き出さなければならない。

まず、十円のカミソリで、毛を丹念にこそぎ落とす。五十個が彼女の仕入れの単位であり、これを下ごしらえするには、四時間からかかる。それがすむと、今度は下焼きで、全体がこんがり狐色に仕上がるまで、一時間を要する。色がついたところで爪を抜き取って、やっと準備が終わる。

人手を借りない一人だけの店だから、そうそう品数を増やすことも出来ない。この他に商うのは、大きなボールに漬けてある焼肉とキムチくらいのものである。

数年来、日曜も祭日も、休んだことがない。昼前後に店をあけて、客があれば夜十一時ころまで、カウンターの中に立ちずくめの生活が続いている。

三十歳のときに五十歳、五十歳のときに七十歳に見られたというオモニだが、七十歳に手が届こうとしているいま、やっと年齢より若返った。

女性に対する表現としては、はなはだしく不適当なのだが、赤銅色に日焼けした顔は見るからに健康そのもので、老婆の印象はまったくない。

オモニは、いま二つの「勝負」を抱えている。一つは、無期懲役で熊本刑務所に服役しているヒロ（嬉老）を何とかして自分の腕に取り戻すこと、そしてもう一つは、節煙である。

「なんにも、わしの頭には、あれしか入ってないだから。みんな子供ら、自分ら、まめたく無事で、一所懸命やってくって、自分らでなんとかやってくだもんで、どうにかやっていけるから、まあ心配ないけんど、寝ても起きても、あれだけ一人心配だで。わしが生きてるうちに出さなくちゃならん。そういうあたまがあるから、なんとか、もうあと、わたしも長くて八年ないですよ。長くて八年いりゃ、ま、そのうちにいろんなこともあるでね。あればまた、恩赦もあるしね。ほんでね。運がよけりゃそうなるし、運がわるけりゃ……。

ほんでもう、タバコと私と二つの勝負。タバコをこれ、あんまり喫いすぎるとね、口がまずいし、頭も重いんですよ。これを一日やめてみると、まあ、なんにも目に見えないし、手につかないし、よけい頭がボーッとなっちゃって、何もわからなくなるし、みんな若い衆《し》、笑《わら》ってるんですよ。タバコ、若い衆が隠して歩いてみたり、そいで、わし、笑かせるゆうて、そうしてするけんね。

日にタバコ一個喫えば、ちょうどいいですよ。そいだけんども、いろんなことで、頭、混線しちゃうと、日に二個近く喫うでしょ。すると、もう頭カンカンに痛くなる。恐ろしいんですよ、人間。

人間はなるしかならないし、これ以上はなりゃしないわ、という根性でね、やってるから、まあどうにか生きて行けるけんど」

若い衆というのは、オモニの身を案じて、夜な夜な店に交替で現れる部落研などの青年たちのことであろうか。

煙草をなんとか控えたいという意識がオモニをそうさせるに違いない。

カウンターの中をあちこち探して、やっと新生の箱を見つけ出したオモニは、一本をつまみ出して火をつけると、煙草だけではなくマッチまでも、なるべく自分から遠ざける。

その仕草をカウンターの外から眺めている目には、そのまま置場所を忘れてしまうよう期待しているかに映る。

事実、次の一本に移るとき、しばしの捜索時間をオモニは必要とするのであるが、何分にも狭いカウンターの中でのことだから、それをあきらめさせるには至らない。

両切りの新生を、節くれだった親指と人差指を焦がしそうなまできっちり喫いあげて、オモニはいう。

「これをくよくよしたら、一日に夜だって、ひとりでじいっと考えてりゃあ、私の人生いろんなことがありましたなあって、思うときあるんですよ。私がマムシでもあるまいし、ほんとに何の人間か、ここまで通って来たのが、自分でも自分のことが、不思議です。

　何十回もつぶされてみたり、何十回起こしてやってみたり、いろんな型の人間を何人も拾うてやってみたり、何人も助けてやってみたり、わしの手の飯を食っていけなかった人もちょっと少ないんだけど、まあ、自分がいざとなってみりゃあ、全部ふいですね。

　自分がいざとなってね、どしんと落ちるとこまで落ちてみるとね、やっぱし、人間の心、みんなわかるようになりますよ。そいだから、やっぱしいい人間も、だんだん、ちいと悪くなってくるような感じします」

　つい先ごろ、若い男が四人連れで店にやって来た。

　ここを金嬉老の母親の店と知っててか、知らずでか、電線泥棒を働いたのだが追手がかかり、丹波の山中に盗品をトラックごと捨てて逃げて来たのだという。ついては、名古屋に着いたらすぐ送るから、汽車賃を貸してもらえまいか、という話であった。

　意見をして貸してやったが、案の定、返して寄越さない。

「自分が泥棒やったってことが正直でね、ハハハ」

と、オモニは彼らの不正直をわらうのである。

　七転八起といったのでは、オモニの辛酸をあらわすのにとても足りない。

　日本人社会には、自分とひきくらべるべき対象が見出せないのであろう。マムシにおのれを擬《ぎ》してみる彼女の発想は、それこそ何十回となく踏みつぶされた苦闘の中で、だれに教わるともなく、自分でつかみとったものであるに違いない。

マムシでさえ、頭を踏みつぶされれば死んで終わる。生きている自分を不思議だというオモニの拙《つたな》い日本語は、どのような雄弁にもまさって、きくものの胸に突き刺さるのである。

和子が去って行ったあと、森町の店を一人で続けていたオモニは、同じ年（四十二年）の十一月、それを畳んだ。夫鐘錫が、十二歳になる孫（金嬉老の妹T子の長男）を出刃包丁で刺し殺し、農薬を飲んで自殺したからである。

「四年間、おとうさんが、頭が、神経がわるくなって、わしも苦労したんですよ。病院へ入れたり出たり、入れたり出たり、商売やりながら、まあ。

自分が夜寝るとき、孫道連れにしちゃったですよ。その事件なってまだ、自分は生きていたから、そいで診察して脳病院入れちゃったわけですよ。入れてから三日目して、自分が亡くなっちゃったけんどもさ。

そいでも、その前四年間、腹も切ったし、けつも射ったし、まずまあ、どこから来た病気か、もうこの、頭のみる病院というとこは、全部連れて歩いたです。わたし。

そいで少《すこ》うしばかり、子供みんな片付けるつもりでおって、あとは二人残っていたからね。これを片付けるつもりで、ちいとずつヘソクリしてしまっておいたものを、全部さらい出して、みんなおとうさんにぶちこんで入れたけんど、しまいにゃあ、人間取られて、金も全部取られた。全部」

客が入って来て、焼肉の台に火をつけたオモニは、立ちのぼる煙を斜めによけて肉片を返しながら、深刻な事柄を淡々と話す。健康だとはいっても、さすがに、煙にしかめた顔の皺《しわ》は深い。

「いろいろな面はありました。ほだから、人間ちゅうものは、七転び八起きちゅうけんど、七つ転ぶばっかかんでもないし、八つ起きるばっかかんでもないんですよ。何十回起きるか、何十回転ぶかね。とにかく自分の腹ん中に堅い意志さえ一つ入れておけば、なんとでもなる。そいだで、みんな自殺したり何したり、やっていけなくて死ぬんだけど、あんなもん、ちょっとどっか心の置きどころ悪いで、そうなるんですよ。

死ぬちゅう運命じゃなけりゃ、なんとか生きてけるもんね。ほんで、おとうさん亡くなって……」

この剛気なオモニは、寸又峡に立て籠った息子に「立派に死ね」と言葉を送り、生きたまま捕えられたと聞かされて、自殺を図ろうとした。

「わざわざ来たちゅうから、こうして話しとるだけんども、わし、生きて話してるか、死んで話してるか、あんたらにゃわかりゃせんですよ。ほんとの腹は」

それは、たしかに、そうであるに違いない。語られる言葉は私たちのものであっても、体験は私たちのものではないのであるから。

夫は自殺の一年前にも、死ぬつもりで農薬を飲んだが、このときは発見が早く、生命を取りとめている。

「頭があぁするもんで、まあ、目をはなしちゃいかんと、目を通して、まあ、御飯炊いてても、なにふらふらしてるか、目ははなさなかった。わたし。

ちょうど押し入れのところにいて、酒をいつも、持って歩くもんで、こう押し入れんとこ行って、こう押し入れをあけて、ちょこっと顔隠して、何か飲んだから『また酒けぇ？　酒そこ隠してあんの？』と、わしそういってね。そういったら『うん』と、こういったもんで、酒はいつも押し入れん中入れといて飲むもんで、それ飲んだかと思うたら、農薬飲んだらしい。畠があるから、農薬買ってあるもんで。

『御飯炊いたから食べよう』ちゅうたら『ふん、わし、もうちいと寝る』ちゅうたから『御飯いま出来るのに、寝たら困るじゃないか、御飯食べないと、わし仕事が出来やしないで、片付けてもらいたい』そういったら『いいよ、あとで食べる』ちゅうて、ふとん中またもぐりこんで入ったもんで、そしたらお茶でも一杯、熱いの入ったもんで『お茶でも一杯飲みなさい』ちゅうたら『うん、そいじゃ、お茶一杯もらおうかな』ちゅうたもんで、お茶を持って、お盆に入れて、枕元行ったら、わしを見てから、もう一分で、目がまあーっ青《さお》になったもんで、あらっ、この人なんだろう、急に死によんのかなと思って、押し入れあけてみたら、コップに白いあれがあったで、あ、こりゃ農薬飲んだ思うて……」

朝のことであった。森町の店から一番列車で和子と帰って来たオモニは、話の中にあるように、朝食の仕度をしていた。

それどころではない。表にかけ出して、大声で助けを呼んだ。このあたり、人家はまばらなのである。かけつけて来た近くの主婦が、牛乳を飲ませるのがよいといって、買いに走った。その間オモニは石鹸を水に溶いて、夫の口に流し込んだ。病院へ向かう救急車の中で、彼はバケツに二杯ほど戻した。

「そいで、もう、命は助かった。あのとき死ぬよう黙っておいときゃよかったが、人間としてはそうはいかねぇもんで、どこまで生かそう思ってたから、あんなに金かけたことをね、考えても、生かしてやらなくちゃと思うて、うちで留守番だけしてくれてもいい、生かさなくちゃと思うて、考えたのよ。

あのとき何すりゃ、孫だけでも残されたのに、いまは、そう思ってます。まあ、ほんとに、鬼にかかって、わしが見るの、目を通さなかったら、どうせ自分一人行くの、行かせたのに、ほんまにあんなことして、一生忘れぬ傷ものになっちゃってね。

そいで子供にも、やっぱし気の毒だな。人の長男をこんなことしちゃって。いくら親子でも、息子でも娘でもね。やっぱし、その、うちの婿も死んじゃったの。あくる年、事故で、山で落ちて、死んじゃった。

そう、わしの連れっ子の末っ子の、T子っていう、前の夫の、ヒロのきょうだいで、いちばん末っ子。そのT子の婿が死んだです。

そのうちの子供が、わたしらを忘れんなくって、近所にいるもんで、ずっとうちから学校通ったんですよ。

おじいちゃん（夫）もそれがかわいくて、年中、自分のふところに入れて歩いてたもんで、あの孫を、なにをどこへ行っても、孫にやるのだけは、ポケット、一つ買って入れて歩いてたしね。他の孫は大勢いても、全然振り向きもしなあで、あれだけがかわいい。たぶん、それがいけなかったんです」

夫と、娘婿と、孫と。係累の三代にわたる禍々《まがまが》しい死が意味するものは、いったい何であるのだろう。

それが、彼らの上に加えられ続けた抑圧と無縁であるとは、だれも言い切れない。金鐘錫の神経を引き裂いたのも、差別社会ではなかったのか。

「病院行ったり来たりでしょ。そんで、みんなが見ると、自分を気違い、気違いって、頭いかれたって、あれ見てみ、おれを見てるって、こういうですよ。

『そんなことない』って、そういってまあ、年中、外で朝は腰掛け、門のところに座りゃ、ずうーっと、まあ庭に座ってるんですわ。番をするいうて、寝るまでずっと座っているんですわ。

おっかない、おっかないって、どっかへ行っちゃいかんと思うて、わしのもうスカート引っぱって、歩きゃあしんのに、ここいてくれちって、だれかわしを殺そ殺そと狙っているって、そういうですよ。

もう飛行機を見ると、飛行機がおっかないちゅうて、夜、もう吠えて、棒持って、こうして、それを追っかけてるんです。全部、おれを殺しに来たから、わしも向こうに行かなくちやって、こうやって行くでしょ」

現代の医学では、どのようにしてこの種の病気が起こるか、完全には解明されていない。したがって、全治を約束する効果的な治療法もない。思いあぐねたオモニは、祈禱師にそれを頼るのである。

「呪いを何十万かけたですよ。横浜からも呼んだし、大阪からも呼んだし、名古屋からも呼んだし、何かが、神が、これバチをくれたっていうから、神んとこ小便したとかなんとか、もうそういったもんで、男だからどこ行って小便したかわかりゃしないしねぇ。拝んで、それをやってやりゃあ治るっていうもんで、まあ、いろんな呪いでね、金ばっかりかけてね。一回呼んで、大阪、名古屋で、一回呼んでから、一晩、一昼夜、叩いたり、いろんな呪いしてもらやあ、二十万も持ってっちゃうでしょ。

そいで、おっかないだけは治っちゃったんです。今度、じいっと家で番する。そうかと思ったら、わしが何か持ってって忘れても、置いたとこがちゃんとしてるし、豚を四十匹ばかり庭のところへ飼ってたんですが、『餌をちゃんとやっといてよ』いったら、ちゃんとやっていてくれるしね。

ヒロはあの当時、もう逃げちゃってて掛川にいなかっただけんど、気が変わったんだか、ヒロさえ見りゃ、もう目の色変えた人が、こうやって、もう待ってたんですよ。『ヒロがまだこないねぇ』って。『なんしにヒロ待ってるだ』ちゅうたら『酒買ってもらわなくちゃなんないもん』。くると、かわいそうだっちって、いっぺんで酒、焼酎、二升ずつ買って来て、どさんと置いて行くでしょ。

　そうすると、自分の子はひとつも待たないで、くると文句ばっかりいって、買ってくんないんでね。

『酒買ってくれる人ばかり待ってる』って私がいってね、冷やかして怒ってたけんど、死ぬときひとことといったです。死なん三日、四日前ね。『ヒロがこない、ヒロがこない』って、ずっと待ってたんですよ。それが印象に残るね。あんなに嫌いな人が、やっぱし死ぬときなっと、そいでも生んだ親より育てた親だっていってね。長男探してたもん」


　オモニは現在の韓国釜山市のはずれで、農家の末っ子に生まれた。子守りに出たのが、数えで七歳のときだったという。

　本格的な奉公は、九歳の年に始まった。行った先は日本人の家である。

「日本から来た衆《し》、めちゃめちゃやって、韓国の土地を取ってから、百姓やってたでしょ」

　植民者は朝鮮人から、なけなしの土地を次々に奪った。奪われた農家の人たちは、老若男女、低賃金労働者としてその支配下に組み込まれて行く。彼女の仕事は、そこでの雑役であった。

「家ん中、飯炊きやったり、掃除したり。朝鮮の衆、若い衆、女衆、日に使うときにゃ、四十人くらい使ったもんじゃ。

（農園主は）桃の木を植えたり、いろんな葡萄《ぶどう》の木とか、杉の木とか、松の木とかね、そういうのやってから、日本から、京城から、あっちこっち苗売り歩いとった。その家で、嫁くるまで、ずっと奉公したですよ。

それから、松かさとって来て、種を取るもんで、私らそれを学校より広い、(運動場)二つくらいのところに、こんな厚く取って来たら、みんな干すですよ、口がパクンとあくんだけ。種をこう取って、それはそれでね。

韓国はモヤ(燃料)が足らんで、松かさをみんな薪に売るでしょ。干した種は種で、みんな洗って、ジョロでこうやってね。干してそれを(市場へ)送る。そういうんで、若い衆が、若い衆ばっかりでなく年寄りでも、なんでもね、やってしたもんで」

やがて日本語を身につけたオモニは、農園主の作業計画を、彼にかわって労働者に伝える役目も果たすことになる。

彼女が権命述(クォンメンスリ)にのぞまれて、その妻となり、日本へ渡るのは、日本語の力をかわれたからである。

権は十四歳のときに、十八歳になる最初の妻を迎えた。

「昔は、なぜかっていうと、舅《しゅうと》が、昔の朝鮮の衆は、悪いくせっちゅうことか、自分らの息子が、一人前が出来なくても、嫁をもらって、仕事をやらせようちゅうて、働かせるために、許婚《いいなずけ》みたいに、まあ、貰っちゃうのね。

式挙げて、七つか、九つとか、十とか、そういうときに許婚しちゃうけんど、こりゃあ、十四で四つ上の嫁さんにして、貰っておいたんだけんど」

権は早くから、当時でいう内地に渡って、土木現場で働いていた。

この許婚が実質的な夫婦になったのは、権が十七歳のときであったらしい。

オモニの記憶では、いったん帰省した権が、実家で一ヵ月ほど過ごし、戻って行ったあとで妻の妊娠がわかったのだという。

権家はオモニの生家と近所同士で、彼の妹が彼女と同じ歳であった。もちろん、お互いに往き来はある。

権の妻は、早くに両親と死に別れ、きょうだいばらばらに育った。彼女はひどい喘息《ぜんそく》持ちで、いつも肩で息をしていた。

彼女にとっての舅は温厚な人柄だったが、姑《しゅうとめ》は正反対の性格であった。

後年、この姑はオモニと清水市内で暮らすことになるのだが、それが彼女には耐えられなかったようである。

「このおばあが、くせが悪かったですよ。他人《ひと》の娘でもよく連れて、韓国あたり行っちゃあ、連れて来ちゃあ、女郎屋へぶっこんだ。

とてもそういうあたま使って、自分の娘も、三ヵ所も四ヵ所も嫁やってから、金のある家、そこにくっつけといて、金ないと、すっと抜いて、またどこか逃がしちゃう。そういうことばっかり。

うちの親が悪くて、それを知ってながら、（私を）くれたんです。近所の衆が、『まあ、他の衆なら、この家行って、ちょっとつとめられないけんど、この人なら、この娘なら、この家で絶対通りこす』って、そういうことを本気になっちゃって、親がくれたもんで、嫁来たその日から、わし、親、一回も親んとこ行かないで、そのまま通した。嫁来てね、五十何年たつでしょ。そのまま両方の親（自分の両親）亡くなっちゃって。そいだけんど、母親、わし、二十四で後家になって、心配で来ちゃってね。再婚するの見ていたです」

権の最初の妻は、一児をもうけたが、この子が二歳のときに死亡して、離別となったのである。

そのもめごとで、日本にいた彼女の兄二人が、釜山へ乗り込んで来た。

「日本から赤いハッピ、白い字い書いてあんの、ハッピ着たのが、皆はハッピ着たの見ると、ぶるぶる震えるじゃない。ほんで、ハッピ着た人が二人来てから、まあず、他人の麦畑全部荒しちゃったものね。

わしら、うすうす知ってたもん。さくらんぼうの一振り、ステッキ、それ持って、そいで、韓国でも日本からステッキが来たいうと、ステッキ、ステッキちゅうて、みんな震えちゃうもんね。あれ、いまみたいなチンピラ。ヤクザの中入って、昔、ハッピ着て、チンピラだね。

そうなんで、（やはり帰省中の権と）喧嘩やってたら、わしのうちの兄さんは、長男の兄さんが、韓国では相撲とっても何しても、全部いちばんでしょ。お父さんがそうじゃったけん、からだががあっちりしたんで、まあ、兄も十一文の足で、全部揃えて、それだったから、子供（弟たち）も。わたし、これ、うちでいちばん小さいです。これでも。そうなんで、ヒロも、娘らが、みんなうちの系統に似ちゃって、大きいでしょ。権さんの方も、背は高いだけど、からだはひょろっとしている。

そいでまあ、うちの兄貴らが、ちょっと喧嘩に入って、手伝って、あの衆ら半殺しにしたらしいんじゃないですか。そしたら、あの野郎とも、逃げちゃったね。妹連れて」

その尻拭いというわけでもあるまいが、権はオモニを嫁にとのぞんだ。日本の飯場で、朝鮮人労働者を集めて請負師のようなことをしていた彼にとって、日本語の出来るオモニは、願ってもない伴侶だったのであろう。

「権さんの学問に惚れた」（オモニの話）両親が、いやがる娘を説き伏せて、挙式に漕ぎつける。

「本当にもう、あんなに行きたくない日本をね、親離れて末っ子でね。わがまま育って、日本くるとき、ええ、どうせ権さん、あんたたちが日本へ私やらすなら、一つの目的で行こうじゃないか。根性決めて、私、ハンコ、だれにも知られず彫って、自分のちゃんと胸のとこ入れてね。それでもう、下関降りたら金がぱらぱら、札がまわって歩くて、こういっていうもんじゃから、ああ、どんどん拾ったら、どんどん稼いで、貯金してやろうと思って、下関で降りたら、もう金どころじゃない。腐るのはバナナだけで、バナナはもう、二銭五厘だかやったら、こんなのくれたね。バナナだけ、船でどんどん、どんどんおろしてるの。それだけしか目に見えないし、お札どころじゃないですよ」

これが、大正の末だか、昭和の初めだか、オモニにははっきりしない。いずれにしても数えで十七の年であった。

一歩先に朝鮮海峡を渡った夫のあとを追いかけて、オモニがやって来たのは、熱海の丹那トンネルの工事現場であった。

ところが、夫には日本人の愛人がいて、二人のあいだには子供までいる。

そのことを知らされた釜山の農園主は、警察に訴えたりして、オモニを手元に引き戻す。

彼女は、その家で一生を過ごそうかとも考えたりした。

だが、日本女性とは別れたという権が迎えに来て、思い直したオモニは、また関釜連絡船に乗った。

たしかに、夫と日本女性は別れていたが、二人のあいだの子は彼女の実家で拒否された。朝鮮人の血をうけた孫はいらない、というのである。

オモニが着いて約一ヵ月後に、夫はわが子を引き取りに行った。これが、現在、掛川にいるM子である。オモニはこの子を、夫と自分のあいだの長女として育て上げた。

M子が来てから間もなく、オモニはもう一人の子を受け取りに行く。かつての夫の愛人は、別れたときすでに身ごもっており、三島の海岸に近い小屋で、人目を避けるようにして出産したのである。

当時、オモニは、東京に住んでいた。厳冬のさ中だったという。幼いM子を背負って三島まで出向いた十代の妻は、もう一人の自分とは血のつながらない嬰児を、今度は腕に抱いて、東京へと引き返して来た。

金嬉老がこの母親の愛に寄せる信頼は、幼いころも、いまも、絶対といってよいものがある。だからこそ、少年期に母親を自分から奪った継父への反撥が、彼を非行へと追いやって行くのではあるが——。

ごく平均的な日本人の眼からすると、厄介な存在としての「典型的な朝鮮人」にしか映らないであろうと思われる金嬉老の中に、実は、彼を異端視する人々がついぞ持ち合わせたことのない優しさが秘められている。章を追うごとに明らかになるに違いないその優しさは、多分に、この母親に負うところが大きい。

権夫妻が清水に住みついたのは昭和三年のことであった。そのとき金嬉老は、妊娠七ヵ月目で、まだオモニの胎内にいた。彼が生まれたのは、その年の十一月二十日である。父親は近藤姓を名乗って、鈴与組あるいは斉藤組で沖仲士として働くかたわら、「人夫出し」の仕事もしていた。

ところが、昭和六年、材木の積荷を波止場の岸壁でおろしている最中、ウインチのチェーンがはずれて、落下物に胸をつぶされた父親は、その場で逝《い》った。

三人の子供と一人の胎児を抱えた、数えで二十四歳のオモニに、三百円の見舞金と米一俵が組から届けられた。

葬式が終わって、波止場に近い築地町の借家を引き払ったこの若い寡婦《かふ》は、子供を連れて清水市内の山寄りにある姑の家に移った。

〈そのうちにおなかの子供が出ちゃったもんですから、出たのを私が三日目におんぶって、自分も稼がなくちゃ、子供と五人、いくら親の家にいても、やっぱり稼いで入れなくちゃ一緒におれないと思って、自分も胸に決めて、私は地下たびを買ってはいて、それで金ないもんですからタイヤも買えないから、昔のノーパンク・リヤカーを引っぱって、生まれて三日目になる子供を、ヘソの緒とれないのを背中におぶって、私ずっと静岡（市）に通って商売やっていたです。魚の商売やっていたです。

それで魚の商売やっているうちに、親がなんだかあの時豚を、私らが別になって働いている時、なんだかんだでちっとずつもうける金で、親に八匹ぐらい豚を買って入れておいたんですよ。どうせ親が残しておけば、私らのだと同じだと思って、親が楽しんで、うちを建って、買って、入れて。

それが運が悪く、おとうさんがなくなった年に豚がコレラが来て、半分以上みんな死んじゃったですね。それだから親たちが、その豚の納屋があいたからそのお金を貸してくれってことを一回私に投げたです〉（『証言集2』）

姑は、息子が生命と引き換えに妻子へ遺した三百円に、目をつけたのである。

オモニは、これだけには手をつけまいと、子供の何かの際の費用にするつもりで、全額、貯金通帳に入れておいた。姑が豚の補充をするのだといっても、渡すわけにはゆかない。

断られた姑は、

「若い後家が出来ると家がつぶれる」

などという。

金銭に執着の強い姑を意識して、オモニは毎月、米一俵と麦二俵を家に入れ、商売物の残りは全員のお菜《かず》に差し出すなど、十分に気配りしていたのだが、出て行けよがしのいやがらせが絶えない。

ある日のこと、リヤカーを引いて帰ってくると、数えの六つになろうとしていて、まだ十分に口のきけないM子が、箪笥の抽き出しを指さして、こういった。

「かあちゃん、ハンメ、ハンメ……」

ハンメというのは、祖母のことである。

オモニは、そこに通帳をしまって鍵をかけ、ハンコは肌身はなさず持ち歩いていた。鍵はかかったままなので、おかしなことをいうものだと思いながら、念のために抽き出しをあけてみると、通帳はあったが、残高がきれいになくなっていた。

姑を問いつめるまでのこともなく、だれの仕業《しわざ》かは明らかであった。オモニは警察に届け出て、三百円を取り返す。

それで、夫の実家とは絶縁になった。別れるとき、オモニは百五十円を姑に渡した。

〈一番初め出る時には、私もあの時は何も目に見えなくて、道具もみんなおばあさんの所に積んでいるのを、そのまま置いちゃって、ただ（亡夫）が飯場持ちやったから蒲団が何十枚もあったから、その蒲団だけ三十枚ぐらい車へ積んで、あと見たら、道具一つもないし、鍋一個もないし、だからそのあとを、私も徐々に取りに行ったですけどね。

蒲団だけ三十枚積んで、子供四人積んで、わし乗って、どこも行く所ないので、清水の港橋を渡ると、あそこ美濃輪という所に小学校があります。その学校の運動場におろしてもらって、運動場の一番奥の田んぼの所、角のじゃまにならないところにおろしてもらって、そこゴミ箱あったもんですから、そのゴミ箱の横におろしてもらって、夜は四日ばかりその蒲団で囲って、子供とそこの運動場で過ごしたです〉(『証言集2』)

これで人目につかないはずはない。

「あんたたち、どういうわけなの？　どうしたの？」

声を掛けて来たのは、近所の主婦であった。

わけを話すと、彼女は、波止場での事故を知っていて、同情した。

「ほんというと、朝鮮の人、家はよごすし、家賃は払わないし、あいても貸さないでそのままにしておくつもりだったけど、いま三軒ばかりあいているから、きちんとしてくれるんだったら、貸して上げてもいいわ」

彼女は、六軒ずつ向かいあっている長屋の持主だったのである。

家賃は一ヵ月で二円であった。オモニは半年分を前払いにして、そのうちの一軒におさまった。この新居で亡夫の三回忌を営む。

日中は日がな一日土方に出て、夜は月あかりを頼りに乳母車を引いて、ボロを拾い歩いた。波止場に木材が上がるときは、その皮をむいて干し、たき木として売り歩きもした。

〈私は日本の服も朝鮮の服も、腰巻一枚で過ごしたです。はずかしいのも、かゆいのも、なんにもなかったです。食っていけないし。子供とともにかくやっていかなくちゃ、私がやれない時には、子供もみんな一緒に死ぬつもりでいたですよ。どこでも行って、子供と一緒にしばって死ぬつもりでいた。

それだからなんにもはずかしくないから、年中もう、寝巻の赤い桃色のネルの腰巻一枚ちゃんとまくって、ここまで靴下はいて、地下たびはいて、いなかの百姓の娘さん嫁さんちみたいな恰好して、そうして歩いたです。

それで前、前掛けして、自分のとにかくおもなところさえ見えなければいいと思って歩いた。なんにもその時、おっかないものはなかったです〉（『証言集2』）

こうしてオモニは、他人の何倍も働きながら、ゆとりが出るたびに、材木を一本、トタンを一枚というふうに、買い集めて行く。そして、かつていた築地町に、総額四百円のバラックを建てた。

金鐘錫との再婚は、それから間もない昭和十年のことである。その前年に金嬉老は清水小学校へあがっている。

この二度目の父は、まだ十九歳だったころ、権命述を頼って清水へやって来た。これといって仕事の出来ない少年を権家が引き取って、養豚の餌集めとか、子守りとかをさせながら、世話したのである。彼が来て二年後に権が死んだ。

オモニには、いくつかの再婚話が持ち込まれたが、子供をかわいがってくれそうな彼を相手に選んだ。しかし、金嬉老には、それが裏目に出た。

〈このとき、私は忘れもしませんが、母親に、道路へ大の字になって寝て、足をバタバタさせながらあばれて「母親を返せ！」と、母親をとられた憤りを、そういうふうなぶっつけ方でもって、だだをこねたことがあります。

義父は性格は非常におとなしい人です。その反面、また非常に気が短い人でした。性格的には私と合いませんでした。

ただ義父は酒を飲むと、当時はよく仕事に行っては、「朝鮮人は同じ仕事をやっても、日本人より安い賃金しかくれやがらない」あるいは「ばかにしやがった」とか、そういう不満を家に帰って来て母親にぶつけて、ちょっと気に入らないことがあれば、お膳をひっくり返したり、ひどいときにはドンブリで母親の頭をわったようなこともありました。私はそういうふうな父親にますます遠ざかり、敬遠するようになっていったんです。すると父親の方も私を非常にけむたがり、敬遠するようになりました〉（『法廷陳述』）

在日朝鮮人・韓国人のいわゆる一世の中には、仕事を放棄して過度のアルコールに溺れ、酔ったあげくに家庭で暴君のように振る舞い、ついには絶望的な荒廃を招くものが決して少なくない。そういう事例を、いわゆる二、三世は、自分たちの父親に見て来た。

金嬉老の裁判に弁護側証人として立った同胞の一人（新聞社勤務）は、次のように述べている。

〈僕の父はたいへん凶暴な父です。腹が立つと青酸カリを飲ますとか、あるいは出刃包丁をもって僕を追っかけたり、それから塩酸をぶっかけたり、カミソリをもってのどをかっ切るとかいって子供を脅迫したり、事実、目の前で出刃包丁を振り上げて、やりばがなくて畳を深く切り裂いたこともありましたし、たいへんな父親です。この父親が常々、酒を飲み、涙をながしながら語る言葉は、僕たちは日本に来たくて来たんではないと、むりやり徴用で連れてこられたと、その俺が勉強も出来ずに、ここまでともかく命からがら生きて来た。うちの親父は、北海道のある炭坑のたこ部屋でずっと暮していました。解放まで、その過程では相当陰惨な生活をしたということは僕はよく聞いてますが、（中略）お前たちはそんなこともやらずに、学生運動をやったり、あるいは親のいうことを聞かないといっておこるんです。ともかくこの話の中に象徴されるように、これは僕たちの親がほとんどもっている歴史性なわけです。ここには日本と朝鮮の歴史的な関係があるわけですね。

一応三十六年間、日本が朝鮮を植民地下において、いうにいわれぬ略奪を繰り返して来て、当時、何百万という人間を日本へともかく連れて来た。日本で、ほとんど支払わないような賃金で酷使して、解放と同時におっぽり出した。

朝鮮人は住むところがないから、川べりだとか、山の裾だとか、湿地帯だとかいうところに、自分たちで板切れ集めてバラックを作って、とにかく食って行くために働いて来た。ところが、食うすべがない。仕方がなく、ブローカーはやる、パンパンはやる、密造酒はつくるということをしてきたわけです。

事実、僕の親父も、ブローカーで刑務所に三年以上つながれましたし、僕のうちは密造酒をつくって金をもうけて来ました。そういうことで僕自身の中にも、金嬉老とまったく同じ体験が脈うっているわけです〉（『証言集1』）

継父の陰惨さが由来するところは、ここに語られている。彼は畳を切り裂くかわりに、自分の神経を切りさいなんだのである。

夫と孫の記憶が生々しい原谷（掛川市本郷）の家に、オモニは一日もとどまることが出来なかった。

「おとうさんが死んで、わし、もういろいろ頭おかしくて、すぐ家をあけて、飛び出したんですよ。風呂敷包み一つ持って、わしもう本郷から、ここ掛川まで、軽いですね。そいでここ、アパート一つ借りていたら、小さい六畳間一間で、子供一人連れて、あとの子供、みんな片付いたから」

だが、そこも安住の場所にはならない。

四十二年十一月だったというから、亡夫の自殺からいくらもたっていない、同じ月のことである。

午前六時ごろ、朝の早いオモニは、表に立って風に当たっていた。

そのとき、黒塗りのセダンが二台、彼女の視界へ入って来た。

不審の目を向けるオモニは、降り立った数人の男の中に、松屋の常連だった一人を見つけて、声を掛けた。

「岡村さん、ばかに早いじゃないですか」

「おかあさん、ちょっと用事が出来たんで。うちはどこですか？」

「アパートはすぐそこ借りてますよ」

「それじゃ、うちの方へ行きましょう」

「おばさんに用事あって来たでしょうか？　なんの用があるんですか？」

　アパートの方へ引き返しながらたずねるオモニに、岡村孝は用件をいわない。

「まだ子供が寝ているですけど」

「とにかく、うちまでちょっと行こう」

　オモニの胸を不吉な思いがかすめた。いつも息子の店に入り浸り、つき合いを深めている岡村に、かねてから危険なものを感じていたオモニは、再々、注意したものである。

「ヒロ、あの男とは遊ぶじゃないよ」

　金嬉老の弟であるK男を起こして、男たちを六畳間に入れると、岡村の他に二人の男が座り、二、三人がそのうしろに立った。

　座ったうちの一人は、わざとらしくお膳の上に紙を広げ、右手に鉛筆を構える。これが曾我幸夫であった。

　岡村が口を切る。彼の説明によると、金嬉老が四十万だか四十五万だかの借金をして、そのまま返済をしないのだという。

「ヒロさんが逃げちゃったから、これ、おかあさんから一筆書いてくれないか？」

いわれてオモニは、言葉を投げ返した。

「岡村さん、よく考えてみなさい。あなたも子供持っているけど、うちの子供はもう四十ですよ。四十になるその息子を、私がどこで何をして、急に金を支払え、払ってやろうと思ってくるかわからんで、払ってやろうと思い、飯も食わずに、なんにもしなずに、ちゃんとお金を、四十万を、私が握って待っておりますか？　私は一円もない。今度、子供からみてもらいたい」

そして、こう続けた。

「それだで、私は一円もない。あんた私の立場を知ってるでしょう？　いざこざあって、このごろ私が頭ぼうっとなっちゃって、それで仕事もやらないで、ぶらぶらしているのを、あんたが知っていながら、なんでわしのところへ、その話をしてこなくちゃなんないの？」

困惑した表情を垣間見せて、岡村は一言いった。

「そりゃ親があるから」

「親があったって何あったって、いつまで家庭が違うんで、親子だって金銭はあかの他人だ」

しばらく二人のやりとりがあって、曾我がいった。

「このばあさんじゃ歯が立ちゃしないぜ、金谷へ行こう、金谷へ」

金谷というからには、嬉老とK男のあいだの次男がやっている砂利屋を指しているに違いない。

曾我たちが引き揚げて行った直後、オモニは金谷へ電話を入れた。だが、次男のY男は砂利をトラックに積んで出ているという。そこで、留守番役に経緯を説明して、伝言を頼んだ。

「絶対にハンコ打ったり、書いてやったりしちゃいかんぞ。そうなると自分が証人になって、自分が払わなくちゃならんで、しちゃいかんぞ。払うとしても本人が帰って来て、その根本を知らなければ、絶対払うこと出来ないし、証人になることも出来ないから、どんなことあっても突っぱって、いやだといえ、といってくれ」

積荷をあけて戻って来たY男が、その伝言を聞き終わって、何気なく振り向いたとき、三台に増えたセダンが、砂利採集場になっている川床の水を蹴立てて、ちょうど入ってくるところであった。

「ちょっと山の下へ行こう」

岡村に促されてついて行ったY男を、男たちが取り巻いた。

「私ら兄弟を知ってるでしょう。お父さんはあれだけ病気で苦労したし、お母さんが一人で働いて、やっとこお母さんからこれ、車一台買ってもらって、私はまだ一月《ひとつき》の勘定ももらっていないので、いまタバコ銭にも困って、親にこれ以上くれとはいえないし、とにかく喫いたいタバコも我慢しているのに、どうして私が兄貴のあれを書いてやったり、保証人になれますか。とっても出来ない」

Y男はそういって男たちの要求を拒絶し、約一時間の押問答をしのぎ切った。

だが、彼らは、どこまでも執拗であった。それから翌年にかけて、金時へなお三回も現れるのである。三人のときも、四人のときもあった。顔触れが、いつも一定していたわけではない。決まって顔を連ねていたのは、岡村と曾我の二人であった。

彼らはカウンターにずらりと並んで、何としても息子の借金の片をつけろ、という。オモニは、本人にたしかめないかぎり返事は出来ない、と拒否を続けた。

彼らが最後に姿を見せたのは、「みんくす」の事件の四日前の夜である。

外に呼び出されたオモニが話を打ち切って店内へ入ると、岡村が一人ついて来て、カウンターを叩きながら、こういった。

「お母さん、強情はったら、あんたの息子は殺されるぞ」

それまでにも、幾度となく、「息子が危ないぞ」、「殺されるぞ」と脅迫されていたオモニは、カウンターを叩き返して、叫んだ。

「理由があるんだったら、わしの生命もくれてやる。わしら息子殺して足らなかったら、おばあも行くぞ、おばあも殺してくれや。だけんど、紙と鉛筆持って来て、何十万といわれて、なぜわしが払わにゃならないか。生命取るっちゅうても、そう簡単にゃ取られやせん。あんたら、弱い虫が強い虫かむときもあるで、ちょっと気をつけてもらえよ」

そうはいっても、一言の断りもなしに掛川を出たきり、何の音沙汰もない息子の身の上が気にかかってならなかった。

当時を振り返って、オモニはいう。

「神が助けてくれれば生命ある。助けてくれなければ生命ない。二つに一つの勝負だと思って、大きな気持でいたんですけんど。

そいで、掛川の警察から事件の知らせがあったとき、わし、もう、ヒロが殺された、これで終わりだ、そう思ったですよ」

第五章　憤激

「みんくす」における事件のそもそもは、一枚の手形に端を発している。

のちに公判で、静岡地検の岩成重義検事は、そこに至る経緯を次のように述べた。

〈1　岡村孝との交際状況
被告人の母朴得淑、内妻和子は周智郡森町において飲食店「金時」を経営していたが、昭和三十九年頃から前記岡村孝並びに浅風金平が狩猟の帰りなどに立寄るようになり、その後被告人とも知り合い一緒に猟に行くなどして交際するようになった。

被告人は岡村と交際する間に同人から借用した金銭及び岡村が被告人に対し請求すべき立替金などが三十八万三千五百円（昭和四十二年五月頃）に達していた。

被告人は岡村から請求されていたが現金で支払うことが出来ないので昭和四十二年六月上旬、有限会社丸進無線工業所代表取締役清水勝久振出にかかる静岡急送株式会社を名宛人及び裏書人とする支払期日昭和四十二年九月二十六日金額四十五万三千円の約束手形一通を交付し、さらに岡村から現金十万円を受取った。
2　右手形はいわゆる売手形であった。
右手形は東京方面で作成された売手形（一割手形ともいう）であり、金融ブローカー堀内広司が入手し、内山昌則が貰い受けていたもので、被告人の金融依頼により一時急場しのぎとして同人から交付されたものであって同手形の性質は被告人も了解していた。

右手形には藤枝市仮宿一六八三番地静岡急送株式会社専務取締役青野春雄の裏書がしてあったが、これは前記青野が内山昌則の入手前、堀内広司の友人鈴木敏から割引方を依頼されたことがあり結局割れるに至らず返還されたが、その際自己において裏書していたのを抹消するのを失念して返却したものであった。

3　右手形の取立状況

右手形は支払期日に不渡りとなったので岡村は友人浅風金平、友野吉雄こと崔萬達にその事情を話したところ崔萬達からその知人の谷川鉄三郎にその取立方を依頼し同人等は裏書人である静岡急送に赴いて請求した。

静岡急送専務取締役青野春雄は右請求に驚きその支払拒絶交渉方を藤枝市前島一八一番地に居住する岩堀京次に依頼し岩堀は岡村、浅風、友野を呼びつけて取立断念方を要求した。

岡村等は事態を解決すべく以前岩堀の兄弟分であった杉浦こと宇田川直二に依頼し、さらに、同人は稲川組構成員である曾我幸夫に依頼し、曾我、岩堀間において昭和四十二年十一月二十五日付で静岡急送に対する問題は解決し、岡村に交付した被告人に対し右手形金額を請求することとなった。

4　被告人に対する請求状況

被告人は昭和四十二年十月初旬から横浜市西区西戸部町一丁目五一番地アパート「さつき荘」（経営者小倉久之助）に内妻藤子と同棲していたが、同年十一月下旬頃から同年十二月上旬頃にかけて三回位にわたって夜間岡村、浅風、宇田川、崔等が押しかけて支払方を請求し最後に曾我が加わって請求した。その際曾我から取立の口実として「青野の方から二十五万円取ってある」などと聞かされ、更にその後岡村から曾我が十五万円を取立の謝礼として取っていると聞かされ曾我の態度に痛く憤激した。

被告人は同年十二月八日頃横浜市中区長者町七丁目八八一番地株式会社緑屋伊勢佐木町店からライフル銃を矢内原正雄名義で購入し、被告人は右請求に憤激していたのが翌日頃ライフル銃を携えて静岡市方面に至り曾我幸夫に電話して「日本平で猟銃で決闘しよう」と言ったうえ榛原郡金谷町金谷一八五三番地の浅風方に赴き発砲するという事態が発生した。その報告を受けて翌朝、曾我、岩堀、谷川が浅風方に行き債務二十八万円を主張する被告人を説得して結局三十八万円の借金証書を被告人に書かせた〉（冒頭陳述書から・一部について引用者が仮名を使用）

これによると、金嬉老は岡村孝に対して、あたかも債務を負っているかのようである。そして、一連の取り立てが、正当な権利に基づいているかのごとき印象を読むものに与える。そうであったとしたなら、検察官もいう金嬉老の「憤激」が、もうひとつぴんとこない。当然返済すべき借金を請求されて「痛く憤激」するものがいるとは思えないからである。

債務が金嬉老に存在していたとする場合、その返済を拒否して取立人を射殺するのは、いかに相手が暴力団員で、その脅迫的言辞に追いつめられていたにせよ、凶暴といわざるを得ないであろう。

しかし、金嬉老に、取り立てを受けるいわれがまったくなかったとしたら、どういうことになるのか。

彼の「憤激」のわけは、まさに、そこにあった。

公判を通じて金嬉老弁護団が明らかにした経緯は、次のようなものである。

〈すなわち、本件に関して手形の問題が生ずる以前に、金嬉老が岡村孝から借りた金員は、金嬉老自身によれば十八万円、岡村によれば二十二万円であった。そのうち十五万円については、両者の間に争いはない。岡村は、この十五万円より前に金嬉老に七万円貸してあると言うが、金嬉老はこれを否定している。岡村にはその記憶がない。一方、金嬉老は、十五万円を借りた後にさらに岡村孝から三万円借りたと言うが、岡村にはその記憶がない。したがって、金嬉老の借金は、金嬉老本人によれば十八万円、岡村によれば二十二万円ということになる。このように両者の賃借関係は、かなり杜撰《ずさん》で曖昧なものだが、いずれにしてもこれらの金員は、スカイライン・デラックスで代物弁済されており、それは次のような岡村孝の供述で明らかである。

被告人「いや、あなたに車を十八万円のかたにやるということでもって、あと残っている手形は、あなたの方で落とすということで、東海自動車で私の手形をそこで書きかえて、あなた自身の名前にして、手形をそこで作ってくれたじゃないですか」

証人「そういう記憶ありますね」

（中略）

右により、代物弁済が有効に行なわれていたことは事実である〉（最終弁論から）

ここで浮かび上がってくるのが、網にかかった獲物を徹底的にしゃぶろうとする暴力団員の悪辣《あくらつ》な手口である。弁護団の最終弁論は、入り組んだ彼らの仕掛けを、次のように順序立てて解き明かしている。

1　金嬉老は昭和四十二年六月ごろ、額面四十五万三千円の約束手形を岡村孝に渡し、そのとき、期限がくるまで割り引かないように注意した。その後、八月ごろ、金嬉老は岡村が農協で手形を割り引いたのを知らずに、手形が落ちたら多少の金を回してくれといったところ、岡村は「いまやらあ」といって、十万円をくれた。

2　同年九月二十五日、手形は不渡りになり、岡村はやむなく、これを農協から買い戻した。

3　裏書人から請求することを考えた岡村はそれから一、二ヵ月後、かねてから親しくしている浅風金平とともに友野吉雄（崔萬達）を訪ね、このことを相談したところ、友野は何とかしてみようと、手形を預かった。

4　友野は友人の谷川鉄三郎（稲川組系列といわれる）に相談した。この谷川が裏書人に請求することになり、手形は友野の手から谷川へ移った。

5　谷川は裏書人である静岡急送青野春雄専務取締役に取り立てに行った。

6　青野はこれをのがれるため知人の岩堀京次（これも稲川組系列といわれる）に善処方を依頼した。

取り立てる側の谷川も、取り立てられる側に泣きつかれた岩堀もともに稲川組系列であって、お互いにつき合いがある。
7　これも同系列で、二人の兄貴分にあたる曾我幸夫は、岩堀に電話をして「うまくやれ」という。
8　岩堀は岡村を呼びつけ、静岡急送の裏書を消せと強硬に迫る。
9　畏怖の念を抱いた岡村は、自分も裏書人として責任を追及されるかも知れないという不安な状態に陥っていることに気付き、手形の回収を浅風金平の友人の宇田川直二に依頼する。この宇田川は曾我、岩堀らと、やはり以前からの知り合いである。
10　この段階で曾我は、谷川、岩堀、宇田川を操り、岡村を脅して静岡急送への権利を放棄させ、そのうえで岡村と静岡急送の両者から礼金をせしめ取り、金嬉老も餌食にしようとたくらんだ。
11　曾我はまず、谷川を通じて、手形を返すかわりに十五万円寄越せと岡村に要求、恐怖と手形を取り戻したい一心から、岡村は十五万円を宇田川に託した。
12　宇田川は同年十一月二十五日に、その十五万円を曾我宅に持参して、曾我と谷川に手渡す。しかし手形は岡村に戻らない。
13　曾我は岩堀を立会人として静岡急送に関する一切は解決した旨の念書を作成、これに手形を添えて同社に届ける。岩堀は静岡急送から礼金を受け取り、その一部である二十五万円（推定）を曾我に渡した。
14　他方、岡村に対しては、手形にかわるものとして「金岡に関する事に協力致します」

という、曾我、岩堀、谷川の念書が渡され、金嬉老からもゆすり取ることに衆議一決する。
15 同年十一月以降、曾我らは執拗に金嬉老を脅して、三十八万円の借用書を無理矢理書かせる。

ここで明らかにされているように、曾我とその一味は、債権の取り立てをはかった岡村と、それからのがれようとした静岡急送の依頼人双方から合わせて四十万円以上の金を巻き上げ、それだけでは足らず、金嬉老にまで狙いをつけたのである。

岡村には金嬉老からありもしない債権を取り立てるつもりはなかった。彼もまた、被害者の一人なのであった。

彼がオモニに「息子の生命が危い」「殺されるぞ」と繰り返したのは、彼女を曾我たちの尻馬に乗って脅迫しようとしたのではなく、恐怖に駆られていた彼からすれば、本当にそうなりかねないと思えて、その危惧を伝えたのだと見るべきなのであろう。

藤子と知り合ったときの金嬉老は、前で見た通り、自殺をしようとして果たさず、九州への旅から戻ったばかりで、厭世的な気分をそのまま引きずっていた。

アパートで同棲生活に入った二人だったが、「青森に行きたくないか?」と金が言い出して、車で奥州路を目指す。四十二年の七月のことであった。

十和田市内の藤子の実家に顔を出した二人は、ここにいくらもいない。秋田で金のいとこが経営している寿司屋を訪ね、藤子はその店を手伝っていたが、そうそう厄介になっているわけにもゆかず、いったん、藤子は実家へ、金は清水へ帰り、ふたたび十和田に迎えに来た金の車で、静岡方面へ向かった。

そのとき藤子は妊娠していた。だが、東京を過ぎたあたりで、流産する。長時間、車に揺られていたせいであろう。

どこの何という病院だったかは、彼女の記憶にない。ともかく、一晩、入院して、手当を受けた。

翌朝、二人は車で、前日たどった道を引き返した。藤子の実家で、二人は約一ヵ月を過ごす。

「毎日、この辺にいたべす。車でここくる。花火ドーンと鳴らしたり、鉄砲撃つに歩いたべし。派手にやるもんだから。花火えれぇ買って来て、近くの人集めて、ドーンとやっただなす。人気者になってってたんだよ」

近所の人の目に、金は屈託のない人間として映っていた。

熱を出して寝こんでいた藤子が快方に向かうと、二人は沼津へ行って、車を売り払い、アパートを借りた。

藤子が働きに出て、金はぶらぶらしている。そういう生活が約一ヵ月続いた。

「もう人間の世の中はいやになった。おれは山奥へ行って、山男になって一人で暮らしたい」

別れ話を持ち出した金に、藤子はいった。

「私は農家の出身だから山の生活は出来る。私もついて行く」

情にほだされた金は、藤子を連れて、蕎麦粒山に入った。このとき車を持って、二人を山中に送り込みに来たのが、岡村孝である。

寸又峡より西方で、さらに奥まった標高一六二〇メートルの山中に入って、木の枝を渡した上に自動車用のシート・カバーを張り、柴を床がわりに敷いて、毛布にくるまって眠る二人には、そこが別天地であった。

〈わずらわしい人間社会を離れて、大自然の中で、二人だけでもってのんびりと生活するその毎日は、非常に今まで味わわないものがありました。二人で食事を作り、二人でせせらぎの谷川をさがして行き、そこで洗濯をし、彼女が洗濯をしている間に、手が冷いと思い私がたき火をしておく。そして水を、飲料水を背負っては、彼女に軽い物を持たせ、私が重い物を背負って歩く。そうしたいたわりの情で毎日を生活している気持というものは非常に楽しかったです。私はそこで何ともいえない、人間の社会よりもこういう自然の中はいいもんだなあ、とそういうものを感じました。そしてたまにはライフルでもって獲物をねらって撃ったり、射撃練習をしたりしました〉(『法廷陳述』)

このライフルは、金が掛川で店をしていた時分、彼を狩猟の道に誘った岡村孝に名義を借りて買い込んだ「豊和三〇〇」である。

拳銃強盗の前科を持つ金には、鉄砲所持の許可が下りない。そこで他人名義で購入したのである。これを金は、九州行きに始まる旅のあいだ、ゴルフ・バッグの中に入れて、実包七百発と一緒に、ずっと持ち歩いていた。

山に入って、十六日目か、十七日目かのことである。

岡村が、かねて取り引き関係にある島田の河口鉄砲店主と、もう一人の狩猟仲間を連れて、山へやってきた。

「いや、たいへんなことになったぞ」

「警察が動き出したから、鉄砲だけ返してくれないか」

彼らが説明をするには、銃声を聞きつけた営林署員からの通報で、島田警察署が捜査に乗り出したのだという。累が自分たちに及ぶのをおそれて、知らせに来たのであった。

彼らと一緒に山を下りた金は、知り合いからトラックを借りて、藤子と二人でその晩のうちに山へ取って返し、荷物を全部運び下ろした。

だが、その晩から行くあてがない。河口が援助を申し出た。

「それじゃ十万円出してやろう。金岡さんにはいままで随分儲けさせてもらったから、ま、面倒見よう。またよくなったときに、なんとかしてくれりゃいい」

二人は、その夜を、平塚あたりのモテルで過ごした。そこで、千葉県柏市にいる藤子の兄を頼ろうという話になる。

翌日、二人は柏に向かったが、藤子がハンドバックをモテルに置き忘れて来たことに気づき、引き返した。ところが、いくら探しても、そのモテルに行き当たらない。

ハンドバッグに入れた金もさることながら、柏の兄の住所を書いたメモも一緒に失われ、初めて訪れようとしていた藤子には、手掛かりがなくなってしまった。実家に問い合わせればわかるのだろうが、また深夜に入っていて、それも急場の間には合わない。

そのとき、金が横浜のSを思い出した。例の掛川駅前にぽつねんとしていた妊婦の夫である。

記憶の中の所番地を頼りにSを探し当て、その紹介で野毛山に近いアパートを借りた二人は、また沼津でのような生活を始めた。藤子がキャバレー勤めに出て、金は家にいる暮らしである。

もっとも、金は掛川から整備士の合格証書を取り寄せて、就職口を探し歩いたのだが、どこにも受け入れられなかったという事情があった。

季節は、夏から秋へ変わっていた。藤子は金に尽くすのを、むしろ喜んでいるふうであった。

そうしているとき、何の気なしに金は、末弟の中華料理店に電話を入れた。

「兄ちゃん、どこへ行ってたんだ。どこにいるんだ。家じゃたいへんだ」

「なんだ」

「親父が光坊を殺して自分も自殺しちゃった」

それが十日前だという。電話を切ったその指で、金は藤子の店へダイヤルを回した。

「おれ一人で行ってくるから」

「私もついて行く」

早退《び》けをした藤子を拾って、金はタクシーを掛川へと走らせた。放心したオモニの姿が半年間、掛川をあけていた金の心を抉《えぐ》った。

焼香をすませて横浜へ戻って来たその夜から、いく日もたっていない。

「いや、金岡さん。岡村とか何とか、人相のよくないのが三、四人、夜中に押し掛けて来て、『金岡のいるところを教えろ』とこういって、アパートの中で大声出して近所迷惑させて、うちの女房なんか、カンカンに怒っちゃってる」

とSが苦情を持ち込んだ。

岡村にはSの住所をいってある。だが、金のいるアパートを彼は知らない。そこで、金は岡村へ電話をかけた。

「いやあ、ヒロさん、たいへんだ。手形がおかしくなった」

「手形がおかしくなったって、なんだ？」

「ヒロさんからもらった手形が不渡りになったんだよ」

「不渡りになったって？　お前その手形を金にしないって、おれにいったじゃないか」

いずれにしても、金は岡村に車を渡して決済してある。

関係のないことだからと気にもとめていなかったら、ほどなく、岡村を案内役に立てて、浅風、宇田川、友野の三人と、もう一人見知らぬ男が、金のアパートに乗り込んで来た。

深夜の一時を回ったころである。近くの公園に連れれて行かれて、取り囲まれた金は、しかし、彼らの要求をのまなかった。

そういうことが何度か続いたあげくの十一月の末か、十二月の初め、いよいよ曾我幸夫が登場する。いつものメンバーに、初めての顔ぶれも加えて、相手は七人ほどであった。

うむをいわさず車の中に閉じ込められた金は、ついに三十八万円の借用証を書かされてしまう。

あまりの口惜しさに、金は岡村や浅風に向かって叫んだ。

「お前ら、友だち、友だちって、人がいいときには散々利用しといて、よくもここまで踏んづけにしたな。おれは自分である程度がまんするが、がまん出来ないときには、いっぺんに仇を取るからな」

そのときである。曾我が怒鳴った。

「なんだこの野郎！　てめえがぐだぐだいうようだったら、おれら稲川一家が相手だ。いつでもこい！」

金はとたんに黙ってしまった。曾我を見るのは初めてだが、その名前は聞かされたことがあったからである。

「どうしたの？」

戻った金に、心配していた藤子がたずねた。

「うん、奴ら帰った。くそ面白くないなあ」

屈服した自分が惨めでならなかった。

金はそのとき、月賦の緑屋に掛け金をしてある、やはり豊和三〇〇のライフルを、自然に思い浮かべていた。

十和田へ行ったとき、藤子の父親も跡取りの長兄も猟をするのだと聞いて、岡村名義のライフルを見せた。

「いいライフルだなあ」

感嘆する長兄に、

「よし、なんとか一梃買ってやろう」

と、金は約束をしてしまった。

いずれ、藤子の実家には、また世話になることがあるだろう。そのとき手ぶらで行ったのでは、いかにも肩身が狭い。自分でも認めている見栄坊の金は、そんなことを考えて、横浜に住み始めると間もなく、緑屋に掛け金をすることにしたのである。

例のライフルは、横浜へ来てから岡村に手渡してしまったので、代りが欲しかったということもあったのだろう。

緑屋には残金がかなりあった。手元に余裕のない金は、世帯道具を売り払って全額を払い込み、長兄名義の許可証を持って、銃を引き取って来た。

「おれにもし万が一のことがあったら、もうあきらめろ。話し合いで片がつくと思うけど、つかないときには仕方がない。とにかくおれは静岡へ行って、向こうから電話するから」

柏の兄の家へ身を寄せるよう藤子に言い渡して、金はまず静岡市内の趙澔衍を訪ねた。趙は豊商事の看板で金融業を営んでおり、曾我ともまんざら知らない仲ではない。

理不尽な取り立ての経緯を説明しているうちに、金の胸に怒りがこみ上げて来た。その場から曾我のところへ電話を入れて、やり合っているうちに、日本平で決闘しようかという危険な話になる。

「やめとけ、電話切れ」

趙は、金に受話器を置かせた。

「ばかすんな」

そういって趙は曾我の人物を説明する。とても太刀打ち出来る相手ではない。それはわかったが、なおのこと腹立たしい。

金は金谷に浅風を訪ねたが不在で会えず、引き返す。その帰途に訪ねた宇田川、友野も家にいなかった。そこで、もう一度、金谷の浅風宅を訪ねる。

〈私はライフル銃をサックの中に入れて、それを小脇にかかえ、浅風の家の片観音開きのとびらを手前に引いて、ドアを開けてちょっと中を見たとき、そこに浅風の女房と、曾我の兄弟分の宇田川直二がその横に猟銃を立てかけて、すぐとれる態勢にして、あぐらをかいてすわっていました。

私も無言で、今回の事件の時にあれしたライフル銃を小脇にかかえ、靴を脱ぎました。下へ向いて靴のひもを解きました。

その時に、宇田川直二がいきなり、さっと気づかん間に銃を持ったと思ったら、「この野郎ぶち殺してやる！」そういって私の約一メートル半くらいのところまで銃口を向けて、私はもうやられたと、瞬間、思いました。

が、そん時に、そう思いながらも、自分で引き金の中へ手を入れて、かげへ隠れるような態勢でもって、ケースをかぶしたままライフルの引き金を引いてしまいました〉（『法廷陳述』）

弾丸は壁を貫いた。銃を抛り出した宇田川がいった。

「ヒロさん話し合いでいこうじゃないか」

そこへ岡村と浅風も姿を見せた。

「このおかの奴がおっちょこちょいの奴だもんで、つまんねえことにひっかかっちゃって、今度えらい渦にまきこまれちゃった。それがためにヒロさんにまで迷惑をかけて本当に申しわけねぇ。だけど奴らが来てなんだかんだというと、おいらもいえねえんだ」

言いわけをする宇田川のかたわらで、岡村は、はっきり謝った。

「本当におれがわりい。おれがおめえ、へましたばっかりにこんなことになってしまって申しわけねぇ」

話しているうちに朝になった。宇田川が中座すると、しばらくして曾我が顔に疵のある男を連れて入って来た。

それで、折角ついた話が元へ戻ってしまった。

「ちょっとこっちへ来てみろ」

いわれて隣室に行くと、曾我は背広をわざとはだけさせた。脇の下に釣った拳銃が金の目に入った。

「とにかく黙ってお前はハンコを押しゃいいんだ」

ここでまた金は三十八万円の証文を書かされる羽目になる。

それでも、寸前のところで、生命のやりとりは回避出来た。その安堵感の方が、屈辱感を上回っていた。

柏に電話を入れると、藤子がすぐに出た。

「きのうからずっと電話口で、もうくるか、もうくるかと待っていたのよ」

その言葉を耳にして、金は自分に言い聞かせた。

（いや、がまんしよう。がまんしなけりゃいけない）

と。

柏で十日間ほどを過ごして、年の瀬も押し詰まったころ、二人は十和田へ向けて東北本線に乗った。金にとっての昭和四十二年は、このようにして暮れたのである。

糟糠《そうこう》の妻に去られた痛手から、山陰、九州と死場所を求めて彷徨したが死に切れず、行きずりの女性の献身を細い杖として奥州路にさまよいこみ、あるいは山中深く人を避け、袖ふれ合ったわずかの縁を頼りに住みついた横浜で、友人の裏切りから暴力団の脅迫にさらされる。その間、夫と孫を呪われた病でいちどきに失った母親の嘆きにも立ち合わなければならなかった。

差別と抑圧の構造が押しつけてくる屈辱と貧困の中で、不可避的に犯罪者の道をとらされたこの在日朝鮮人は、そこから続く閉塞状況にあって、やはり思うのは、死ぬことであった。

昭和四十二年十二月三十一日から書きつけられ始めた金嬉老の手帳は、そのまま彼の「遺書」になっている。

〈十二月三十一日　世界の至るところで此の年を終わらせ新しい年を迎えようとしているが、その置かれている状態は実にさまざまなものと思う。希望に胸をふくらませ明日を待つ者もあれば、死線をさまよっている者もある。ヴェトナムの人びとの気の毒な毎日、しかし、それでも彼等には国を守り、独立を完全に勝ち取るという大きな希望があると思う。

だが、此の俺は、明日に何んの希望もない。絶望感が俺を支配している今、唯、死場所を選んでいる放浪者に等しい心境……。

世界の平和！　これは何んと素晴らしいことだろう。出来れば俺もその平和の中に住んで見たい。平等で偽りも裏切りも殺し合いもない、真の平和な世界があるならば……。

俺はそんな世界がこの地球のどこかにあるように思えるが、悲しい事に、それをまだ見た事がない。アメリカやイギリスに本当の平和はない事だけは知っている。

何故なら、ヴェトナムに於けるアメリカのやり方？　世界の至る所に植民地を持ち続けて来た女王国のイギリスにそんな平和のある筈がない〉

明けて翌日は、四十三年の元旦である。

〈一月一日

お母さん！

いまになって唯、申し訳ない、済まないと思うだけで言う言葉がない。お母さんのことを思うと広《ひろ》は死ぬにも死に切れないが、それでもいまの広は死ぬ事が一番良い事だと思うし、其の時を待っているだけ。あの世があるなら、先に行って親孝行しているからね〉

〈一月二日　新しい年を迎えたというのに世の人びとが新たな希望に燃えて居るというのに、俺の頭の中は何故にこうも空虚なのだろうか。死がやたらと俺をひきつける此の頃……。死に際して、例えどんな悪という現象を残しても、それが一時的なものでも、世に何かの警鐘にはなるだろう〉

これを読んだだけでも、金嬉老が寸又峡で訴えた民族問題が、その場の思いつきでも、いいのがれでもないことが明白である。雪に閉ざされた北国の寒村、芋久保で、彼が綴っていたのは、死に赴こうとするものの訣別の言葉である。

〈お母さん！

私は心から貴女を愛していると思っていたのに、結局は不孝のしっぱなしで、先に此の地球から姿を消しそうです。

死ぬ人間は後に何が起こるかは死して後の事は分からないが、此の世で孝養が出来ない私が、もし次の世があったなら、此の不孝を心からつぐないます。自分みずから選んだ道だからその事には心残りはないが、お母さんや他に幾人かの人の事を思うと、それが広の胸をしめつける〉（日付なし）

〈此の世に素晴らしいものといえば、それは女性だけが持つ特有の母性愛だ！　俺はそれを身体で感じて育ってきた。母！　母！　母！　これは俺の命にも優るものだ！

俺は素晴らしい存在の母に報いてやれない大馬鹿ものだ！〉（日付なし）

金嬉老の死の決意が確認されれば、いわゆる小泉刑事問題の本質が、鮮明なかたちで浮かび上がってくる。

日付はないが、次の文章が、寸又峡に入る以前に書かれたことに疑問の余地はない。なぜなら、事件発生の直後、金嬉老の希望で現場に入ったＮＨＫ静岡放送局の村上義雄記者が、金の乗りつけた車の中からそれが書きつけられた手帳を取り出しているからである。

〈清水署の小泉よ！　お前が昨年秋にいった『てめい等、朝鮮人が日本え《ママ》来てろくな事をしない』とか、大きく恥しめる言葉をはいて俺がお前に電話したのを憶えているか。その返礼をする時が遂にやって来たようだ。俺は自分の命に代えてお前の取った態度に答えてやろう〉

〈俺の死んだ後、マスコミがどんなに悪くいおうと、それは俺自身の問題で何んとも思わない。唯、何故そうなったか、そうならざるを得なかったか、深く原因をさぐって、一つの警鐘にしてもらえたら……〉

小泉刑事問題というのは、金嬉老によれば、次のようにして起こった。

〈昨年（四十二年）の七月の下旬だと思いますが、私は八月と記憶してたんですが、警察の方でいうには七月だということでした——その彼女（藤子）が働いていた島崎町の近くの道路上を、私が夜八時頃通りかかったときに、野次馬がたかった喧嘩がありました。そこを通りかかったときに、「なに！　この野郎！」とかいう言葉が私に聞こえた。それでそのときに一人の巡査が「てめえら朝鮮人は日本に来てろくなことしないで！」そういうようなことを私は耳にした。それでそこをひょっと見たら、自分のいとこが、清水にいる亡くなった父親の弟の子供、いとこが、まだ十七、八歳ですが、そこに一人いました。それと、血のつながりはありませんでしたが一応いとことなってる、二十二、三歳の若い人も一人いました。また知り合いの青木という男がいました。

それで私はその場でもって、その叔父の子供に対して、「未成年のくせしてどうして夜遅くこんなところふらふらしてるんだ。早く家へ帰れ！」と、こういって、怒って帰しました。このとき、刑事が私の顔をまじまじと見たようでした。私はそのときに、その自分のいま一人の二十二、三になるいとこに、「あの刑事は何ていう刑事だ？」「小泉だ。小泉ってあの野郎、悪い野郎だ。朝鮮人ばっかりいじめやがって、あの野郎！」こういって感情むき出しにしてました〉（『法廷陳述』）

金は、近くの朝鮮料理店、明月苑に入って電話を借り、清水署の小泉刑事を電話口に呼んだという。そして、彼によれば、次のやりとりが交された。

「実は私はあそこを通りかかった一朝鮮人ですが、ああいった場合に喧嘩を取り抑えるのに『てめえら朝鮮人は日本へ来てでかい面するな』というふうなことをいうのは、行き過ぎじゃないか、問題じゃないですか」

「何をこきやがるこの野郎。てめえら朝鮮人はそのくらいのこと、いわれてあたりめぇだ」

「なんだと！　だれのためにそれだったら俺らは日本でもって、こういう苦しい思いをしなければならないんだ。お前らがそんなことというんだったら、ね、お前らは昔何をやったんだ。とにかく一対一で話し合おう。腹を割って話そう。出てこい。こっちへ来てくんないか」

「お前の方から署へこい」

「なんだ。あんたそれだけのでかい、大きなタンカを切っても一人じゃ出てこれないのか。よおし、お前がそういうことをいうなら、俺はこの問題をかならず大きな社会問題にしてみせる」

「やれやれ。俺は楽しみに待ってるぞ」


静岡県警は、その事実を否定している。

〈金が民族問題に関連して、清水警察署の小泉刑事が金を侮辱したと謝罪を求め、本部長、清水署長および小泉刑事が、テレビを通じて金に対して謝罪をしたいわゆる小泉刑事問題は、金嬉老事件の特殊性にかんがみ、本事案の調査は清水署捜査本部が特別調査班を設け、県本部と緊密な連絡をとりつつ慎重な調査をすすめた。本調査において事情聴取を行なった参考人は二十七名であるが、判明した事情は次のとおりである。

小泉刑事自身は金とは面識がなく、また事件関係で取り調べたこともないため直接原因となるべき事案については判明しなかったが、小泉刑事が関連する事案としては、昭和四十二年七月八日午後十一時三十分ころ、清水市相生町四〇番地、さくら劇場裏において、清水一家および稲川組の不良徒輩によるけんか騒ぎについて、小泉刑事を含む清水署当直員が出動した事実があり、これが金の指摘する日時、場所および状況がほぼ一致するところから調査した結果、当夜その場所に金がいたことが明らかになったので、金の指摘する事実は、前記さくら劇場裏のけんか騒ぎであることが、ほぼ確実視されるにいたった。しかし、清水署の当夜の当直主任以下十二名の当直員について調査するに、小泉刑事はもちろん他の当直員のなかにも、金嬉老からの抗議電話を受けた記憶のあるものはなく、またそれらしい電話を受けたものもなかった。

以上のような状況から、当夜金嬉老が警察に対し電話で抗議し侮辱されたという事実の裏付はなく、金嬉老に対する小泉刑事のいわゆる暴言の事実はないものと判断される〉(『捜査概要』)

警察で金からの抗議電話を受けた記憶のあるものがいないから、現場での暴言もなかったという論法には説得力がない。

現に金が清水署に電話しているのを明月苑の経営者の娘が一・五メートルの距離で聞いており、「小泉さんに、畳の上では死ねないとか、そういうこともいっていました」と証言しているのである。

金が耳にしたという喧嘩の現場での「朝鮮人云々」は、その一方の当事者である稲川組のTに向けられたものだったと、前後の状況から推定される。

この侮辱は、直接的に金に向けられたものではない。彼は通りすがりの一人であった。暴言が、金を含めた朝鮮人・韓国人全体を意識して発せられているのはいうまでもないが、状況を現場だけに限定すると、彼はその対象ではない。

ありもしない暴言に対する憤激をどうして金が、青森で手帳に書きつけるであろうか。一歩譲って、発言者が小泉刑事ではなかったとしても、清水署員のだれかが暴言を吐いたと判断すべきではないのか。


そのことがあって間もなく、金嬉老は清水署への報復を決意した。

現在は沼津署裾野市幹部警察官派出所の所長をつとめている西尾正秀警部補（事件当時は清水署勤務・巡査部長）が、その背景を次のように説明する。

「まあ、金嬉老が、曾我からまあ、借金の取り立てをだいぶ迫られていて、随分あっちこっちを転々と隠れて歩いていたのを、結局、最後は横浜のね、たしかあれは野毛、野毛山の動物園のすぐそばでした。私も一度行ったことありますけれども、まあそこのアパートへ隠れているのが見つけられて、とにかく、奴らの組織じゃね、隠れてても当然、すぐ見つかる。

ましてや稲川系統の横浜じゃ、本拠だもんだから、まあ結局、探し出されて、それでとうとう、何月何日までに手形の決済をしようということで、約束をした。

ところが、金はまあ、約束したけれども、もちろん一銭の金《かね》も、算段も、目処もつかない。それで最初ねえ、静岡で曾我と会って、そこでという約束したらしいですよ。ところがまあ、静岡という土地はまあ縁もゆかりもない。ましてや地理不案内の土地だと。

そこへいけば、清水は子供のときから遊んでいる。町にもくわしいと。さりとて金は出来ない。それでやっぱりいろいろ考えて、とてもこりゃ金《かね》を工面しなければ片がつかない。さりとて金は出来ない。こりゃまあ、やるしかないということでもう、約束したと同時にもう、あの『みんくす』の事件は、腹決めてたんじゃないでしょうかね。当時のいろんないきさつから。

それでまあ、それとサツと結びつけて、『みんくす』でやったらば、その足で清水署へかけこんで、でまあ、ライフルで脅《おど》しゃ、いくら警察でも、手はすぐに出せないだろうと。

それでその、清水署の屋上へかけ上がって、一戦交えて、最後のまあ、自分の生命絶とうと。こういう計画を持ってたと。こらほんとに裏話でね。おそらくまだ、どなたも知ってないと思います」

曾我と対決するだけのためであったら、三十一連発のライフルで十分なはずである。彼はピストルしか持っていないのだから。

だが、金が「みんくす」に乗り込んで行ったとき、彼は大量のダイナマイトを車に積んでいた。

いったい、これは何を意味するものであろうか。

第一に考えられるのは、自殺用である。心理学の分野では、ダイナマイトでわが身を爆砕する仕方を、攻撃的自殺と呼ぶようだが、金の鬱屈を考え合わせると、彼の企図していたのは、まさにそれである。

しかし、自殺のために用いるのであれば、何十本ものダイナマイトは必要ない。四、五本も束ねれば十分であろう。最終的に金が、ダイナマイトによって自分の生命を絶とうとしていたことは疑わないにしても、その前段階に別の使用目的があったのではないか。金嬉老は、小規模の「戦闘」を想定していたのであろう。その場合の「敵」は清水署である。

西尾警部補の以下の言葉は、この仮説に符合する。

「それで、その、ある日、下見に来るわけですよね。まあ、『みんくす』の犯行の数日前に、警察の下見に来てるわけです。

で、その警察の守衛所のすぐ近くに寿司屋さんがありましてね。そこで寿司食べながら窓越しに立地条件その他を内偵したと。

ところが、たまたま、私がちょうど、たしかその日にね、県警本部へ用事があって、午後出掛けるところを、遠目に、玄関から私が出てくるのを金が見ましてねえ。それで考え直して、まあ結局、西尾さんがいるんじゃ、警察へのあれは、西尾さんの顔をつぶす、迷惑を掛けてはいけないということで、まあ私もながく刑事やってるし、まあ曾我とも面識はありましたし、ことによると曾我も知ってるだろうと。

なら、いっそのこと、一度なかへ入って、曾我との話し合いの引き延ばしをまあ、西尾さんに仲介してもらおう、ということのようだったんですよ。

そうしたところが、ええ……で、まあ私が清水署にいるということ、忘れていたらしいですよ。金がね。

それでまあ、かなり距離もあるもんだから、たしかにまあ、姿は西尾さんだと、ほぼ間違いないと。だけどまあ、事実かどうか、西尾さんがいるかどうかをたしかめようということで、刑事課へ電話入れてるんです。

で、それを受けた刑事もいましてね。西尾さんいるかと。いや実は、うちの刑事主任ならいるけど、いまちょっと用事、仕事で出掛けていないと。じゃ、家はどこだと。で、家は興津のこういうとこだと。いうことで、家の電話も教えてやった、こういうことですよ。

だから、二度、やつから電話かかって来てるですよ。一度は娘が出て、どこのだれか知らないもんだから、掛川のものだということで、お父さんはいるかと。まだ仕事から帰ってない。それじゃまたあとで電話するよっていって、二度目の電話がねえ、家内が受けてるんですよ」

この二度の電話というのが、「みんくす」の事件の前日にかかって来たものである。

これは推測なのだが、曾我らによる、暴力団特有の執拗な取り立てがなかったら、「小泉刑事問題」があのようなかたちで社会へ訴えられることもなかったに違いない。

平凡な言い方にしかならないが、暴力団は一度餌にくらいついたら、物にするまではなさない。そのことを、金は多くの事例で知っていた。

たとえば、こういうことがある。

〈女房（和子）と別れてひと月ぐらいのちですが、私が旅に出る前に店をやろうかという気持になったときがあります。そんとき店へ働いてくれるホステスの女の子らを探さなくてはいけないということで、清水のいとこの所へ行きました。大曲のKといういとこです。これはかつて曾我の子分にされて、そして親たちが猛反対をして、堅気にさせるために苦労をし、おそらく縁を切るときは指を一本切り取られてると思います。

（中略）

その後そのいとこは、静岡の曾我近辺の暴力団十五、六人に日本刀や猟銃でなぐりこみをかけられ、三人ばかり大怪我をしてます。そういういきさつもありました。

店に使う女の子を世話してくれるということで、高橋という男を私は知りました。そのKというといとこを通じて知りました。その高橋というのは、私が曾我を射殺するときにその現場に子分として来てた高橋の兄貴か弟かどちらかです。その男が女を世話してくれるということで、都合なんだかんだ四十万近くの金を散財させられてだまされました〉（『法廷陳述』）

請求される筋合いにはない「債務」だが、払わないかぎり、脅迫は続く。そうかといって、金の工面はつかない。

それでなくても厭世的になっていた金は、話し合いがつかなければ射殺をと、ライフルへ心が傾いて行った。

名だたる一家の幹部を殺してしまったら、背後の組織がほうってはおかないであろう。かりに、その報復の手からのがれたところで警察の追及は避けられない。

引き金に手をかけるときは、自分の生命も捨てるときである。追いつめられていた金は、そう考えたに違いない。

そこで、どうせ死ぬのであればと、在日朝鮮人としての怒りを、「小泉刑事問題」にかりて、日本人社会へ叩きつけようとしたのである。

この推測に、おそらく、誤りはない。

だから、清水署へ下見に出掛けた。だが、西尾の姿を見掛けたとたん、警察を敵とする「戦闘」はどこかへ消し飛んで、彼を仲介とする曾我との話し合いによる解決へと、一気に傾斜してしまう。

このあたりに、決行を直前にしてなお逡巡《しゅんじゅん》を続ける金の心理状態が、はっきりあらわれている。西尾宅への二度の電話も、そうした文脈の中でとらえられるべきものであろう。

西尾が金と知り合ったのは、掛川署の鑑識主任をしていたころである。

「金のお姉さんとは随分、懇意にしていたわけですよ。まあそれで、駐在所の大橋さん（掛川署原谷警察官駐在所・大橋朝太郎巡査・当時）を通じて、金が最後の刑が終えて、近々、家に帰ってくると。ところが、いままでの状態は、たとえば金が町を通ると、市民はみんな知ってるもんだから、直接すれ違うのがいやで、横へ避けてしまうと。

やつが、金嬉老がね。いろいろ乱暴者だってことは知ってるもんですからね。

折角、彼自身は立ち直ろうと思って帰ってくるんだろうけれども、まあ、町全体の雰囲気がそういうことで、わずか数ヵ月でまた元のもくあみで、ふたたび何かしでかして刑務所へ行くということの連続であったと。

まあ、しかし、もうすでに歳も四十になるし、ここらでなんとか、だれか一人でも親身になって目をかけてくれる人があれば、今度はなんとか立ち直るんじゃないかということですね。

ちょっと日は忘れましたけど、事件の約一年くらい前じゃないですかね。まあそれで、彼の釈放を待ったわけです」

金が、出所して来たのは四十年九月二十日だから、西尾の記憶よりもう少し前のことである。

西尾は署長官舎で小林牧太郎署長らと麻雀の卓を囲んでいた。そこへ大橋巡査が相談に現れた。

オモニの家は彼が三十二年から預かっている原谷駐在所の受持区域にあり、職務の範囲を越えて一家に心配りをしている。

だれかに息子の面倒を見てもらいたいというオモニからの依頼を大橋巡査が伝えると、小林署長がその場で指名した。

「西さん、あんた面倒見てやれや」

金嬉老が服役中の三十九年三月に掛川署へ来た西尾は、噂だけで本人を知らない。だが、見たことのないこの人物に、何となく興味を惹かれた。それで、家族ぐるみの交際が始まる。

「まあ、とくに私は、外地生活も長かったし、で、戦後、何万という中国人の中に日本人ただ一人で、異邦人の中にいての生活を体験したから、さみしさというのかね、若干わかるつもりなもんですから、そういうこともあって、よけい目をかけたなんていうのはおこがましいけれど、出来るだけ相談にのってやろうということ。だからよく、私の家にも遊びに来ましたしね。くれば別に、韓国人に感じたわけへだてもなく、まあうちの家族みんな、娘たちもそうでしたがね、おじちゃん、おじちゃんということで、随分まあ家族的に扱ってやった。まあ、それが、彼にはうれしかったんじゃないでしょうかねえ」

というのである。

静岡県富士見町の出身である西尾の父虎雄は日中戦争に応召、曹長で現地除隊のあと、輸送関係の職員として北京大使館勤務となった。

昭和十四年、家族呼び寄せで北京へ渡った西尾は北京中学校、北京中央鉄道学院を卒業、華北車輛に入ったが、十九年秋、現役で華北の長辛店にあった鉄道六連隊に入隊した。

中国語に堪能だというので、「苦力監督室」に配属され、洛陽で中国人労働者二千人を動かして鉄道建設中、敗戦を迎える。

部隊は黄河南岸から五十キロの鄭州に集結して武装解除を待つのだが、五十人に近い現地応召の第二補充兵は、その前に除隊になった。

彼らの多くは北京、天津地区の家族持ちだから、一日も早く帰してやろうという幹部の配慮からである。

このとき、甲種幹部候補生の見習士官だった西尾は、山形県尾花沢出身の小野という兵長とともにやはり除隊となり、五十人を北京まで送り届けるよう言い渡された。

貨車二輌を、上は居住空間、下は糧秣置場と横に仕切って、これを機関車に引かせた西尾は、小野を副官格に五十人を率いて、二十年十月十日の深夜、鄭州を出発した。

一時間足らずで新黄河橋梁を渡って、翌朝夜明けとともに京漢線の新郷へ入った。ここはまた新浦線の起点でもある。

そこで思いもかけない事態が持ち上がった。到着と同時に待ち構えていた国民政府軍兵士が乗り込んで来て、西尾と小野の二人を中央第四十軍第一〇六師団の司令部へ連行したのである。

簡単な取り調べのあと、二人は京漢線を半日ほど北上して、彰徳の第四十軍司令部へ送られ、そこで初めて二人に中国人労働者虐待の嫌疑がかけられていることを知った。

二週間の取り調べが続く。訊問するのは楊尚義という将校であった。

顔を合わせているうちに楊は北京出身で、「北支那開発」の賀屋興宣総裁の専用運転手をしていたということがわかる。スパイとして潜り込んでいたのであろう。楊は日本語を、十分とはいえないまでも、解した。

かけられた嫌疑が晴れ、二人は自由の身となったが、このあたりにもようやく解放軍の勢力が浸透して、国府軍との交戦が始まりつつあった。

「どうしても帰りたければ釈放するが、とても危なくて帰れないぞ。われわれは、どの道、北京へ入って、その防衛にあたることになっている。うちの仕事を手伝いながら、一緒に北京へ帰ればどうだ」

北京で同じ空の下にいたという親近感からか、楊がそういってすすめるので、西尾は小野とともに、身柄を彼に預けることとした。

その日のうちに西尾は中尉に取り立てられ、第四十軍長、馬法五大将の専用運転手となった。車は、第十二軍司令官の飯田中将が敗戦まで乗っていた、国防色塗りの日産である。

毎朝八時に軍長のところへ挨拶に行くと、この将軍はきまって、三つのことをたずねた。腹は減らないか？　心配事はないか？　兵隊がいじめないか？　と。

ときには、こういう話もした。

世界に何十ヵ国あるか知らないが、二本の箸で米の飯を食べるのは、どことどこだ？　動物の毛でつくった筆で字を書くのは、どことどこだ？　お互いに喧嘩するのは悲しい。いずれ、日本は中国に資源を依存し、中国は日本の技術に頼らなければならないときがくるだろう。日中国交回復のその日まで、辛いことも多いだろうが、お互いに頑張ろう——。

西尾は、日本人が持ち合わせていない、中国人の大きな心を学んだ。だが、同時に、国民政府の腐敗にも目を見開いて行く。

第四十軍は兵力三万と称していたが、実際には一万七、八千人しかいなかった。

この将兵に毎月二十五日、月給が渡される。当日になると中央から軍事参議官（将官）が現金を運び込んで来て、全員を整列させ、点名《テンミン》（点呼）をとるのであった。

西尾正秀中尉は「尾」の一字を除いて、西正秀と呼ばれていた。

「シー　ツン　ショウ」

名前を読み上げられたら、

「ヨー（はい）」

と返事して、一歩前へ出る。

そのとき、親愛の情をこめて、全軍の将兵が拍手を送ってくれるのであった。

ところが、である。点名になると、いつの間にか第四十軍は三万にふくれ上がる。そのからくりは、ほどなくわかった。各部隊が農民をかき集めて来て、列に加えるのである。彼らには日当が支払われた。

水増し受給した余禄は、高級将校たちによって分配される。前線だというのに、彼らは例外なしに妾を同道しているのであった。

西尾のいう、この「腐り切った国民政府軍」は、北京へ向かうどころか、解放軍に押されて彰徳から新郷、開封、徐州、上海と転進を続け、北京への進駐は早い段階で断念しなければならなかった。

途中、徐州で西尾は、自分が籍を置いた鉄道六連隊の武装解除に立ち合う。国府軍将校として現れたかつての見習士官に、好奇の視線が集中した。

「負ける理由がある」第四十軍が上海にたどりついたのは、翌二十一年の五月初旬であった。一般邦人の引き揚げは、その月の十日に終了した。西を向いても東を見ても、日本人の姿はなかった。

上海にいて北京の両親たちの消息はつかめない。かたわら、敗戦国日本の惨状だけは、しきりに伝わって来た。

このまま中国に骨を埋めようか——。小野も、残留に傾きかけていた。

「後ろ髪引かれる思いもするけれど、五月十三日の最後のＬＳＴに乗ったんです」

と西尾は、そのときの心境を語る。

一足早く、日本の土を踏んでいた家族とは郷里で再会した。

七人きょうだいのかしらである西尾は、ヤミ屋をして家計を支えていたが、それも一時期で、百八十度転換して警察官になった。

「自分がかたい仕事に入れば、あとに続く連中もかたく育つだろう」という、長男らしい考え方からであった。

金嬉老が訪ねて来たいきさつを、小林牧太郎元掛川署長は、こう話す。

「本人が私んとこへ面会求めて来たの。大橋巡査ってのが、電話かけて来て、金嬉老が明日、署長さんに会いたいっていうけど、会ってくれますかって。また、金嬉老ったらね、これ刑事課に聞きゃわかりますけど、朝鮮人でこういう男ですって。

まあ、なんで俺に会いたいんだ、ったら、なんでも私に会いたい、会いたいちゅってるからって。

それじゃ寄越せってことでね。それで刑事課へ行って調べてみたところが、前科六犯ですよ、うん。

それでね、結局、来て、自分が刑務所へ入っているあいだに、女（和子）が逃げてると思ったところが、お袋の店を手伝って待っててくれたわけだ。それで、その女の愛情にひかされて、更生したくなったんだね。

それで、私に更生したいから面倒見てくれってことで。

とにかく、俺は安月給取りだからな、経済的な面ではみきれないぞ、ということでね。だから、どっちかといや、その精神的な面倒は見てやると。

だけどとにかく、いずれにしても生業問題はだめだから。それじゃ女房と相談して仕事がきまったら、また連絡に来ます。それで、一週間くらいたったとき、二人で来たの」

後で述べるが、少年期に始まる金嬉老と警察の関係は、こうした単純なものではない。

ここで一つだけいっておくと、前科者の弱味を持つ彼は、警察に媚《こ》びるところがあった。

「和子。それがまた素晴らしい女だっけ。利口な女でね。それで飲み屋を始めたいということで。

ところがその、飲み屋するに資金をどうするかっていったところが、何もないちゅうだよ。しようがねえじゃといったら、いやお袋が金あるから、私がいったって極道者だから全然くれないけど、署長さん話してくれりゃ出してくれるかも知らんということで。それでお袋の所へ行って話したら、お袋金出してくれた。

それでね、連雀のところに松屋っていう飲み屋、朝鮮料理を主体とした飲み屋はじめてね。商売はなかなかうまくいったですよ。

ところがねえ、世の中ってのは思うようにいかないもんで、和子って女が、どんなことしても妊娠しねえんだね。で、金嬉老っての、家庭的な愛情にうえてたわけだ。だから和子との間の子供が欲しかったの。和子は金嬉老の性格知ってるもんだで、子供が出来ないと、また捨てられると思ったから、妊娠したと、流産したって、ごまかしてたわけだ、ね。

ところがそれが本人にわかったもんで、本人はこんだ、他の女つくって、その女に子供を産ましてね、そいでその和子に育てさせようとしたわけだ。で、和子が泣いて俺のところへ飛んで来て、で、私がね、馬鹿、とにかくね、他の女に産まして、そいつを育てるなんて、そいじゃ恋がたきじゃないか、馬鹿、そんなことすんな、女が、女の感情、そんなふうにいくか。妹、妹が大勢いるしね、妹の子供、それをもらやいいじゃんかったんだよね。やっぱり自分の子が欲しかったすよね。

それで私が掛川の署をやめて帰ってきてから、一月半くらいたってから、その和子から手紙来たの。その後もなんでもね、その女にとにかく子供を産ませるから育てろということで、私はいやだし、それで、あの人、署長さんがいるときといないときとは全然ね、態度が違うし、これからの結婚、自信がなくなったから、署長さんが帰っちゃったから私もね、頼る人いないし、そんなわけで協議離婚して、一ヵ月前に、ウチへ帰ってきましたって、手紙くれたのよ。それから、僕はあの女、ほんと女と別れたら、野郎またぐれるってことで、それですぐ掛川へ行っただけど、そのときにはどこへ行ったかわかんなかった、金嬉老が。

だからね、私が早く警察やめて、彼の面倒、途中でやめちゃったということが、ああいうことさしたんじゃないかって、一つのね、自分自身の反省もあるですけどね。実際にあの、人のいうことときかなかったな。なんでわしのいうことだけ素直にきいたのか、さっぱりわからん」

和子とのあいだに入って、もっぱらとりなしを試みたのは西尾である。金嬉老に頼みこまれて、彼にかわって、何度も和子に頭を下げに行った。

妊娠した女性にも会って欲しいといわれたが、これはさすがに断った。「警察対市役所」という関係の中に身を置くのは、いささか、出過ぎのように思えたからである。

松屋を始めるにあたって、小林署長の意を受け、貸店舗探しに走り回ったのは、西尾ら刑事課の連中であった。

それも、管内に抱えた累犯者に、これ以上、ごたごたを起こしてもらいたくないという、広義における警察活動の一環であったのだろう。

「説得これつとめたんですが、和子は結局、雲隠れしてしまった。彼が荒れ始めたのは、明らかにそれがきっかけです。

そのうち小林さんが署長辞めて、私も清水へ転勤になっちゃった。頭抑えるのいなくなって、最後には借金だらけで掛川から消えて、音信不通だって。風の便りに聞きました。私ら警察が彼に接していたこと、町の人は快く思ってなかったかも知れませんね。直接にはわれわれの耳に入って来ませんでしたけど。まあ私には、韓国人に甘くするヘキがあったから」

こう話す西尾は、あの事件をすでに遠いものとして、道をたずねに寄った若い娘、道路使用許可の相談に現れた施工者、警察官募集用紙をもらいに来た大学生など、一人一人にこれ以上ない懇切な対応ぶりで接する。初老を迎えた、この好もしい民衆の警察官は、私的な時間を、得難い体験をくぐった自分の半世紀の執筆にあてているのだという。

それが脱稿したとき、中国に対する日本の侵略は、その中でどのように位置づけられるのであろうか。

掛川署が署長ぐるみ金嬉老に示したものはいわば、隷属の対価であった。同じ彼が抑圧に抗して一歩を踏み出したとき、たちまち狙撃手の銃口が向けられた。だが彼は、なおも「優しい警察官」を選別しようとしたのである。

金嬉老を最終的に「みんくす」へ赴かせたのは、四十三年二月の初めに十和田へ送りつけられて来た曾我からの手紙であった。

藤子の実家を安全な隠れ家と信じて、正月から雪中の兎狩りに死の誘惑をまぎらわせていた金は、いよいよ逃げ場がなくなったことを思わないわけにはゆかなかった。

手紙を受け取ったとき金は、猟の帰途、日暮れの凍てついた山道に足を滑らせ、右のくるぶしを痛めて、その回復を待っているところであった。

それが、彼の心象風景をもうひとつ暗いものにしていた。

〈私は曾我が住所を知るわけがないのに、どうして曾我から手紙が来たんだろうとこう思いました。私の考えられることは、岡村孝が青森の住所を知っています。それはどうして知っているかといえば（中略）Mという彼女の兄にあたるライフル銃を欲しいといった人、その人に昨年（四十二年）の夏時分に行ったとき、そのライフル銃を見せました。それはむろん岡村名義で買っていたライフルであります。そのライフルをそのままMにやろうとして、名義変更しよう、移転変更しようということで、岡村孝のところへMの書類をハンコを押したものを送り、岡村孝の方からまた逆に返送してその銃を移籍する手続きをしたことがあります。それでもって、岡村が青森の住所を記憶しておったか、その書いたものをとってあったか、そういうことだと思います。

そして今年（四十三年）の二月の月初めにその手紙を私はもらって内容見たときに、もう奥の部屋へ引っこんで腕組みをして考えこんでしまいました。感情はもうムラムラムラムラ。足を怪我して動けない。毎日雪で重くのしかかったようなそういう中で、なれない言葉も通じないような、そして人の家に居候している。俺はどこまでとにかくこんなに苦しまなければならないんだと。これでもかこれでもかと、もう自分には結局明るいものがないと、運が向いてこないと。

私は暗い方に暗い方に自分の考えをもってってました。それで曾我の手紙を見たときにその手紙は明らかに金の請求であり脅迫文でした。（中略）

結局もう自分はくるところまで来てしまったと、結局前へ出なけりゃしようがないんだと、もうそういうふうになって来ているんだと、もう自分はそのように暗く、極端に考えていました〉（『法廷陳述』）

青森を発ったのが二月十日ごろだという。ライフルをわからないように荷造りして、跛《びっこ》をひきながらタクシーに乗り込んだ金を、藤子が雪の中に立ちつくして、見送った。

横浜までやって来た金の網膜に、その藤子の姿がやきついていて消えなかった。彼の気持は完全にくじけていた。

〈結局だめだと。自分は要するに曾我に会えば、結局自分は何もいえないと。何もいうことが出来ないんだと。まあ避けよう、とにかく我慢しよう〉（『法廷陳述』）

その場から、金は青森へ引き返した。出て行ったばかりの金を迎えて、藤子の実家は驚いた。

そして二月十七日、藤子を伴った金は、ふたたび、上りの汽車に乗る。

〈彼女を汽車の中で寝かし自分は寝つけませんでした。彼女が無心に寝ているそういう姿を見、自分の着ているコートをかけてやりながら、自分がいま考えていること、たどろうとしていること、そういうことを考えると、この彼女は結局何も知らないんで無心にぼくだけを信用して頼っているんだと。それを考えたとき、ぼくはもう胸が締めつけられるように、つらい思いでした。何とか、何とかしなければ、何とかしなければいかん、そう思っているうちに私は、汽車がだんだん上野駅に近くなり、東京に着いたころにはとにかく避けよう、何とか方法を考えよう〉

という心境になっていた。

二人は、伊豆の修善寺の、かつて金が働いていたことがある請負業者を訪ね、そこの車で金谷の浅風宅へ送ってもらう。

金谷に藤子を預け、浅風の車を借りた金は、実弾二百発とダイナマイト数本を身につけ、ライフルを積み込んで、原谷駐在所に大橋巡査を訪ねた。これが十八日の真夜中に近いころである。

「なんだヒロさんか、めずらしいじゃないか。まあはいんなよ」

どてら姿の大橋は金を招き入れたが、ライフルを手にしたそのいでたちを見て、不審そうにいった。

「どうしたんだね、いままでどこ行ってたんだね」

「うん、青森行ってたんだよ。もう女房とあんな状態になってしまったし、もう店も家もみんな処分しちゃったし、追いつめられてやることがない。もう人手じまいだよ」

そこで金は、改まって、

「実は今日、相談があって来たんだ」

と切り出した。

〈私は二、三日うちに暴力団と殺すか殺されるかの問題が起きる状態になっていると、そうそこまで気持が追いつめられてると、それをやるときに実は昨年の夏、清水の小泉刑事に朝鮮人としてひどい侮辱を受けたと、もうそんときすでに清水の警察を相手にしてやろうと思って何回もうろちょろしたんだけども結局自分がおふくろや何かのこと考えて出来なかったけど、今度ばかりは我慢出来ないと、両方ともやるというふうなことを、私は大橋巡査に話したわけです〉(『法廷陳述』)

金は、その場で大橋にライフルも実弾もダイナマイトも見せた。

「ヒロさん、なんとか我慢出来ないか?」

「もうだめだ。私はもうどうせやらなきゃならんとこまで来ているんだ」

夜明けに近い十九日の午前三時半ごろまで話し込んでいた金は、最後にそういって立ち上がった。

「いや、俺はヒロさんを信用している」

と大橋はいった。

ハンドルをにぎった金は、二瀬川の国道筋に出るまでの間に、車を停めて小用を足し、煙草を一本喫っている。

彼の腹づもりは、こうであった。大橋は当然、本署へ通報するであろうから、検問所を設ける時間的余裕を警察へ与えておいて、そこにわざとひっかかろう。そうすれば、最悪の事態は回避出来る——。

だが、そのもくろみははずれた。大橋はなぜか、すべてを自分の胸に畳み込んでしまったからである。

浅風宅の応接間で眠りに落ちていた藤子のそばにもぐり込んで、まんじりともしない夜を送った金が、清水署に出掛けて行って様子をうかがい、西尾の姿を認めて襲撃を思いとどまったのは、おそらく、次の日の十九日であろう。

揺れている彼の心が、西尾宅へ電話をさせる。だが、彼が期待した次の歯止めも、不在で作動しなかった。

昭和四十三年二月二十日、ついに「みんくす」まで来てしまった金嬉老は、それでもなお、歯止めを求めていた。

十四番テーブルを中座して、レジへ立って行った金が呼び出した「静岡八五局」は、彼が親代りとも慕う趙澔衍の自宅であった。そのとき、趙は風呂に入っていて、電話口へ出られなかった。

「おとうさん、いま風呂へ入っちゃったとこだよ。ヒロちゃん、どうしたの？」

「いや、いいです。でもねえさん困っちゃったよう。俺もいよいよ曾我とやらにゃならんとこまで来ちゃったよう」

「ヒロちゃん、短気起こすじゃないよ。我慢しなよ。だめだよ我慢しなきゃ。せっかくここまで我慢して来たんだから」

趙の妻にいわれて、金は思いとどまろうとした。

「豊趙《とよじょ》（趙の日本名）さんによろしく」

そういって受話器を置いたとき、ちょうど手洗いに入って行く曾我の姿が、彼の位置から見えた。

「いやあ、曾我さん、今日はどうもお金がまずいらしいよ」

用を足す曾我のかたわらに立って、金には卑屈な思いがあった。

「何をこの野郎、てめえら朝公《あさこう》が、ちょうたれたことこくな！」

黙って手洗いを出た金は、まっすぐ表の駐車場へ向かった。

ライフルをケースから抜き出し、三十発の実包を弾倉に詰めて、銃身にはめ込んだ。撃鉄を引いて一発を薬室へ送り込むと、安全装置をはずして、銃口をにぎり、布製の袋の中へ銃把から滑り落とした。

金の逃避行は、その瞬間に終わった。ロイヤル・ボックスへ入って行った金は、ホステスの民子に袋の底を引っ張らせた。

抑圧の三十九年を生きた男の少年じみた力への熱い憧憬を吸い込んでなお冷たく鈍色《にびいろ》に光る銃身が、明確に意識された武器として曾我に向けられた。

「やい、この野郎！　てめえはこうされる身に覚えがあるだろう！」

銃口の先にいて、しかし、曾我はひるまなかった。

「なに、この野郎！」

腰へゆっくりと回る曾我の右手が、金の恐怖に火をつけた。

(拳銃だ!)

腰だめに構えたライフルから、続けて二発の弾丸が撃ち出された。

曾我の背広から引き裂かれた布切れが二片、弾《はじ》け飛んだ。

曾我はいつの間にか中腰に立っており、特徴のある大きな両目が、しっかり金をにらみ据えていた。

三発、四発。彼はそれでも、踏んばり続けた。

その身体が、どっさりソファに沈み込んだのは、五発目を受けたときである。

金は、彼の死亡を見定めなければと、自分に言い聞かせていた。生かしておけば、自分がやられる。親きょうだいがやられる、と。

どうやら曾我は、息を引き取ったようであった。

引き揚げようとした金の目に、ホステスの肩にしがみついて、これを盾とし、そのかげに隠れようとしている男の姿が映った。そのとたん、金の体内を憤怒がかけ抜けた。曾我の威をかりて傲慢に振る舞っていた若い男の、つい最前までの態度が、彼に引き金を引かせた。

だが、殺意はなかった。尻と股を狙ったつもりであった。

カウンターの手前までさがって来て振り向くと、北村淳子が声を掛けた。

「どうしたの?」

「ママ悪かったね。曾我を殺したからね。すいません」

彼としては、そのように丁寧にいったつもりである。

身辺に人だかりがしはじめていた。

「ついてこないでくれ。危ないからみんな奥へ行ってくれ」

鉄筋コンクリートの天井に向けて一発、威嚇発射をした金は、車の運転席におさまった。

〈もし曾我をやらなきゃならん状態になったら、私は清水の警察へ真っすぐ乗り込むつもりです。自首するためじゃありません。日本の警察を相手にして徹底的に命をかけて闘うつもりで、そこへ行くつもりでした。

ところが車の向きがかわったことと、もうすでに一一〇番に手配されたということに感づいて、これではだめだと、自分がいい場所を選ぶ前に結局おかしくされてしまうと、それでこんな町なかでもって何かして、結局自分の流れ弾かなんかで怪我人を出したりすれば自分が不利になると、罪のない人までやったと。

そういうことで私はとにかく日本平へのぼりました。日本平へのぼって清水の町を見おろし、とうとうやっちゃったなあと、さあこれからが大変だと、これから自分が三十九年間、日本に生まれて日本に育って、その間に要するにいちばん感じたこと、いちばん惨めに思って来たことを、今こそ俺は世の中に向かってはっきりといってやらにゃいかんと、闘ってやらにゃいかんと、そういう気持をもち、私は日本平を静岡側へ下りました〉（『法廷陳述』）

「日本国家」を向こうに回した一朝鮮人の「私戦」が、寸又峡へところを移して、まさに始まろうとしていた。

第六章　監禁

蒲団の中にいて竹の間の田村登は、玄関先で人を呼ぶ男の声を聞いた。

「今晩は、今晩は」

その直前まで、眠っていたのか、目覚めていたのか、彼にははっきりしない。

部屋の電灯を消したのは、午後十時を回ったころである。そのとき、二階の藤の間に長期滞在している吉岡電気工業の四人は、まだ麻雀に興じており、洗牌の音が田村をなかなか寝つかせなかった。

予定によれば、遅くともその日には春日井市の自宅でくつろいでいたはずの田村である。それが、二日続きの降雪で延びてしまった。

暗闇の中で彼には軽い苛立ちがあった。

名古屋市に本拠を置く中日本基礎工業から派遣されて、田村が先輩格の柴田南海男と二人で寸又峡温泉に入り、ふじみ屋旅館に投宿したのは二週間ほど前である。

そこから道路沿いで四キロばかり下ったところに、寸又川の流れを利用した大間発電所というのがあり、その堰堤の地質調査が二人に課せられた仕事であった。

そこを管理する中部電力は、堰堤の岩盤に亀裂が生じているのではないかとの疑いを持ち、ボーリングが専門の中日本基礎工業に調査を依頼したのである。

ボーリング・マシンを打ち込みながら、サンプルを円筒形にえぐり取って行く。その深度が六十五メートルに達し、二人の作業は最終段階に入っていた。それが三日前である。

雪はやっとやんだ。あと一日ですべてが終わる。早起きにそなえて、早々と床についた田村は、眠らなければならないと自分に言い聞かせていた。

「何時やったかな。そう……全然憶えとらんけどね。全然わからん。何しろ寝とったときだから……寝とったといっても、うつらうつらかな」

関係者の証言を総合すると、その時刻は四十三年二月二十日の午後十一時三十分ごろである。

「隣の部屋、あけよったようやけど、だれもおらんかったようで、こっちへ来たんやわ」

田村はそういうのだが、隣室にも客はいた。吉岡電気工業の出先での責任者、加藤末一がその人である。


ふじみ屋は、昭和三十七年、寸又峡に温泉が引かれて旅館が続々と店開きするまで、土地でたった一軒の宿屋であった。

開業は寸又川上流に湯山発電所が出来上がる前だというから、大正の末期か昭和の初めあたりであろう。山へ入ってきた工事関係者を目当てに先々代が開いた。

これが、現在、旧館と呼ばれている木造二階建の母屋だが、家族の居住空間にあてられており、宿泊に供されることはまずない。

次に古いのが、別館と称するトタン葺きの木造平屋である。ここには桜の間、菊の間と二つの八畳間が設けられているが、境を仕切る四枚の襖を取り払えば、宴会用の広間として用いることも出来るようになっている。

旧館と別館のあいだにはさまって、温泉が引けたあとに建てられた木造モルタル二階建の新館がある。こちらには、階下に松の間と竹の間、階上に藤の間と桐の間と計四つの六畳間があって、そのうち藤の間だけに二畳の次の間がついている。

そのふじみ屋が立つ寸又峡温泉の全容を手っ取り早くのみこむには、Yの字を思い浮かべるのがよい。

千頭《せんず》・奥泉方面から上って来た幅員四・五メートルの非舗装道路は、寸又峡温泉が始まるところから百八十メートルの地点で、二股に分かれる。右手を西北西に進むのが、温泉街の中心部を貫く幅員三・九メートルの町道大間部落内線で、左手を西へ行くのが、下から続く幅員四・五メートルの林道大間線である。

この二つの道は、行くほどのこともなく、また一つに合わさるのだが、ふじみ屋はV字形のほぼ中央に位置し、旧館は町道に、別館は林道に接している。その中間に立つ新館の下手寄り、つまり東南東側は約二百五十平方メートルの広場、というよりは空地で、玄関はちょっとした植え込みをはさんで、この空地に面している。

夢と現《うつつ》の境にいた田村と枕を並べていて柴田南海男は、完全に目覚めていた。なぜなら、彼は、案内を乞う男の声を聞くより早く、雨戸の外を行ったり来たりする人の足音を耳にしているからである。

「しばれ（冷え込み）が強かった。夕方から、外ではカリカリ音がしていた」

と柴田はいう。

靴が踏み均《なら》す凍りついた雪の音が止むと、玄関の戸が開いた。犯罪らしい犯罪の起きたためしがないこの寸又峡では、施錠もしたりしなかったりなのである。

「今晩は、今晩は」

男の声で不確かながらも知覚を取り戻した田村が考えたのは、こうであった。

「その日、南海男さんがお得意さんに電話しよっても、ちょっとも現場へきいへんもんで、あたまへきて、怒ったもんで、こい、なんかいいよったわ。ほんだで、あれっ、いまごろ来たわいって、十二時ごろか何時ごろか知らんけどさあ。おかしいなあって。靴でドタドタ来たもんでさあ」

彼のいうお得意さんとは、下請け業者のことである。

「なんでもこの関係の人が、ちっともこうへんだったもんで、いまごろ来たなあいうたら、隣の部屋に入りおったもんでさあ。ああ隣だあいうて。ほたら、また戸を締めて、こっちくるわ。まだ、うつらうつら、全然寝とらへんもんで、ただ電気消して、床ん中入っとっただけだもんで、あれっ、こっち来たなあ思ってたら、人間が違ってたもんね」

隣室は松の間で、この方が玄関に近い。廊下から玄関格子造りの引戸をあけて入ると、そこは畳一枚分の内廊下になっていて、その奥に一本の襖紙をはった板引戸がある。

男は、外側の引戸だけをあけて、内部に人の気配を感じなかったのか、奥まった竹の間にやって来た。

「ちょっと起きてくれ」

いわれて柴田が電灯をつけると、入口に大柄の見知らぬ男が立っていた。

ハンチングをかぶり、皮ジャンパーを着て、編上げの安全靴をはいている。そして、手にライフルというのだから、どこからどう見ても、ハンターにしか見えない。

猟に来て夜道に迷ったのであろう。土足で上がり込んで来た男の異常さには目が届かないまま、柴田はそう考えた。

だが、男は予想外のことをいった。

「清水で二人殺して指名手配になっているんだ。あんたら、聞いているかい？」

部屋にテレビはあるのだが、そういうニュースは知らない。柴田は、男にいった。

「それなら知らんふりしてるから、押し入れにでも入って隠れてろ」

そのとき、彼は、工事現場で暮らす男らしく、とっさに「侠気」を出したのである。

「そしたら部屋の中に入って来たんさ。これから警察と話つけるんだから、とかいってたなあ。危害？　その時点じゃ全然思ってもいない」

と柴田はいう。

田村によると、状況は次のようであった。

「どういうとったかなあ。何ていったかなあ。電気つけろいうたかな。なんや知らんけど、何しろ電気つけたわ。人を殺して来たんやけど知っとるかいうて。いま、清水で人を殺して来たでいうて。

ちょっと、みんな起こしてくれえいうもんでさあ。鉄砲持っとったもんで、鉄砲見せてさあ。これオモチャじゃないで、ホンモノだでえとかいってさあ。で、ほんじゃ、みんな二階におるいってやったかなあ。まあ、みんな起こせいうてよお」

男は、部屋に入って来たとき、ライフルを肩にかけて、銃口は下に向けていた。本物である証拠にそのライフルから弾倉をはずして、二人に見せている。

柴田と田村は、まず男を松の間に案内した。そこで独り寝ていた加藤末一は、こう話す。

「中日本基礎の人に起こされて、ポッと目あいたときに、枕元に立っておったわけだね。そういうふうに起こされて、そういう事件をこっちは全然知らなかったもんでね。こりゃ何か、刑事の取り調べかなって感じしたわけですね。鳥打帽かぶって、ま、一見、ポッと見えた瞬間、その、刑事のような感じがしたもんでね。銃までちょっと目に入らなんだもんだから」

というからには、ここでも男は、銃口を向けていない。

「そこで何かひと言いったんだよね。なんかあったんですか？　といったかな。そのときにまあ、ぐずぐずいわんとさっと起きよ、というようなことがあったわけですよね。

ま、そのへんのところは、（後の）証人調べのときも、ちょっとごたごたしたけれどもね。

そんなことはいわなかったとか、いったとかで、ちょっとあったんだけどね。まあ、そういうようなこと、ちょっとなんかあってね。それでまあ起きたんですよね」

柴田、田村、加藤の三人は寝巻のまま、金と一緒に二階へ上がって行く。

「それでね、まあ、うちの会社の人間が二階に寝ておったもんで、ま、いちおう起こして、こういうわけだから、ちょっと起きてくれと。

私が起こしたわけですね。ま、なるたけならその、やわらかくって感じだわね」

吉岡電気工業の四人が麻雀を終わって床についたのは、午後十時半ごろであった。

「なんかようわからなんだけど、あのときのあれは、瞬間に起こされた感じでね。熟睡態勢のときだったから。麻雀終わって、寝ようかといったの十一時半ごろでしたかね。だから、ちょうど熟睡に入ったところですね」

というのは、その中の一人、加藤一志である。

四人は二階の階段に近い藤の間に、一緒に寝ていた。全員が目覚めたところで、男は柴田に、経営者の家族をその部屋に呼んでくるよう言いつける。

ここのところは、第四十三回公判における検察側とのやりとりによれば、こうであった。

――具体的にはどのようにいわれたんですか？

「ライフル持っているといって起こしたらびっくりするから、急病人が出たといって起こしてこいといわれました」

――そのほかに何かいわれませんでしたか？

「ちょっと記憶にありません」

――そのとき被告人から何か脅迫的なことは聞いておりませんか？

「……………」

――よく思い出してください。

「失敗したらあとの人がどんなことになるかわからないぞといわれました」

――失敗したらということはどういう意味なんですか？

「ライフル持っているということに対して、店の主人がびっくりするようなことをいったら、あくまで急病人だといって起こしてこいといわれました」

――主人を呼んでくることに失敗したらということなんですか？

「はい」

同じ法廷での、被告人である男と柴田とのやりとりは、微妙に食い違う。

――要するに私が、そこで失敗したら承知しないぞとか、そんなようにおどかし文句いったんじゃないんですね？

「ええ、冗談にね、冗談というか〈うまくやれよな〉というふうに」

――上手にやってくれ、ということをいった記憶はあるかも知れないが、失敗したら承知しないとか、なんとか……。

「承知しない、というより〈失敗したらお前の責任だぞ〉とはいったですね」

――私は冗談にもそういうことをいってないです。私が柴田さんに、そんなことをいうはずないんです。そんなことといったら、柴田さんもびっくりするでしょう。

「いや、お前の責任重大だぞ、といったんです」

——冗談にですか？

「ええ」

——それはあなたが冗談だというように聞いたんでしょう？（弁護人）

「そうです」

いずれにしても、男にいわれて柴田は、母屋（旧館）へ経営者の家族を呼びに行った。

ふじみ屋の三代目の当主である望月和幸は、中部電力大井川電力所に十六年間勤めており、旅館業の方は妻の英子に任せきりにしている。

そのとき英子は、まだ起きていた。というのも、火の用心の当番にちょうどあたっていて、午前零時には見回りに出掛けなければならなかったからである。

彼女はそれより早く、表に車のエンジンの音を聞いて、

「いまごろ、だれだろうね」

と夫に話し掛けている。妻から見て旅館業に欲のない彼は、出勤が早いのですでに蒲団の中にいた。

「十二時十五分くらい前だったですかね。柴田さんが主人を起こしに来たんです。それで主人は起きて行ったんです」

柴田が望月を連れて新館の二階へ上がって行くと、男は奥の桐の間にいた。この部屋には

東芝鶴見工場の小宮征市が泊まっており、当然、彼も起こされている。

男は、自分だけやって来た望月に、家族全員を連れてくるように申し渡した。

「子供が、起きろ、起きないで、ぐずぐずしていたら『警察と話し合いがすむまで上がってこい』ちゅうことでね、銃を持って来たんですよ、こっち（母屋）まで。その間、二十分くらいあったですかね。

もうその場でね、あのう、こう見た感じがね、朝鮮人ということはわかったですけどね。それで、こう銃持って、その、警察と話し合いがつくまではね、あの、静かにしてろということで、人殺しなんてとっても思わなかったもんだからね、それほど恐ろしいということはなかったですけど……」

英子はまだこの段階で、清水での事件は知らされていない。別のことになるが、男が身分を明かす前に彼を朝鮮人だと見てとったのは彼女一人だけである。

望月が妻と三人の子供を連れて新館の二階へ上がって来たとき、田村は男にいわれて、広場に停めた車からダイナマイトを玄関へ運んでいるところであった。

男は子供たちの姿を認めると、柴田と田村にこういった。

「子供が風邪をひくから、下の蒲団を全部持ってこい」

二人は、自分たちの竹の間から五組の蒲団を運び上げて、藤の間に子供たちのための床をとってやった。

続いて男は、清水警察署に電話をするのだといって、望月に案内させる。新館一階の階段わきの、母屋と切り替えになっている手動式電話機から至急報を申し込ませ、回線がつながったところで望月を二階へ戻した男は、長い通話に入った。これが二十一日午前零時十分のことである。

第七章　辛酸

前夜の午後八時二十分ごろ、清水市の「みんくす」で曾我幸夫と大森靖司の二人をライフルで撃った金嬉老は、プリンス・スカイラインを運転して南へ走り、日本平有料道路に乗り入れて、この県立公園の頂上から見おさめになるであろう市街の灯りを眺め渡した。彼が育った巴川河口の築地町界隈は闇に沈んでいた。

清水警察署の〝占拠〟を断念したあとの思案が、興奮のせいでまとまらない。ふたたびハンドルをにぎると日本平を下って、思いつくままに静岡市内新川二丁目の金融業、趙澔衍方を目指した。

その途中、静岡南警察署前の交差点で、金は赤信号にひっかかっている。内部をうかがうと、保護されたらしい酔漢がコンクリートの三和土《たたき》に座っていて、それを介抱する警察官の姿が見え、その奥の方には、緊急手配が伝わったのであろう、動き出したあわただしい気配があった。

そのころ、入浴中に金からの電話を受けた趙は、すでに風呂から上がって、彼がふたたび呼んでくるのを待っていた。

「なんだ、家内何よ、あの、金嬉老から電話してこないじゃないの、いやすぐするっていったっけ、こない、というところが、だいたい記憶で八時ごろ（実際には九時ごろ）だったと思ったですね。そしたら、戸をトントンと叩くもので、うちの、いまソウル大学付属高校に行ってる息子が、当時九歳くらいじゃないですかね。その子が、トトッと行って、戸をポッとあけてやったですよ。

ぼくがだれ？　といったら、お父ちゃん、金さんだよ、といったもんで、ここ（応接間の入口）にポッと立ってみたら、ポッとそこ（玄関）へ立ってるんですね。

それで、『申しわけない。やっちゃった』っていうんですよ。それでその、ここ（玄関）から向こう（ドアを隔てて隣合わせの事務室）へ飛び出て、『わりいけど、電話ちょっと貸してくれよ』。で、ここから警察へ電話かけるですね。いま清水で事件があっただろうと。

そしたら向こうでなんか聞くらしいですね。

そそたら『いや、この家に迷惑になるから、その以上はいわないんだ』といって、電話をポチョッと切って、いまから私はね、行くだと。で、どこへ行くんだと聞いたら、いや聞く必要はない、まあ、ほんとにいろいろお世話になって、迷惑かけましたっけが、ほんとに申しわけなかったということで。

そして、ポーンと戸をあけて出るもんで、ぼく追っかけてみると、エンジンをかけっぱなしでね、ちゃんとバックに入れてあるんだわ。そったら、ポーンと乗ったと思ったら、ウーウッと飛び出しちゃったですよ。ぼくは考えてみると、おかしいなあ、これやっちゃったって、何を、そんなね」

金は趙方から清水警察署刑事一課の西尾巡査部長を名指して電話をかけ、相手が不在だと知らされると、応対に出た春田警部補に「あれはね、私がやったんですよ」と、自分が「みんくす」における殺人事件の犯人であることを明かしている。西尾がいれば、名前をたしかめるまでのこともなく、電話の主が金であるとわかったに違いない。

だから、これは名乗りあげたも同然であり、金嬉老はこうして、警察側に「私戦」の開戦を通告したのである。

趙がオモニに頼まれて金嬉老の面倒を見始めたのは、日本が敗戦を迎えた直後あたりからである。

「まあ、あの彼はね、性格的にはいい人間ですよ。ぼくは小さいときからよく知っているね。その、お袋と非常にね、あの親しくしているんですよ。

だから、彼が少年院から出て来たときも、うちで預かったこともあるし、まあ、よく彼の性格、知ってるんですね。

で、彼の性格というのは、少年院のときも桜木町というところに入ってね、お金をある家、ふんだくって来てね、そんで掛川駅来てね、その駅でこう、金をばらまくぐらいの性格ですよ。おれは、ある家行って、金をとって来たんだと。

あんたら金なければ、これ持って行って使いなさいって。というくらいの性格なんだ、あれはね。

それで、警察行って、まあ結局、事件になったら、いや、ある人からとって、ない人にやったんだから、おれは悪いことしたんじゃない、というくらいの、無邪気なんですね、早くいえば。

　だから、まあ、ただし人を殺したということはねえ、私、いま考えていうんだけども、非常に彼自身はね、人情もろいし、あのそういって、私、聞いているんだけども、よく女がかわいそうだというと、そんな金をポーンとやっちゃって引き出すんです。で、お前帰れとか、まあ、こういう親分肌だね。

　まあ、そういうところに、もっともあやまちがあったと思います」

　そう考えたのは、自身がいっているように後のことで、当夜、金嬉老が何か大きなことを仕出かしたらしいのはわかったが、事柄の見当はつかない。

「で、ニュースを聞こうと思ったらね、ニュースが出ないですね。それで十時だか、いくらだか、テレビ、ポーンと見たら、ほんとですよ。二人射殺して逃走中だというんで、びっくりしちゃってね」

　曾我らに彼が追い詰められているのは、相談を持ち掛けられて趙も知っていた。

「事件の二日だか三日だか前、手形のことをね、ぼくのうちへ来て、いったですよ。亡くなった曾我さんの知り合いていうかな、まああの、舎弟というかね、私ら、そこのところよくわかりませんけどね。随分、ちょっとこう、追っかけて、追い詰められていただよね。金嬉老が。

　それで、たぶん、苦しいからね、ひょこっとある夕方、うちへ来ましてですね、いや実はその、ぼく困っているんだということでまあ、話を一部始終聞いているんだけども、たまたま曾我さんがぼくとよく知り合いだからね。

いよいよ話がつまって、そしてなんか、日本平へ行って勝負しようということで、日本平へ行ったですよ。それで、向こうが三人、自分は一人だったと。私はその現場は見てないだけども、彼のいうことを聞くと、たまたまそこで私の名前が出たというんですね、金嬉老から。

そしたら曾我さんが、なんだお前、豊趙《とよじよ》を知ってっかと。豊趙を知ってるどころじゃない、ぼくは兄貴みたいにしてね、世話になっているんだといったら、そこで、そうかということで、ちっとは話がよくなって、喧嘩しなずに帰って来たんだという、その足でうちへ寄ったんですよ」

同じ金融業ということもあって、趙は曾我と面識がある。もめごとの内容を聞いた趙は、曾我にとりなしてやろうかといったところ、お互いにすっきりしたのだからその必要はないはずだと金は断って、帰って行ったという。

その前に、横浜のアパートを引き払った金は、一緒にいた藤子を柏市の彼女の兄のもとへやって、単身、静岡に現れ、趙の家から電話をかけて、危うく日本平で決闘ということになりかけた経緯がある。

このとき趙は、無理矢理、電話を切らせて、金を説得、彼もこれに応じた。

だが、その後、また電話による掛け合いがこじれて、日本平で対決することになった。さいわい、この危機は、金が趙の名前を出すことによって回避されたのである。
金は趙を精神的な頼りとし、何かにつけて相談にやってくるのだが、事件の前年の夏を最後に、間遠になる。その夏、彼は「小泉刑事問題」で鬱憤をぶちまけに来た。
〈それで、その日には来て、手帳をばりばり破いちゃって、その手帳はあとで、彼が刑務所の中でこしらえたということを聞いてますけどね。破ったのはうちのところで破ったです。それで「私はいまから清水警察へ行って爆発して、自分が警察官というものを殺しちゃって、自分で自殺するんだ」ということでね、もう完全といまに死ぬようなね、そういう態度出したから、これはいままでとは少し態度がおかしいなと思って、ぼくは「落ち着くように、君何いっているんだ」と、「私も以前はそういうことがあったよ」と、「私も昔は侮辱されたこともあるし、これは自分の国じゃないし、日本に来て我々の状況からいって、そういうことでお前、警察行って爆破して死ぬとか、生きるとかいうのは駄目だ」といって、私が一時間ぐらい説得したと思うね、当時ね。それで、彼がようやくそれを聞いてくれて「それじゃいっぺん、おやじさん、またよく考えて来ます」ということでうち出て行って、それから、この事件になるまでに一度うちに見えただけで、その間はうちへ全然見えませんでした〉(『証言集2』)
金が趙の面前で破ったというのは、外国人登録手帳のことである。彼ら在日朝鮮人・韓国人は、ちょっとした外出の際でも、この手帳を持って出るのを忘れると、不携帯ということで処罰の対象にされかねない。この一事が示すように、彼らにとって、その法的地位の拠《よ》りどころを示す、重い意味を持っているものなのである。

それを自ら破り棄てるというのは、尋常な行為ではない。彼が受けた侮辱に対する憤激の並々でないことをあらわすものであろう。

事件後に在日韓国居留民団静岡地方本部の団長をつとめることになる趙はいう。

「小泉事件の直後に、おやじさん、これこれこういうことあったんだ、おれ身が千切れるほど辛いんだ、このことを日本人が理解してくれれば、いつでも死ぬのはかまわない、というですよ。それで、おやじさんはどう思うかと。

だから、私はいった。ばか、お前ばかりが朝鮮人じゃない。お前ばかりが死んで何になる。あと朝鮮人、大事にされるかと。

辛いのはお前一人じゃない。私だって、もっと辛いことあった。そういう話をして、一所懸命なだめたんだけど、まあ、そのときはわかったんだか、わからなかったんだか」

趙漸衍は全羅北道益山郡の農家に男三人、女四人の七人きょうだいの三男として生まれ、普通学校（小学校）を卒業して中学校へ進んだが、学費が続かず二年で中退した。

昭和十六年の九月ごろであったという。満十七歳の趙少年は志願兵の願書を出した。

その前年に、半島人と呼ばれて差別されていた朝鮮人にも、「内鮮一体」の同化政策に沿って、軍を志願する道が開かれた。どの道、成人に達したら兵隊にとられるのである。それならば、自分から早目に志願した方が、待遇をはじめ何かにつけて得策であろうと彼は判断したのだという。

全朝鮮から選抜された二期生四百人は、黄海道のケニンポという町に集められて、三ヵ月の訓練を施された。その町を漢字でどう書くのか、趙はもう忘れてしまっている。だが、彼がそこで受けた屈辱の思いは、生涯、消えることがない。

趙が入れられた兵舎には六十人の仲間がいて、彼はその班長に指名された。

朝の洗顔は洗面所でするようにと、教育係の宮崎という宮城県出身の軍曹がうるさくいうのだが、中には不精な人間もいて、兵舎の窓から外へ向かって歯を磨くものがある。

当時、使っていたのは、歯磨粉であった。これが兵舎の壁に垂れて、白い汚れが目立つようになった。

宮崎軍曹は班長である趙を呼びつけて、体罰を加えた。

「この朝鮮人、こういうところでやるなといっているのに、どうして貴様ら朝鮮人はそれをやるんだ」

殴られながら、規則をおかしていない趙には強い不満があった。

ひとしきり体罰が続いて、やっと終わったと思ったら、それでは済まない。六十人全員が褌一枚の裸にさせられて、雪の降る営庭に整列させられた。

宮崎軍曹は全員に汚れた壁の清掃を命じた。こびりついた歯磨粉を、順番で舌で舐《な》め取れというのである。

いわれた通り、次々に出て、壁に舌をさし向けるのだが、その壁というのがコンクリートを荒く打ったものだから、こまかい凸凹が無数にあって、一向にきれいにならない。新兵たちは、輪になって回りながら、何十回となく壁を舐めているうち、全員が舌を切って、唇のあたりを血で染めてしまうのであった。

朝鮮も黄海道まで緯度が上がると、冬は寒い。むき出しの彼らの肌は、氷点を割る寒気にさらされて、紫に変色した。

だが、忘れられないのは、そのことではない。それからいくらもたたないころ、残虐な殺人事件が持ち上がった。

志願兵たちに与えられた食事は、質量ともに不足していて、趙によれば、

「サツモイモに米や麦を混ぜたものなんだが、その粒が一つの丼に、お前十入ったか、おれ二十入った、というくらいのもの」

であった。

食べたい盛りの彼らは、消灯後、こっそり兵舎を脱け出して、付近の農家へ食べ物をもらいに行く。

憐れんで、わざわざ炊いた熱い飯を振る舞ってくれる家もあるが、そういうところばかりではない。何人かはひもじさに耐えかねて、農家の納屋から大根をとって生齧りしたりした。

冬の食料を奪われた村の人は、部隊に苦情を持ち込んでくる。朝礼のとき、長崎県出身の山崎という曹長がこれを採り上げて、以後その種の行為は厳重に処罰すると申し渡した。

そのときである。隊列の中から口答えするものがあった。裡里という、趙の隣村から来て

いる金基換という男である。二人は入隊前からの友人であった。

「腹が減って訓練が出来ない」

日本名を木村と名乗っている金は、そういう意味のことをいった。

趙は、はっとする。だが、その場での咎めはなかった。

その夜、九時の消灯時間が訪れて、眠りにつこうとしていたときである。大部屋になっている趙たちの兵舎に宮崎軍曹が姿を見せた。その瞬間、彼の胸を不吉な予感がかすめた。

「舌掃除」の一件があってから、趙はこの下士官に異常性格者のにおいを嗅いでいた。それを決定的にしたのが、便所でこっそり煙草を喫っている現場を押えられたときのことである。

窓から立ちのぼる紫煙を下士官住宅の女房たちが見つけ、その知らせでボックスに宮崎軍曹が踏み込んだ。趙は手にしていた喫いかけの煙草をあわてて便壺に落としたが、火を消すいとまを与えられなかったから、ゆらゆらと煙が上がってくる。

それを腹ばいで拾わされた趙は、水をいっぱいにはった洗面器を頭上に捧げ持ち、コンクリートの三和土《たたき》に正座するよう命じられた。一滴でも水をこぼしたら容赦しないと軍曹はいう。

そのためには、呼吸も満足には出来ない。辛抱しきれずに、こぼしてしまった。

軍曹は彼を兵舎の近くの河原へ引き立てた。流れは、はりつめた厚い氷の下である。手にした木刀でその氷を叩き割って、軍曹は趙に、水中へ飛び込めといった。

ためらっていると、軍曹は自分が裸になって、水につかった。そして、

「貴様、これでも入れないか」

とわめく。

仕方なく趙も、そのわきに身体を沈めた。上がって、兵舎へ戻る間に、全身の水滴が凍りついた。

ストーブの前に立たされているうちに、それがゆっくりと溶けてくる。痒《かゆ》いのだか、痛いのだか、自分で自分の感覚がわからない。

そこを軍曹は、彼のスリッパで殴る。

「痛いか?」

「痛いです」

「どのくらい痛いか?」

殴られながら、趙は殺意を覚えていた。

その宮崎軍曹が消灯時間に現れたのである。ただでは済むまいと思うより早く、彼は大声で怒鳴った。

「全員毛布をかぶれ」

軍曹は長く太いロープを手にしていた。趙の三つ先のベッドに金がいる。そこから喉がつまったような呻き声が聞こえ、やがて、床の上をひきずられて行く重い物体の音がした。

毛布から顔をのぞかせた趙が見たのは、点々と続く脱糞の跡である。ベッドに金の姿はなかった。彼はロープに首を巻かれて引かれて行ったのである。

「サルリョ、ジュショ（助けてくれ）」「サルリョ、ジュショ」叫び声が跡切れ、跡切れに風呂場から廊下を伝わってくる。趙は両耳をふさがずにはいられなかった。叩きつけるような鈍い音がするたびに、悲鳴が起こるのである。

金は、二度とベッドへ戻ってこなかった。翌朝、当番兵として下士官室へ入って行った趙は、机の上に置かれた「木村」の死亡診断書を見た。死因のところに何やら書き込まれていたが、彼の視線を察した宮崎軍曹がそれを抽き出しにしまい込んだので「骨」の一字しか目に入らなかった。

それが何であるにしても、前夜の虐殺が適当につけられた病名によって、病死にすりかえられた事情にかわりはない。

三ヵ月の間に、彼ら二期生は、さらに三人の仲間を失った。そのいずれもが、喉元に歩兵銃の銃口をあて、足の指で引金をひいて、自殺をとげたのである。

収奪され続ける農家の子弟たちにとって、軍隊志願は口べらしの意味もあったのであろう。実をいうと趙は、体格検査に落ちたのである。不健康だったのではない。顔一面のニキビが検査官にきらわれたからである。

当時、軍からすると、朝鮮人青年はよりどり見どりであった。たとえはわるいが、豊作貧乏に見舞われたミカン畑から、粒よりのいくつかを選び出す作業を想像すればよい。

趙のニキビが内臓疾患から来たものであろうとなかろうと、検査官は気ままに彼をはねることが出来た。

発表の日、郡役場で不合格を知らされ、落胆して帰りかかる趙は、若者にとりすがって号泣する年老いた女性の姿を見掛けた。事情をたずねると、彼女は息子の合格を嘆いているのだという。

そこで趙は二人を説き伏せて、若者の身代りになる了解をとりつける。その場から趙は「山本一郎」になった。それが若者の日本名だったのである。

訓練を終えた二期生は、朝鮮海峡を渡って八幡製鉄所に送り込まれた。兵隊とは名ばかりで、趙の仕事は、くる日もくる日も溶鉱炉のかき回しである。いやけがさした彼は、逃亡を思い立つ。

父の兄の長男で、やはり志願兵である趙那玉という従兄が、その手助けをした。夜、巡回する憲兵の目を盗んで、彼が趙を塀に押し上げたのである。

この従兄も、いったんは逃亡を決心するのだが、郷里の家族に累が及ぶのをおそれて結局は断念する。「山本一郎」になりすましている趙は、その点、いくらか気が楽であった。二人は塀の上と下で泣いて別れた。

八幡駅の出札口で、趙はありたけの金を出す。といっても、二円か三円といった程度のものである。

目的地をいわない妙な客に駅員は何かたずねた。だが、趙の日本語はそれを解するに十分ではない。

黙っていると、金額に見合った切符を渡して寄越した。

炭鉱に行けばかならず同胞がいる。そう聞かされていた趙が行きついたのは長崎県のハラマンダというところであったという。

見も知りもしないそこの朝鮮人たちは、金を出し合って、彼に浜松行きをすすめる。

「お前、ここにいてもすぐつかまるぞと。浜松に行けば一三七部隊というのがあって、そこ人夫足りないから、いっぺん入ったら大丈夫だと。調べて来ても憲兵囲むから、軍属がいいよというんです。憲兵が追い返すから。

それで、浜松行って、軍属の中に土方で入った。親方が朝鮮人で、山本一郎と自分の本当の本籍いったです。で、九州で働いていたと。いうたら憲兵も、お前どこから逃げて来てもかまわない、ここで働けと。私、終戦まで山本一郎で通したですよ」

だが、郷里には、ずっと音信不通のままであった。折角、偽名で通しているのに、手紙など出してそれが手掛かりとなり、彼の逃亡の「仕返し」が実家に行くようなことがあってはならないと考えたからである。

昭和三十八年四月、趙はほぼ二十二年ぶりに故郷へ帰って行った。見覚えある集落に着いて、表に立っていた一人の老人に趙南登の所在をたずねると、無言で彼の顔に見入っていたその老人は、腰を抜かしたように地面に座り込んでしまった。たずねた相手が父親、趙南登だったのである。

彼の逃亡いらい、三日にあげず警察官が実家を訪れ、家族が辛い日に遭っていたことを父親の口から知らされて、仕出かした親不孝に、詫びる言葉もなかった。その父親も、去年、八十二歳で逝った。

「辛いのはお前一人じゃない」と金嬉老をなだめる趙の言葉には、彼もまた味わって来た辛酸が滲んでいる。

日本が負けたあと、若かった趙は、山崎曹長と宮崎軍曹に対する復讐を誓った。

「昔、朝鮮人一人くらい殺したって、なんでもなかった。これ、ほんとですよ。あの木村だって、病気の通知して終わり。もらった家族、どこに文句のいいようもないからね。警察もない。裁判もない。

私、山崎と宮崎、本気で殺すつもりだったですよ。で、戦後、新聞で随分見た」

あのころのことを遠い過去として、おそらくは孫でも膝にしているであろう二人の旧帝国陸軍下士官は、敗戦後の一時期、趙の殺意が自分に向けられていたことを知ったら、顔を曇らせることであろう。彼らの意識からすると、自分たちは昔も今も「遵法者」なのであって、たぶん、殺人者の自覚はない。

二人ばかりでなく大方の日本人は、すべてを「時代」という曖昧な概念に帰して、歴史に対する責任を自己に問い詰めることもなく、被害者の痛みとはまったく無縁のところで過去を安易に「清算」し、建前としては申し分のない憲法を免罪符に、もっぱら利己的な経済的充足を追い求める「平和国家」の道を歩き始めた。

そして、かなり手ごたえのある分配が行きわたった現在、まるでそれが民族の優秀性の証明ででもあるかのような錯覚に酔って、いまなお断ち切りがたく過去をひきずり続ける存在に対しては、うとましいものを見るような眼をしか持たないのである。

そんなに日本に不満があるのだったら、自分たちの国に帰ればよいではないか——と。

趙の「殺意」は、新聞にかつての殺人者の名前を見出そうとする範囲にとどまって、実行行為には移されなかった。そうした「殺意」は、趙と同じ時代をくぐった朝鮮人・韓国人には、多かれ少なかれ共有のものであろう。

裁かれることのなかった殺人者が、彼に向けられた実行以前の殺意をとやかく言い立てることは出来ない。

自分を追い詰めたものに向けて、金嬉老の殺意が一直線に走り出してしまったあと、趙がとった行為はまさしく遵法者のそれであった。

テレビのニュースで「みんくす」における殺人事件を確認した彼は、午後十一時三十分、静岡南警察署に出頭して、犯人金嬉老が自宅に立ち寄ったことを申告したのである。

そのころ、金の運転する「静岡5わ1299」は、林道の最終地点へと接近していた。

途中、ハンドルをにぎっていて、この殺人犯がもっぱら思い浮かべていたのは、犯行直前に別れた十九歳の日本女性の姿であり、しきりに自分に言い聞かせていたのは、生への執着を断ち切ることであった。

〈焼津の国道一号線に「ハンドル」というモテルがあります。そのモテルで朝御飯・昼御飯をかねて食事をし、——それは風の強い日でした——それで食事をし、出て来て車の中で彼女とそのとき初めて別れようと私はいったんです。そのとき私は深刻な顔をして彼女にいいました。

「おれもうだめなんだ。お前はおれと一緒に歩いていると、えらい巻添えをくう。おれはもうとっても我慢できない。もうここまで追いつめられた以上、おれも引っ込みがつかないんだ。黙って別れてくれ」

そのときに彼女が私にこういいました。

「私を熱海の芸者に売って、その金をつくって、一時話をつけてくれたらいいじゃないか」

と。（中略）

熱海の芸者ということをいわれたときは、私は胸がじんじんしました。十九やそこらの彼女がそんなにしてまで結局、私のためになってくれようとする。そして朝鮮人ということを知っていながら、それをなんとも思わないと。なんともおくびに出さない、態度にも出さなかった。私が初めて経験して知った彼女のそういう態度に対して、私は胸の中で泣いていました。それでそこで、どうしても彼女が沈黙を守ってしまって何もいってくれないので、仕方なしまた車を動かし、藤枝を通って焼津の駅の近くへ来ました。

もうそのとき私はだめだと、情にひかされたらだめになってしまうと、彼女までだめにしてしまうと、それで私はそこで心を鬼にして目に涙をいっぱい浮かべながら彼女に「黙って去ってくれ。これ以上おれを苦しめないでくれ」と。彼女も泣いてスーツケースを下げて行きました。

私はもうそのときには、こんなにまでつらい苦しい思いをするのは、曾我、暴力団の曾我一派や小泉刑事らがおれの気持をここまで追いこんだんだ、という気持になっていました〉（『法廷陳述』）

金が目指したのは、数年前に一度だけ行ったことのある大井川鉄道終点の井川であった。だが、平静を欠いていた彼は、兎辻の峠で夜道を左に取り違え、寸又峡へと入って行ったのである。

第八章　前歴

静岡県警察本部の長谷川昌男刑事調査官は官舎で風呂に入っていて、「みんくす」の殺人事件を知らせる電話を受けた。

刑事調査官の主たる仕事は検死である。変死体について自殺、他殺、事故死、病死の判定を下し、解剖を要するものにはこれに立ち会い、事件として立証しなければならないときには、そのための資料を現場で蒐集《しゅうしゅう》する。

いきおい道具は数多いものになる。官舎を出た長谷川は、まず、それらをとるために本部へタクシーを向けた。

その車中で、ライフルを使った殺人などを仕出かす犯人は、どこのどういう男であろうかと思いをめぐらせた。

「連絡の中に、掛川というのと、金なにがしというのがあったわけですよ。で、身体の大きい男だと。

それでいろいろ考えたんですが、私ね、昭和三十五年に掛川で刑事課長していたことがあるんですよ。一年間。

その当時、金嬉老を検挙しているわけなんですがね。私が調書とって、送致をしているんです。

そのときに私自身、失敗もしているわけなんですよ。で、いまいましいなあというふうにね、気持があったと同時に、なかなかしっかりしたタマだなと、頭の回転の切れる男だなあというふうに思ったもんですから。

ことによったら、身体が大きいというし、あいつじゃないかなと、ピーンと来たわけなんですよ」


強盗などの罪で懲役八年の刑を受けて服役していた金は、昭和三十四年二月に千葉刑務所を出所し、最初の妻である金末順と結婚するが、性格が合わずに離婚して、ほどなく実質的に二度目の妻となる和子と知り合う。

その経緯はすでに見た通りであるが、凶悪犯の烙印を捺《お》されてしまった金は、出所後も荒《すさ》んだ生活を送っていた。そして、いくばくもなく刑務所へ逆戻りすることになるのである。

静岡県警本部の記録によると、その間の事情は次のようになっている。

▽35・6・27　恐喝
被害者に対し「強姦したことを知っているぞ。警察へいえば刑務所行きだ」と脅迫し、二回にわたって六千円を喝取した。
▽35・7・13　恐喝
被害者に対し「いまから博打《ばくち》に行く。金を貸してくれ」と頼んだが断られるや「やくざが

頭を下げたのになんだ」と申し向け、要求に応じなければ危害を加える態度を示して二千円を喝取した。
▽35・7・14　恐喝
　被害者に対し「おれは四十七人の警官を相手に撃ち合ったことがある。いま浜松にいるが、殺し屋のネルソンで通っている。マー子はおれの女だ。一緒になりたければ五千円を持ってこい」と申し向け、千五百円を喝取した。
▽35・7・17　恐喝
　被害者（前に同じ）に対し「マー子と一緒になるならもう一万円寄越せ」と申し向けて喝取した。
▽35・7・28　恐喝
　被害者に対し「お前は交通事故を起こしたのに警察にもいわず、相手は怪我をしたのに医者にもかけない。一万円寄越せ」と申し向けて喝取した。
▽35・7・6　詐欺
　被害者に対し「ポンポンの修理代を払え、おれがお前の代りに届けてやる」と虚構の事実を申し向けて、五千円を騙取した。
▽35・7・10　詐欺
　被害者に対し「おれは掛川でも親分格のやくざだが、チンピラを善導している。おたくの息子もチンピラとつき合っているが、これらのものと手を切るには一杯飲ませてやらなくて

はならない。ついては五千円かかる」と虚構の事実を申し向けて騙取した。
▽35・7・31　詐欺
被害者に対し、返す意思がないのに「すぐ返す。博打の借金を取りに行くのだから」と申し向けて軽自転車一台を騙取した。
▽35・8・22　詐欺
被害者に対し「狩猟用に貸してくれ」と虚構の事実を申し向け、二連装猟銃一梃（二万円）を騙取した。
▽35・11・28　詐欺
被害者に対し、返す意思がないのに「セドリック（一台）をちょっと貸してくれ」と申し向け騙取した。
▽36・1・7　詐欺
被害者に対し、返す意思がないのに「結婚式に使いたいから車を貸してくれ」と申し向け、小型自動車一台を騙取した。
▽36・1・21　詐欺
被害者に対し「バーを経営しているが、バーで使うテレビが欲しい」と申し向けて、テレビ一台（六万九千円）を騙取した。
▽36・1・23　詐欺
被害者（前に同じ）に対し、「代金は一緒に払うから」と虚構の事実を申し向け、ステレオ

一台（五万九千五百円）を騙取した。

金嬉老自身が法廷で認めているように、この時期の彼は「やけを起こし、すさんだ気持に走って」いた。

長谷川がいう「失敗」も、この時期に起きたものである。その一方の当事者である金によると、それはこうであった。

〈この時分に掛川にTというステッキクラブを経営していた、現在は園芸いわゆる盆栽を作る仕事をやっている人がいました。その人が狩猟をやる関係で、私はその人から鉄砲を借りたです。二連銃ですね。その二連銃を借りて車に積んで持って歩いていて、借りて幾日もたたないでもって、掛川の警察で私を恐喝事件で逮捕するっていうわけです。

私は掛川の警察へ何の気なしに、自分がその当時七千円ばかしの金を落としたのをだれか届けて来てないかということで、警察の受付へ行ったんです。そしたらそのとき若尾順平という部長刑事が中心になって、私をぐるっと警察の人たちが取り巻いたのです。

「ヒロさん悪いけど逮捕するぞ」

こういうから、

「何の逮捕だ」

「恐喝だ」

「冗談いっちゃ困る。おれが何を恐喝したんだ」

その恐喝事件というのは、掛川市にあるK組というところの息子が交通事故を起こし、私の知り合いの人の父親をはねて、向こうがぶつかって来たんだから悪いと一銭も出さなかった。それを一万円取ってやった。それが要するに恐喝事件だと、警察で聞き込んで挙げたわけです。

私は、

「恐喝じゃない！」

と、示された逮捕状を、その目の前でもって、

「こんなものがなんだ。こんなもので逮捕されてたまるか」

と、破いてしまいました。

そうしたところが向こうは、

「いや、どんなことがあっても逮捕する。公文書破棄罪だ」

「公文書破棄罪でもいい。私は死んでもあなた方に逮捕される必要ない。あなた方はね、こんちきしょうと思うと、すぐそういうようにして挙げるのか？　やることはいつも同じだ」

私はそのときに車の中にあった鉄砲やなにかは警察官に取り上げられてしまいました。ところが自分の小さなズボンの横のポケットに、ジャックナイフの小さいやつを入れてました。そのジャックナイフを警察官に気がつかれないように持つや、自分の腹をさいてしまいました。そしてさらにその刃物でもって、自分の腕の血管一本切って、その警察の中で血だらけになりました。

それで隣の青山医院の先生が来て腹を診察したところが、腹膜炎を起こしているらしい、ここじゃ手当が出来ない、とそういい、私はそのとき死んでも抗議するといったところが、この若尾順平という部長刑事、あるいは現在静岡県警の長谷川昌男という刑事調査官をやってる人がその当時刑事課長でしたが、もうあわてて「いや逮捕はいい」「わかった、わかった」と、そういってなだめたりなにかしたんですが、私は頑として聞き入れず、「さあ、やってみろ」とそういったところが、そこへ山本六郎という当時の署長がみえまして「とにかく二人ちょっとこっちへ来てくれ、話したいことがあるから」と。そして、署長室へ連れて行かれたわけです。

「いや事情は聞いた。どうも感情的になって申しわけない。明日、関係者を全部呼んで、話をちゃんとしっくりするようにするから、今日は気持よく帰ってくれ」

と（署長は）そういって、私は医者に応急手当を受けた腹をおさえながら、警察が不法所持として取り上げた鉄砲を返してくれと。それで署長が「返してやれ」と。若尾順平という部長刑事が「署長、返していいですか？」なんていう。

「ああいい。返してやれ。この男がそれを持って向かってくるようなことはないから大丈夫だ。返してやれ」

といって、結果的にはその鉄砲をもらって、私はそこを出ました。（中略）

それでその借りた鉄砲を、私は静岡の知り合いのところへ一万円でくれてやりました。それは人のものを無断でもって処分してしまったわけです。ところがそれが明るみに出て、警察でいったん（銃を）取り上げておきながら、逮捕状を本人に示して逮捕しようとしたら逮捕もしないで、銃も返し、そしてそれを内々ですましたということで、私が後で結果的には、結局その恐喝事件を種にされて挙げられたんですが、そのときになってその銃の事件や、警察のにぎりつぶし、そういうふうな事件は全部みんな伏せて、それで私を署内でもって昭和二十四、五年あるいは二十七年当時にあった警察の扱いみたいに、自由行動をさせ、あらゆる待遇をしました〉（『法廷陳述』）

逮捕、留置した人間に署内で自由行動を認めるというのはあまり聞かない話だが、金嬉老が関係者の実名を挙げて具体的に述べているのだから、実際にあったと認めないわけにはゆかない。

法廷における彼の陳述に沿って、それを忠実に再現すると、次のように警察の綱紀の紊《みだ》れが浮かび上がってくる。

金がまだ成年に達しない二十一年当時、三つばかり年上の日本女性と知り合って、二人は夫婦同然の生活に入った。だが、生活能力のない金は、窃盗、詐欺、横領などの罪で小笠地区警察署（掛川警察署の前身）につかまり、初めて刑に服することになる。

静岡県警の記録によれば、彼のおかした罪はこうであった。

▽21・9～10　窃盗
小笠郡原谷村役場事務室から三回にわたって、皮バンド、帯留め、ズック靴、ズボンほか

九点（千五百八十円）を窃取した。
▽21・10　横領
被害者から預かり保管中の腕時計一個を氏名不詳の朝鮮人に三百円で売却した。
▽21・10・18　詐欺
被害者に対し「学校で先生が入用だ」と虚構の事実を申し向け、背広服三つ揃い（千五百円）を騙取した。
▽21・10　詐欺
被害者に対し「今夜おれの結婚式だから終われば返す」と虚構の事実を申し向け、短靴一足（七百円）を騙取した。


どれ一つとっても、些細な犯罪だが、これらを合わせて懲役一年六月の実刑が金に言い渡された。その前年、彼は詐欺、窃盗で懲役二年執行猶予四年の判決を受けている。これが裁判官の心証を悪くしたのであろう。

もう一つ、彼が非行歴を持つ朝鮮人だということもあったのかも知れない。

浜松刑務所を振り出しに、静岡を経て松本少年刑務所へ移された金は、掛川署に一緒に入れられていた静岡県小笠郡池新田出身のSという男と再会、意外な事実を聞かされる。

「ヒロちゃん、お前、女、おまわりにとられちゃったな」

「なんだ？」

「いや小笠郡のおいらの方の佐束村にヒロちゃんの彼女がおまわりと一緒になって来ているぜ」

聞かされた金は、あり得ないことだと、Sのいうことを信じない。だが、気がかりな点が一つあった。彼女からの手紙が跡絶えていたのである。

松本から八王子、甲府、府中、前橋と刑務所を転々とした金は、ついに彼女の音信に接することなく、昭和二十四年十月に出所して来た。彼が真っ先に足を運んだのは掛川市研屋町の、かつて彼女が身を寄せていた家であった。

彼女は神奈川県生麦の出身で、親戚を頼って、戦時中に疎開して来ていたのである。そこでは彼女の消息を聞き出すことが出来なかった。だが、Sのいったのは事実だとわかる。

小笠地区署に金が留置されていた間、面会に現れる彼女の人柄を見込んだA部長刑事が、復員して日の浅いO巡査と娶《めあ》わせたのである。金は激しい憤りと憎しみに駆られて、Oの勤務先である佐束村の駐在所へ、出刃包丁を懐にして出掛けて行く。

だが、そうした金が間近に寄って来ているのも知らず、あたりを掃いている彼女の姿を見たとき、彼は自分が惨めに思われてならず、黙って引き返す気持になった。

だれかれなく当り散らす金に、理由のわからない家族は取り合わない。妹の婚家の離れで彼が農薬をあおったのは、出所後四十日目であった。

助けられて回復した金は、翌二十五年が明けると、また小笠地区署に検挙された。その正月の十日、知人からオーバーを借りて期日までに返さなかったから詐欺だというのである。その種のことを二、三拾い集めての検挙であった。

「なんだお前ら。人を刑務所に抛《ほう》り込んでおいて、こともあろうに、人の結婚を約束した夫婦同然の女を横取りして、そいで警察だなんてでかい顔すんな」

署員で、このことを知らないものはない。わめき散らす金を、角谷署長以下がなだめる。

「ま、がまんせえ、がまんせえ。もう向こうも一緒になっちゃってやってるんだから、こらえてやれ、こらえてやれ」

そのかわりというのであろう。留置人の中で金だけを特別扱いにして、三度の食事は家から運ばせる。

留置人といったが、昼間は留置場に入っていない。署内を自由に歩き回る金であった。

ある日、彼はA部長刑事にかみついた。

「お前が人の女を仲人したんだろう」

いさかいになって腹の虫のおさまらない金は、警察を飛び出して掛川の町の寿司屋へ入って行った。

「なんだヒロちゃん、警察に入っていたんじゃないのか」

「いやおれ警察から寿司を食べに来たんだよ」

主人とそういう会話をかわしているところに、警察の車が迎えに来た。

それいらい金は、昼間、町へ食事に出て、夜は留置場で寝るという生活を黙認されるようになった。

そのころになると金には判事勾留《こうりゅう》がつけられており、彼にとっての小笠地区署は代用監獄ということになる。

月がかわって二月四日、彼はその監獄から出て、初めての「無断外泊」をする。原谷の家の近くに、元朝鮮人連盟委員長のHという人物がいた。そこへ、かねて顔見知りの娼婦を伴って行き、押し入れを借りて一夜を過ごしたのである。

翌朝、小学校へ行くHの子供に、金は母親への伝言を頼んだ。家は学校のそばの土手のすぐ上にある。

待っているとオモニがやって来た。だが、一人ではない。警察官がぞろぞろと従っている。

「ヒロさん、おとなしく署に帰ってくれ」

初めからそのつもりだから、金は警察へ向かった。手錠はかけられていない。

本郷通りというちょっとした賑やかなところに、N理髪店がある。その前を通りかかった金は、にわかにむらむらと来て、ガラス戸を蹴飛ばした。

「よくも人をおとしいれたな。よくも嘘をいいやがったな」

静岡県警の記録によると、金は昭和二十五年一月九日、小笠郡原谷町本郷一四八二、理髪店経営Nに対し「お前の息子にオーバーを借りたのをサツにいわれ罪人にされた、家に火をつけるぞ」と脅迫した——とある。

この「脅迫」が、検挙の一つの理由になっていたのである。

わめき立てる金に、Nはこういった。

「ヒロちゃん、そうじゃないんだ。警察がどうしても書類を取らしてくれ、取らしてくれっていって来て、書いて拇印《ぼいん》を押せっていったから、それを押しただけなんだ。こんなことになるんなら、私ら何もこんなことする必要はなかった。ヒロちゃんにうらまれて……」

こうして警察へ戻った金は、検事の調べを受けに行く前に、角谷署長から、一つの取引を持ち出される。

「検事さんの前へ行ったら、署内で自由にさせてもらったとか、こうだとか、ああだとかいっちゃいかんぞ。看守のすきを見て逃げたとそういえ。そのかわりあとのことは面倒見てやるから」

言い含められて出掛けて行った金に、検事は「なんだ？　家が恋しくなって逃げたか？」と、うすら笑いを浮かべていうだけで、こまかい事情はたずねなかった。

それで、後からついたのが「単純逃走」の罪名である。

それからしばらくたって、彼が依頼した弁護士が、保釈になりそうだから支度をしておくようにといいに来た。

そのつもりで裁判所へ行ったところ、話がまるで違う。

「君にはまだ警察で何か調べていることがあって、余罪があるようだから、保釈はもう少し保留する」

と裁判官はいった。

「この野郎。てめえよくも人をまた罠にかけたな」

警察に戻って来た金はA部長刑事をつかまえて、煮えくりかえった思いをぶつけたが、どうにも鎮まらないので、

「風呂をわかしてくれ」

と注文をつけた。

そうしておいて留置場内の電話から、掛川のフルーツ・パーラーを呼び出す。

「金岡だけど、警察の留置場に酒一升届けてくれないか。勘定は警察だ。会計にそういってもらってくれ」

配達された日本酒を風呂場に持ち込んで、金は瓶ごと燗をつけると、のめもしないのに二合ほどあおった。

ふらつく足どりで出て来たところ、留置場の事務机の抽き出しに、望月という看守が拳銃をしまい込むのを見た。

ふだん、看守たちは、柔、剣道の稽古で道場に行くときなど、当直室の畳の上にはずした拳銃を転がしたままなので、金はそれを腰に下げて、留置場の前を行ったり来たりしてふざけていたものである。

その日、金は大荒れに荒れていた。用心した望月は、はずした拳銃を金の目にふれないようにしまったのであろう。

その行為が、かえって金の反抗心に火をつけた。

「もっちゃん、悪いけどお茶もらって来てくれないか」

金は望月をお茶汲みにやっておいて、彼の拳銃を引き出すと、それを懐に保護房へ入り、蒲団をかぶってしまった。

戻って来た望月は、そのうち、拳銃がなくなっているのに気づいて、金を揺り動かした。

「ヒロちゃん、拳銃しらないかい？」

「なに、拳銃？　お前らは拳銃がそんなに欲しいのか。そんなに大事なのか。お前ら、人の女でも平気で取って自分の女房にするような奴が、拳銃一梃くらい取られてがたがた騒ぐな。そんなに欲しけりゃ返してやらあ」

そういうなり、金は保護房の中で、拳銃を一発、発射した。

署内はたいへんな騒ぎになった。署長が話し合いを持ち掛ける。

「何が話し合おうだ。何のために人の保釈まで邪魔するんだ。なぜ、そんな腹黒いことをするんだ」

金は受けつけず、逆に注文を出した。

「アメリカの煙草を買ってこい」

そのころ掛川には、輸入煙草を扱っている店はなかった。そこで警察は浜松へ車を走らせ、保護房の金に注文の品を差し入れた。

「寿司をとれ」

金にいわれて寿司も届けられる。峰岸という留置人に、彼は毒見役をいいつけた。

「お前、ちょっとそれを食べてみろ。ちょっとでもくさかったり、変な味がしたりしたら、眠り薬が入れてあるんだ。ちょっと味みてみてよ」

次に金は望月看守を呼びつけた。当時、警察官は三段弾倉、つまり六連発を三つで十八発の弾を各自持たされていた。

金が手にする拳銃には、一発撃ったから、五発が残っている。あとの十二発は望月のポケットにあった。それを金は取り上げたのである。ついでに拳銃のサックも奪った。

自分のベルトにサックを通し、そこに拳銃をさし込んだ金は、警察に対する不平不満を大声で並べ立てた。たまらず署長が「和解」の条件を提示する。

「悪かった。部下がとんでもないことをして悪かった。この埋め合わせはかならずする。山本検事（金の担当）は私と非常に親しい間柄だから、明日、検事のところへ行って保釈を頼んで許可してもらう」

そのときの金は、保釈を許可するのは検事ではなく判事であることを知らない。

「よし話し合おう」

拳銃を抜き取って撃鉄を起こし、それを右手にさげて、金は署長室へ行った。

「とにかく悪かった。明日はかならずおれが責任持って、君の保釈を、余罪はない、調べは終わったということで、ちゃんとしてみせるから」

署長と二人だけの対座であった。

「よし、そんならね、私はいまから保釈金を家に取りに行く」

「いや、それは困る」

「困るなら、それじゃあんた嘘いってるんだ。わしは逃げも隠れもしない。保釈金を取って来たら拳銃を返して、おとなしくあんた方に誠意を示そうじゃないか」

「それならだれか部下を連れて行ってくれ」

「ああいいでしょう。ただし私が気の許せない、ちょっとしたすきを見て飛びつかれるようなそういう人じゃや、私は連れて行かない」

それで話がまとまって、五人の警察官を同道、金は家へ帰った。

真夜中を過ぎて、午前一時になろうというころである。いきなり戸をあけて拳銃片手に現れた彼を見て、オモニも弟たちもびっくりした。それもそのはずである。

わけを話すと、オモニは翌朝、銀行へ行って金をおろしてくるといった。用件は終わったというので酒盛りが始まる。

金家では、住まいのわきにちょっとした作業場を設けて、闇の飴や焼酎をつくっていた。そこは一家の食堂もかねている。車座になった警察官は、午前五時半ごろまで、飲んだり食べたりして、金を連れ帰った。夜が明けてからではいかにもまずいといわれ、金は彼らに従ったのである。

署へ着いて、金は拳銃を返した。その瞬間である。署員が一斉に襲いかかって彼に手錠をかけ、そのまま浜松刑務所へ運び込んだ。

〈私は警察に裏切られた、またださまれたとそう思いながら、そのとき何の事件で入ってたか知れませんが、破廉恥の罪ではないことで入ってたことは確かなようです。その人は何かむずかしいことをいって、私にいろんなことを教えてくれました。それは要するに「問題を明るみに出せ」と、「そういうものは出した方がいい」と、いろいろ入れ知恵されました。ところがかたっぽ、角谷署長の方は、今度は拳銃を取った望月という人を、急遽《きゆうきよ》私の村の現在ある駐在所へ駐在所勤務にさせて、当時生活のため酒とか飴を闇でつくっていた、それが税務署の方から手入れがあると、未然に「今日手入れがあるから注意した方がいいよ」とそういって協力してくれるような、そういうふうな形でもって、私の家族たちに義理を押しつけることで、私の口を母親を通じて黙らせました。

私も、とても裏切られたときのことを考えると、こらえられなかったのですが、母親とかあるいは自分の知っている人たちに説得されて、自分でがまんして黙って、裁判のいうなりに私は刑に服しました。しかしそのとき裁判官もうすうす知ってたようでした。四年の求刑で、裁判官からとくに懲役二年にすると。ただしこれは君に将来があるから試験的にやるんだと。だから保釈はあきらめてつとめなさい。こういうふうな言葉を添えて懲役二年をくいました〉（『法廷陳述』）

「みんくす」の事件当夜、県警本部に着いた長谷川刑事調査官は、まっすぐ鑑識課の当直室に顔を出して、金嬉老の写真を二百枚焼き付けるよう言いつけた。そのときの彼には、射殺犯人が金嬉老であるに違いないという確信が固まっていたのである。

現場へ出掛ける仕度をいそいでいると、無線が飛び込んでくる。静岡市内の沓谷《くつのや》にはった検問所にひっかかった男が犯人らしいというものであった。

「いや、私はね、びっくりしたんですよ。というのはね、顔を知っている人間が話を通じて行くと、彼はね、ある程度のことは穏やかにこう、してくれる男なんですがね。彼の気質を知らない人間が、へたにやったりするとね、バカーンといって、こう爆《は》ぜるときがあるんですよね。

そういう性格があるもんですから、いやこりゃ大変だと。それでもしそうだったら大変なことになっちゃうからということで、とりあえず、その職質をしているという現場へ行ってみないとしようがないと、行けば金であるのかないのかがわかるからと、いうことで私、出掛けようとしたんです」

そこへちょうど県警本部の望月秀一捜査第二課長がかけつけてくる。二人はとるものもとりあえず沓谷に向かった。

男はもちろん金嬉老ではない。その確認をした二人は、本部へは戻らず、「みんくす」へ直行する。

着いてみるとすでに県警本部の小幡金治捜査第一課長が指揮して、現場保存が始まっていた。

そうこうするうち、幹部は清水警察署に寄って打ち合わせ会を開くことになる。小幡、望月、長谷川の他に、本部の石川源一郎鑑識課長、鈴木福次郎清水署長らがその顔ぶれである。

その最中に、寸又峡からの金嬉老の電話が飛び込んで来た。

第九章　人質

ふじみ屋新館階段わきの切り替え電話から、清水署に出向いていた県警本部捜査一課の小倉一男警部と金が長いやりとりをしているあいだ、その二階に呼び集められた人たちは、恐怖といったような感情を、だれもが持ち合わせていない。

金の地声は大きい。耳を傾けるまでのこともなく、話の中身は二階へ伝わって来た。

「うーん、やっぱしまあ、こうこうこういうわけで、人質としてとか、そんなようなことをいっていたと思うんですけどね。ほんとにもう忘れちゃってね」

というのは、吉岡電気工業の寺沢一美である。

この会社の五人は、寸又峡の二キロほど下手にあたる大間発電所の無人化の工事のために三ヵ月ほど前からふじみ屋に泊まり込んでいた。地質調査に入った中日本基礎工業の二人とは、仕事の上でのつながりはない。

金の電話に「人質」という言葉を聞きながら、寺沢にはそういう意識もなかったようである。

「ぼくはね、その電話をだいぶ聞いていたと思うんですけどね。それから、うーん、寝ちゃいましたよ。

子守唄？　ええ、聞きながら結局ね、蒲団の中に入っていましたからね。あの、蒲団の中に入っていてくれということだったんですからね。で、しばらくは緊張してますからね、起きてますけどね。そのうちに寝ちゃいました」

ごく普通に考えれば、金は殺人者と名乗っているのだから、眠れないはずのものである。

「そうだよね。やっぱし、それ、そのへんの心境っていうのはわからんけどね。人間が馬鹿に出来ているのかどうなのか、よくわからんけどね。寝ちゃったのはたしかなんです」

と寺沢はいうのである。

そこのところを、中日本基礎工業の柴田南海男は、

「寝込みを襲われて、深く考えないうちに、催眠術にかけられた」

という感じだったと説明する。

ふじみ屋の宿泊者と経営者家族に、金嬉老は初めから安堵感を与えることに成功している。それは、全員を集めたところで行った彼の「協力要請」が、きわめて効果的であったということによる。

その場となった藤の間の、引戸から見ていちばん手前に蒲団を敷いていたのは市原勝正であった。彼が記憶しているそのときの状況はこうである。

「ちょうど銃の台尻が、ぼくの足の上へのってね。蒲団の中にこうやって寝とるでしょ。ちょうど左足のここ（甲）へね、銃のけつがこうのって、こうやって話してるわね。こんなような感じでね」

市原が再現して見せる仕草によると、金は立てた銃口を両手でふさぎ、その上にあごをも

たせかけていたことになる。

「足動かすにも動かせなんだったけどね。ハッハッハッ。間違われても困りますわね」

市原が身を固くしていたのは、もし、もぞもぞ動いて、抵抗の意思があるとでも誤解されたらいけない、との慮《おもんぱか》りからで、殺されるという恐怖感については、

「そんなことは全然なかったね。そういうそぶりもなかったもんね。中では」

と、始めから終わりまで無縁であったことを証言する。

金の話の中身のこまかいところまでは、もうだれもが憶えていない。

「みんな集めたところで、金嬉老がいちおう自分の目標というか、目的をだね、ま、だいたいこういうような目的でだね、それであのひと通り説明があったわけだよね。金嬉老としての説明が。

おれはいま清水で人を殺して来たんだと。それにはこれ、警察を呼んでね、解決をするから、それでまあ、おそらく明日の朝かね、ぐらいには警察はくるだろうから、それまでの辛抱は頼むというような、まあそんなようなちょっと説明があったわけですよね。目的のね。そりゃもう、そういう強い調子ではないよね。だもんで、それにまあ、自分らとしては、そういうような目的をきちっといったことでまあ、安心といっちゃおかしいけどね、そんなような気持になったんですよね。それで別にそう騒ぎもなしにすんだんですよね」

三十九歳（当時）で、最年長の加藤末一は、そういうふうに金の説明を受け止めている。

同じ話を聞いていた柴田は、このときから彼に惹《ひ》かれ始めた。

「それまでは、やくざの仕返しがこわくて、警察に庇護を求めているんだとばかり思っていたんです。ところがそうじゃない。警察と対決するんだというんでしょう。しばらくのことだから、みなさんには申しわけないけど、我慢してもらいたいと。両手をついたというのは、ぼく見ていないんだが、たしかに、丁寧に頭を下げた。そのとき初めて、奥が深いなと思ったんです。話して頼りがいのある兄貴分というか、はきはきしていて、ぼくの好きなタイプだな」

以心伝心とでもいうか、金がふじみ屋に立て籠もっているあいだ、もっぱら寵用《ちょうよう》されたのがこの柴田である。金が「おい」と呼べば、それは柴田を指していた。

「たしかに〝おい〟で、しょっちゅう金の部屋に呼びつけられましたね。名前は呼ばれなかったけど、自己紹介したわけじゃなし」

と本人も認める。

時間が前後するのだが、清水署との五十分にわたる通話を終わった金は二階へ戻り、柴田と彼の同僚である田村に、階下の畳を全部運び上げるよう申しつけ、それらの畳を桐の間の窓際に積み上げさせた。

その間、金は望月を使って桐の間の畳も全部上げさせた。

そうして防護壁を築き終えた金は、ダンボールの箱からダイナマイトを取り出して、窓をあけたてしながら外の様子をうかがうかたわら、その細工にとりかかる。

そうしているうちに、寒くなったのであろう。望月に対して、コンロに火をおこして持ってこい」といいつけた。

望月は母屋の台所に行ってガス台に火をつけ、その上でおこした炭火をコンロに入れて桐の間へ運んだ。

「そればかりでは駄目だ。もう一つ持ってこい。炭も大きいのに入れて持ってこい」

金がそういうので、また母屋の台所へ下りて行った望月は、もう一つのコンロに炭火を入れ、二つ切りにした石油缶に一杯の木炭を詰めて、運び上げてくる。

あらかじめ計画を練っていたかのように、金の指示はてきぱきとしていた。

柴田が次にいわれたのは、新館一階の廊下にバリケードを築くことであった。

「鍋でも釜でもいいから、またげないように積んでくれ」

という注文である。

母屋の台所とのあいだを往復しながら、いわれた通り、鍋、釜にはじまって、桶からビール・ケースから、目につくものを運び込んでは並べていた。

そこへ望月を伴った金が降りて来て、

「そんなんじゃ駄目だ。もっと高く積め」

と文句をつける。

このとき柴田は、頭ごなしの言い方に腹を立てたというが、同時に、金が望んでいるのはバリケードというより、むしろ侵入者を察知する警報装置のようなものだと知って、その周到さに感心したりもしている。

金は望月に、静岡新聞社へ通話を申し込ませ、回線がつながると、〝籠城〟に至る経緯の説明を始めた。これが二十一日午前二時七分である。

二十六分間にわたるやりとりの終わりは、こうであった。

――いまどこの旅館で何をしているか。

「千頭の旅館に逃げ込んだ。宿のお客や主人など十人ばかりを人質にしてある。畳も上げてタマよけにした」

――自首する気はないか。

「ここまで追いつめられても自首するつもりはない。いまの心境は自殺したいだけだ」

――自殺を考える人間が人質など、なぜむごいことをするか。

「いまは冷静に考えるひまはない。もし自首出来るとすれば清水署の西尾さんが一人でやってくるときだけだ」

――ほかにいいたいことがあるか。

「ここまでくると、きれいさっぱりとした気持だ。せめて私があの連中（曽我ら）をにくんだ気持だけは知ってもらいたい」

この事件の最大の特色は、金がマスコミを通じて、在日朝鮮人の立場からする主張を日本人に訴えようとしたところにある。その第一歩が、この静岡新聞社への電話であった。

警察への「宣戦布告」で、そこから情報を入手した他の報道機関も、ようやく動き出していた。

柴田が廊下のバリケードをなおも積み上げていると、電話のベルが鳴った。受話器を取り上げたのは、彼の作業ぶりを見守っていた金である。

「何いってるんだ。おれ、現にここまで来てるんだ。証拠？　じゃ出してやろう」

そういって金は受話器を柴田へ手渡した。

電話をかけて来た記者は、応対に出た男がいきなり犯人だと名乗ったので、半信半疑に陥ったようであった。

なるほど、取材活動の中で、犯人が直接電話口に出るのは、しょっちゅうある例ではない。ほとんど間を置かずに電話をかけて来た次の記者は、言葉の行き違いからか、金の激情に火をつけてしまったようである。

「貴様、ほんとにサンケイの記者か。人質がここにいる。この音をよく聞け」

そういうなり持っていたライフルを床に向けて発射、受話器を叩きつけるようにして置いた。柴田はまだその場にいた。

金によれば、憤慨の理由はこうである。

〈電話は、私が出ましたときに「ああもしもし、ふじみ屋さんですか。そこに金という朝鮮人がいるが、ちょっと出してくれ」こういいました。で、私が「私がそうですが」っていったら「なにっ、お前か、よくもやりやがったなこの野郎。いまから行くからな、待ってろよ」とこう私にいいました。私は相手がサンケイ新聞をかたった暴力団のものだとそのとき思いました。そして「ああいつでもこい。こっちも用意して待っているから、いつでも仕返しにこい」とそういって、その電話口でもって、床に向かって一発発射したときに、向こうはあわてて電話を切ってしまいました〉（『法廷陳述』）

ごく常識的に判断して、取材記者がそういう切り出し方をするとは思えない。ぴりぴりしているであろう相手に対しては、なおのことである。

推測にしか過ぎないのだが、記者は電話に出て来た男がいきなり本人だと名乗ったことにうろたえ、ゆとりのないままに発した確認のための言葉が、金には難詰されているように響いたのではあるまいか。

いずれにしてもこのことは、旅館の人たちにやわらかな当たりで接している金の内側に、抑えようとして抑え切れないたかぶりが沸騰していたことを物語っている。

さすがに柴田もこのときだけは恐怖心を持ったという。

それに似た思いは、すでに畳上げの作業から解放されて、藤の間の吉岡電気工業の人たちのあいだに雑魚寝《ざこね》のかたちで入り込んでいた田村にもあった。

「いま思うと、一日、初めの夜だけだねえ。こわかったの。ああ、新聞社とかいってたわね。あんときに鉄砲でなんか、いいかげん撃っとったでね。頭に来て。ほんで、びっくりしちゃってさ、こっちは。

電話でなんやこういいよったもんで、そんなことなんか、やっぱ、上にいても聞こえるもんでね。で、鉄砲、ライフルで一発、一発か二発か知らんけど、バーンとやったもんで、びっくりしちゃって。

まあ、あとは、殺させえへんで、何も悪いことせえへん、やれへんでえ、私らには自殺するようなこといってたもんでさあ、うん、そんなもんかなあ思ってさ」

その田村は、「知らんうちに朝やったもんね。何時ごろって、時間みたいなもん憶えてないよ」という市原勝正のように、いつとはなしに眠り込んでしまうわけにはゆかなかった。彼が運転免許証を持っていると知った金が、〝籠城〟の最後の仕上げを彼に命じたからである。

キーを渡された田村は玄関先に停めたままになっていたプリンス・スカイラインを、金の指示で三叉路の真ん中へ運んだ。桐の間の窓から首を出した金は、二股にわかれる根元をふさぐ恰好で、道路と直角にその車を停めさせた。下からの道は一本だから、これで車は一台も上がってこれないことになる。

やがて時刻は午前四時になろうとしていた。急に思いついたらしく金は望月に対し、燃料用のドラム缶を新館の入口に二本、桐の間の前に一本置くように命じた。

次いで英子の前に両手をついて、謝罪の言葉をのべ、その責任は自分の死で償うといった。かんかんにおこった炭火のわきには、ダイナマイトの束が山と積まれている。そして、炬燵の上の盆には、ライフルの弾がいっぱいに盛られていた。

自殺するというものはとめられないにしても、旅館ごと自分たちが道連れにされるのはご免である。そこで英子は金に釘をさしておく必要があろうと考えた。

「話し合いがついたら、あの、死ぬっていうことをいったですよね。それだから、その、うちのね、部屋で死なないでくれって、玄関から一歩でも出て死んでくれってね、いったんですけどね。

　ほしたら、お客さんがあとで笑ったんですよね。奥さんの度胸のいいのに、もうびっくりした……。うちの中で死んでもらっちゃ困るからね。とにかく玄関から一歩でも出て死んでくれってね。たら、そうするってたですけどね」

　寸又峡の雪は、だいたいがそう深くは積もらない。だが、十九日はまれに見る大雪でどんどん降り積もり、二十日の夕方まで通行止めになって、バスも上がってこない状態であった。それがやんだあと、日の暮れに近く、英子は旅館の周りに腰まで降り積もった雪を、丹念にかき出したのである。

　そのことを悔いる気持ちが、彼女にはあった。自分のところだけ入りやすくしたために、とんでもない男を誘い込んでしまう結果になったのではないか、と。

　そうした彼女の胸の内を知っていてか、知らずでか、金は慰めの言葉もかけるのであった。

「だけど金嬉老っていう人も、頭がいいっていうか、なんかあれですね。あの、先を読むっていうのか、いまはこういう迷惑をかけているけど、寸又峡温泉の名がね、世界中に売れて、あの、お客がくるようになるからちゅうことはいってましたよ」

第十章　報道

世界中というのは大袈裟に過ぎようが、いわゆる金嬉老事件によって、寸又峡温泉の存在が日本国中に知れわたったのは疑いもない事実である。

それまで南アルプスへの登山口にあたる奥深い山中に、こうした温泉場があることを知る人は、全国的規模でいうと皆無にひとしかった。

事件のあと、一躍有名になった寸又峡への来訪者は年ごとに増え続け、現在では年間約三十万人が繰り込んでくるまでになっている。そのうちの九万人が宿泊客で、観光シーズンにはすべての旅館が満室という盛況ぶりである。

ここでの代表的な旅館である翠紅苑の経営者、望月恒一はこんなことをいう。

「おいでになりましたお客様のほとんどが、自分は金嬉老で来たんじゃない、ということを、向こうからおっしゃいますですね」

やすく見られてはいけないという心理が働くのであろうが、これはとりも直さず、寸又峡が金嬉老とともにあることの証明である。

そうはいっても大方にとって、まだ寸又峡は縁遠い存在であるに違いない。そうした人たちのためにそこへ至る道順を説明するとすれば、やはり、江戸の昔から知られている東海道の金谷の宿を起点にしなければならないであろう。

大井川鉄道は東海道線の金谷から出て、大井川沿いに山へわけ入って行く私鉄である。車輛はどれをとっても古く、それを一目見たものは、この小さな鉄道の近代化が容易ではないことに気づく。

経営者は、その方途を選ばず、逆に古めかしさを強調することによって客寄せをはかった。消え行くSLの積極的導入がそれである。

四月から十一月にかけての観光シーズンには、毎週月、金、土、日曜日の四回、十二月から三月にかけてのオフ・シーズンには土、日曜日の二回、午前十一時四十一分に金谷駅構内のはずれから「SL急行」というのが出る。

三輛二百四十人分の座席がすべて指定制になっているところからすると、このアイデアは妙に古さを好むいまの風潮に受け入れられているもののようである。

終着千頭までの約四十キロを、この急行は正味八十分かけて、ゆっくり走る。速さは、この際の問題ではない。遊園地の遊覧車には長く乗っていたいという子供の心理に通じるものを、童心に帰るべくやって来た乗客に満足させてやれたら、それでよいのであろう。

千頭駅にはドイツ製の「クラウス15号」、イギリス製の「B6型」、日本製の「C12型」など、いくつかの蒸気機関車が動態保存されており、マニアの目を楽しませる寸法になっている。

大井川鉄道の本線とでもいうべきものはここまでで、さらに奥大井渓谷に足を伸ばすには、軌道の幅を異にする井川線に乗り換えなければならない。

かつて、山国の日本には、多くの森林鉄道があったが、現在、乗客を運んでいるのはこの井川線だけである。

千頭から井川まで約二十六キロの間、ミニ・ディーゼルカーにひかれた小型列車は、四十五の鉄橋を渡り、六十四のトンネルを抜ける。眼下に見え隠れする渓谷美は、ことに紅葉のころ、人々を惹きつけてはなさない。

もっとも小さい客車は六人乗りで、これはその昔、森林視察に訪れた賓客のためのものであった。

この行程のクライマックスは、深さ百メートルの谷間にかかる関の沢鉄橋を渡るときで、このあたりは深い原生林である。

寸又峡温泉を目指すには、そこまで行ったのでは行き過ぎで、手前の井川線奥泉駅からバスに三十五分ほど揺られた先である。

事件の数年前まで、この温泉地、静岡県榛原郡本川根町大間は、ただの寒村に過ぎなかった。

町政要覧はその地勢を次のようにいう。

〈本町は南アルプス南部の山岳地帯で、北には赤石山脈の峻嶺が連なって南北の分水嶺となっている。とくに長野県境にそびえる光岳は海抜二五九一メートルの高峰で数多くの高山植物があり、「はいまつ」は自生の最南限である。このほか朝日岳（一八二七メートル）、黒法師岳（二〇六七メートル）、沢口山（一四二五メートル）と町の北部に連なり、雄大な山容を誇っている。

河川は赤石山脈に源を発し、町の中央を北から南に流れる大井川とその支流の寸又川が町内において合流し、その他、数多くの渓流はこの二つの河川に注いでいる〉

大間は、川根茶を産する本川根町の中でもはずれの方で、東、南、西の三方を沢口山から続く山塊に囲まれ、北は権現山によってふたをされたかたちでふさがれている。

つまりは盆地ということになるのであろうが、東南東から西北西へのさしわたしが約五百メートル、北北東から南南西への幅が百メートルから二百メートル前後と、帯状の細長い集落である。

その総面積は、六・九ヘクタールで、そこに事件当時、五十三世帯百九十人が住んでいた。この数字は、その後、ほとんど動いていない。

大間郵便局長をしていた望月恒一が、自分の土地へ温泉を引いてくることを思い立たなかったら、いわゆる金嬉老事件が寸又峡を舞台にすることもなかったはずである。

古くから寸又川と大間川の合流点に南面して、湯山という戸数八戸の小さな集落があった。寸又峡から上流にかけて、思いもかけぬ山中に、立派な墓を見ることが出来る。大根沢、小根沢という地名がいまも奥地に残っているが、根沢というのは集落を意味する古い言葉だそうである。

戦国時代に、このあたりは甲州武田氏の勢力圏に入っていて、高みに住みついた土地の人々は、山仕事を業とするかたわら、武田勢の物見の役も兼ねていたという。湯山の人たちも、いずれ、そうした武田残党の後裔《こうえい》なのであろう。

そこには猪が見つけたという言い伝えの硫黄泉が湧出しており、八戸が共同で小さな二階屋の湯治場を営んでいた。

ところが、昭和五年に、その温泉が涸《か》れてしまう。

富士紡績系の富士電力が電源開発に乗り出して、合流点に現存する大間ダムを築いた際、これに付随する隧道《ずいどう》工事で湯脈を突き破ってしまったからである。

ほとばしり出る湯で、隧道の中の温度が上がり、工事は一時中止された。湯山の人びとは、どれほどでもない富士電力の補償を受け、二百年間続いた湯治場を放棄した。

大間から先は、尾根に上がって谷に下り、吊橋を渡ってまた尾根に上がるという難路であったから、湯治客といえば山仕事の関係者を除くと、師走に取り立てから逃げてくる人があるくらいのもので、あくまで権利を主張するには、訴訟に持ち込むだけの蓄えもなかったというのが実相であろう。

富士電力は邪魔にしかならない湯の出口を、コンクリートで塗り固めてしまう。それでも二十年後に、その箇所を破ってふたたび湯が噴き出して来たりした。

その豊富な湯量にもう一度、陽の目を見せることが出来ないかと望月は考えたのである。

昭和三十五年、千頭営林署を申請の窓口として、国有林の中の湯山地区に借地権を得た望月は、静岡県温泉審議会に掘鑿《くっさく》を申請、これが認められて私費でボーリングを始めた。

容易に湯脈に突き当たって力を得た望月は、翌年さらに二本目のボーリングを、大井川鉄道の協力で行う。

湯脈の存在はあらかじめわかっているのだから、大した苦労はいらない。たちまち十分な湯量を確保することが出来た。

望月は、大井川鉄道の了解を求めて、彼のものとなった源泉権を本川根町当局に譲渡、地域の開発を目指す。

これを積極的に推し進めたのが、当時の鈴木治平町長であった。

だが、町の中心地に相当する千頭駅付近の有力議員たちが、猛烈に反対した。彼らの何人かは旅館業者であり、限られた町の財源を競争者になりかねない大間へ注ぎ込むことに強い不満を表したのである。

町議員の抵抗に鈴木町長は、賛成を得られないのであれば私費で大間の開発を手掛ける、といって退かなかった。彼は土地で有数の山林主であり、現在は静岡県森林組合連合会会長をつとめていて、その資力を知らないものはない。町議会は折れざるを得なかった。

大間から湯山へは、後年に開かれた林道伝いでも六キロあるが、直線では三・八キロである。

源泉から大間へ四インチ径のパイプを引いてくる一方で、千頭から大間へ向けて道をつけてくる。

それまで大間と下《しも》をつなぐのは、営林署のトロッコの軌道しかなかった。住民は軌道を道路代わりにたどるか、トロッコが通りかかるとそれに乗せてもらうかして、往来していたのである。

昭和三十七年六月、千頭から奥泉経由十八キロの道路が完成して、有史以来初めての自動車が大間へ入った。そして翌月、望月の経営になる初めての温泉旅館「翠紅苑」が開業する。これを皮切りに次々と旅館が店開きして、四十三年二月、その数は十三軒に達していた。

本川根町はこれに先立って条例を設け、よそものは大間の土地を買えないようにした。何分にも小さな集落だから、大型の観光資本が入り込んで来たら、たちまち零細な地元は席捲《せっけん》されてしまう。そのことを鈴木町長はおそれたのである。

他からホテルなり旅館なりが進出する場合、これに敷地を提供しようとする土地の所有者は、いったん町当局との間に賃借関係を結ぶ。そうしておいて、町が改めてその土地を業者に貸し与えることになる。

地元のためになる開発でなければ意味がないとする鈴木町長の考え方は、このように徹底したかたちで貫かれていて、十三軒のうち外部からのものは、県営山の家を別にすると、三軒しかない。

その他、町の条例は看板やネオン・サインの使用を禁じており、客引行為や芸者の存在も認めていない。これは、県立自然公園の中にあるという特性をよりよく活かすための措置で、極力、俗悪化を防ごうという意図のあらわれである。

望月恒一が翠紅苑の帳場にいて、読売新聞社から問い合わせの電話を受けたのは、二十日の夜十時半ごろであったという。

その記憶に誤りがなければ、「みんくす」での事件発生から二時間しかたっていない。

「そっちへ金嬉老というのが逃げていったらしいんですが、どんな具合ですか」

「金嬉老？」

「清水で殺人事件を起こした男なんですがね」

「こちら静かですよ。なんにもかわった様子ありませんけど。もし来たら、お電話しましょう」

そういう短いやりとりで、電話は切れた。

続いて静岡新聞社からも同様の問い合わせが入る。

「みんくす」の事件を知らない望月には、続けて同じことをたずねられても、やはりよそごととしか思えなかった。

車を飛ばしても、寸又峡から静岡まで二時間近くかかる。ここからは、はるかな下界なのである。清水となれば、さらに遠い。

冬の夜長である。泊まり客は収容能力の半分にも満たない四十人ほどで、岡崎からの団体客であった。宴会をかねた夕食が終わると、各自、自分に割り振られた部屋へ戻って、早々と床についたから、静かなものである。

望月も、早仕舞いして、蒲団にもぐり込んだ。

翠紅苑と同じく、温泉場の上手のはずれにある求夢荘も、新聞社からの電話を受けた。こちらは望月の長男の雅彦が、持主から頼まれて経営している旅館である。

夜に入ってから、また雪がちらついており、路面は凍結していて、上がってくる車もない。雅彦の答えも父親と同様であった。

その妻の美知子は、前の年の七月に生まれた長女恵《めぐみ》を抱いて、同じ日の朝、山を下った。恵の耳垂れがひどいので、もしや中耳炎ではないかと、診察を受けるために静岡市内の実家へ帰って行ったのである。こういうことになると、辺地は思うにまかせない。

美知子は午後九時のNHKテレビのニュースで、「みんくす」の事件を知った。だが、その第二現場が自分の嫁ぎ先の温泉場へ移ろうとは想像もしていない。

翌二十一日の朝七時ごろである。

「旦那さん、裏に警察の方がみえてますよ」

女中にいわれて望月が裏口へ立って行くと、静岡県警本部のものだという男が立っていた。これが小幡金治捜査第一課長である。

事件のあらましを手短に説明すると小幡は、部屋を貸してほしい、と切り出した。

翠紅苑本館の二階には、道路際から順に紅梅、さわらび、あおい、夕霧と四つの客間がある。このうち紅梅が十三・五畳という変則的な畳数になっていて、他は六畳である。

この四室が、全部、警察の前線基地にあてられることになる。

そういう事情であれば、否も応もない。望月が「どうぞお使い下さい」というと、石垣のかげから屈強な男たちがぞろぞろ現れた。清水署の私服警官を中心に本部の捜査第一課員を加えた第一線部隊の二十人である。

前夜、非常召集を受けた彼らは、藁科《わらしな》川と安倍川の合流点に近い山崎町の駐在所に集結した。

寸又峡へは静岡市内から国道三六二号線を走って清沢峠を越えるのが最短距離なのだが、十九日の大雪でこの難所が問題だと思われた。もし通行不能だとなれば、金谷まで行って大井川筋を入らなければならない。現地からの情報を待っていたのでは出動が遅れるので、どちらになっても動きやすい山崎町が集結地点に選ばれたのである。

清水署で現場行きを命じられた長谷川刑事調査官は、いったん県警本部に戻って、あるだけの携帯用無線機とバッテリーをかき集め、刑事課の予備の拳銃と弾も全部出して車に積み込んだ。積荷に防弾チョッキと鋼鉄製ヘルメットも加えられる。

集結地点に行ってみると、駐在所に情報が入っており、二十日になって清沢峠をようやく車が通ったということであった。だが、大型車の通行は無理であろうという。

そこで、乗用車一台と小型乗用車三台に分乗した第一線部隊は国道三六二号線に向かい、寸又峡封鎖の任務を果たす機動隊の出動車は大井川筋に入って行った。

同じ静岡県内といっても、寸又峡への道を知っているものはそういない。過去に二度ほど行ったことのある長谷川が先導をつとめた。

「それが凄い道でしてね。雪が降って凍ってるでしょう。それを深夜に通って行ったもんですからね。パリパリに凍って、アイスバーンになって、ツルッツルッ、ツルッツルッ、こう滑るわけですよ。そういうことを予測していましたから、無線機を分配して、私がそこ滑るぞといったら、運転気をつけてくれというふうなことで、それで行ったんですが、こわかったですよ。

実際、片側は谷ですからね。それでけつ振るわけですよ。防弾チョッキだとか鉄兜だとか拳銃の弾だとか積んでますからね。重いんですよね。普通の車よりぐっとこう、だから滑りやすいんです。

それでね、千頭へ着いて、千頭から入りまして、奥泉の駐在所に寄ったんですね」

部隊は小幡、長谷川ら指揮官を別にして、総勢二十人であった。

全員が背広姿のいわゆる私服だが、厳冬の山間地にそのまま入っていったのでは、すぐに警察官とわかってしまう。

金嬉老の電話の内容からして、彼らの到着が知られたら、とんでもない大事になりかねない。そこで、付近の区長に頼んで変装用の小道具を集めてもらうことにした。二十一日の午前五時になろうかというころである。

住民の協力で、アノラック、ハッピ、地下足袋などが駐在所へ運び込まれてくる。思い思いに登山客、樵といったふうに変装し終えたところで、部隊は二手に分かれた。

一つは清水署小林昇次刑事一課長以下の十二人で、この別動隊はいったん千頭へ逆戻りして、千頭営林署に特別に軌動車を出してもらい、寸又峡へと上がって行った。彼らはふじみ屋の上に出て、奥泉からくる残りの本隊と上下からはさみ撃ちにしようという作戦だったのである。

事情をくわしく知らされていなかった運転士は内容を聞いて、途中で軌動車を停めてしまった。そのまま進めば、ふじみ屋のわきを通ることになる。

いくら変装しているといっても、十二人からを運んでいれば、何を目的とする集団であるかを金嬉老に見破られるに決まっている。運転士は怖《お》じ気づいて、ついに首を縦には振らなかった。

仕方がないので、引き返して、本隊と合流する。

翠紅苑に彼らが入ったとき、この旅館では宿泊客の朝食が始まろうとしていた。本館二階の泊まり客を朝食前に裏手の別棟へ移し、そのあとに警察の前線本部が設けられた。

寸又峡温泉の入口からいうと、右手のとっつきに収容能力五十人の寸又ヒュッテがあって、その上手が望月家の住まいになっており、次が翠紅苑である。そのもう一つ上は、奥泉小学校に統合されて廃校となり、現在は千頭営林署の職員宿舎に転用されている当時の大間小学校である。

翠紅苑二階の道路に面した紅梅の間からは、ふじみ屋の新館が見通せて、その間の距離は百二十メートルしかない。ここに小幡、長谷川らの幹部が陣取った。

初めに小幡捜査第一課長が打った手は、金が清水署への電話で指名した西尾正秀巡査部長と大橋朝太郎巡査をふじみ屋へ接近させることであった。

そこで、翠紅苑の下手に隠してある小型乗用車を県警本部捜査第一課の河合又一警部補に運転させ、その目的のために同道していた西尾、大橋をこれに乗せて、ふじみ屋新館の八十メートルほど手前の三叉路まで近づけさせた。

河合警部補が運転役に選ばれたのは、かつて掛川署に勤務したことがあり、金と顔見知りだという理由からである。

出ていく三人を、幹部たちは紅梅の間の窓から、これに続くベランダ越しに見守っていた。長谷川もその一人である。

「金という男のなんというんですか、性格的にこう、パラッとこう変わるときがありますからね。彼は、普段、おとなしく話をして、とても彼の、ちょっとこう、触れていけないというところへ触れますと、カラッと、人が変わったようになるところがありますからね。ですから、ほんとに心配したんですけど、まあ、大橋君じゃ大丈夫だろうと思ってね。

そんときに彼が出て来て、声かけあってたのを、私ら見てますからね。おおい西さんか、おおい又さんか、なんだおめえも来たかなんてね。

あっ、これはうまく行ったなあと、こう思ったんですよ。だから、すんなりとこう話は出来るなあと。金の要求することもわかるだろうし、どんなふうな経過でやったのかというふうなこともわかるだろうと、こう思ってたんですがね」

車から降り立った大橋がハンドマイクでふじみ屋へ呼びかけた。金は出て来たのではない。二階の桐の間の窓から顔を出したのである。

長谷川はいう。

「大橋君にはね、中に入ってしまうんじゃないぞといったんですよ。窓口でね、下の方で話しなさいと。だけどもまあ、彼は入っちゃったんですよね。それで、入っちゃったきり出てこないでしょう。あんときは、ほんとに心配しましたね」

検察側によると、大橋は一時間にわたって金を説得したことになっている。だが、金はものの十五分もいなかったという。

この点はのちに公判で対立するのだが、長谷川に改めてただしてみると、答えはこうである。

「そんなもんでしょうね。私らには長く感じられました、ほんとに」

これは警察側の緊張ぶりを示すものであろう。

実は、この段階で、前線本部のだれもが記録をとっていない。したがって、説得の時間を確定する手立てもないのである。

「ずっと初めはね、そんな気はなかったんですよ。なかったんですけどね、ふっと考えてね、だれもメモとっている人がいないんですよね。だから時間の経過がわかんなくなってしまうということで、私がメモをとりはじめたんですよ。それから以後、引き継いでメモをとらせるようにしたわけなんですけれどもね。金があすこにいて、逮捕になるまでずっと。

ま、こっちの方が馬鹿なんですよね。あがってるから」

長谷川がいうメモが、どの時点で始まっているのかは、明らかにされなかった。いずれにしても、彼が認めるように、全員があがっていたのである。

入って行くとき、大橋には、相応の緊張感があった。

オモニによると、金がもっとも信頼していた人物は、この大橋であったという。

無免許で車を走らせていた金を呼びつけて、夜、免許をとるための法規の勉強をさせたりしたのも、この駐在所の巡査である。

何かにつけて相談に来たのは金ばかりではない。彼と別れる前の和子も、しょっちゅう訪れた。

「あのこもまた非常にいい女房でね。色は白くて、非常に明朗だったもんでね。私らんとこへもよく遊びに来たもんだで、女房なんかもいろいろ話相手になったりしてね。ま、いいことばっかしじゃないね。あの、夫婦生活、金嬉老とのね。だで、泣き虫かいて来たことだってあるでね。ま、そういうときには女房がいろいろ話してやったり、ついそういうことで心安くなってね」

そうした間柄でも、現職警察官と殺人犯という関係に立てば、おのずから事情が変わってくる。

「やはり、その場合《ばやい》となればね、やはり普段と違うし、非常にこう圧迫感というかね、そりゃ、ほんとに死ぬという覚悟をして行ったわけだからね。

まあ、そこでふじみ屋旅館の玄関に入るとき、金嬉老を呼んだですよ。金嬉老、大橋だからちょっと会え、と。金嬉老から答えはなかったですがね。

だから、私は二階をどんどん、どんどん上がって、あそこ六畳間だったかね、金嬉老がおった部屋ね。で、入ったわけだ。

そうしたところ、あにはからんや、金嬉老が銃を私に向けてだね、発砲寸前であったですよ。だから私は、金嬉老が要求した通り説得に来たんだと。だから逮捕ということは第二の問題として、よくよく意見を聞くから素直に話してくれよと。そしたらまあ、だいぶ向こうも落ち着きが取り戻せましてね。ま、話に入ったわけです」

金にしてみれば防弾チョッキで着ぶくれた大橋の警戒心が、しっくりこなかったようである。

「なんだ大橋さん、防弾チョッキを着てこなければならないほど信用出来ないのか」

「いや、ヒロさんそうじゃない。上司がそれを身につけて行け、身につけて行けというから、仕方なしにこうしたんだ」

といったような会話が交わされたと金は法廷で述べている。

大橋の話の中の次の部分は、その状況に照応するものであろう。

「そりゃもう精神的に逆上しておるからね、言葉も荒いですよ。しかし、金嬉老が面白いこといったですよ。大橋さんがよくその丸腰で来たとね。ま、金嬉老にしてみればね、当然、拳銃なり警棒なり持ってくると思ってたと。しかし、それほど信用するなら、大橋さんに話をしようとね。それから言葉がちょっとやわらかくなったですよ」

一つの場面が、話し手の立場によって微妙に食い違う。よくあることといってしまえばそれまでだが、真相の究明、ひいては公正な裁判というものの難しさを思わないわけにはいかない。

以下、両者の話は、ほとんど嚙み合っていない。大橋はいう。

「まあ、それでいろいろ話し合ってね。それで、人質が第一に問題だからね。人質の安全をはかるということで、家族と子供を解放させるように話してみましたよ。で、初めて、望月さんとか奥さんとか子供とかが、そこから出るようになったですよ。

で、いくら人質がいるか、何人いるかということを金嬉老に聞いてだね。そうすると、金嬉老が今度は別の、東側の大広間（八畳の藤の間）の方へ案内したですよ。そして、人質の場所を見ると、作業班ですね、作業衣着た人たちが十数人（八人）おったわけですね。たしか京都（名古屋）の方から仕事に来ている方だと思いましたがね。

ま、それでだいたいの説得が、まあ一時間ぐらいかね。ライフルの出所だね。それから、ダイナマイトの入手先とか、そういうものを具体的に聞いたわけですね。

そうしないと私の現場《げんじょう》の状況がよく、いろんなことが、報告の実態にならんでしょう。説得の場合にもね。だから向こうにさとられないように、いろいろ警察上、捜査上、有効な話を聞いたわけです。ま、そういうことで金嬉老も話をしてくれてね。

入手先と、ダイナマイト何発あるとか、そういうこともくわしくいってくれて、私も非常に第一回の説得というのでは、成果があったと思いましたよ。それでその、指揮官に報告したですね。一時間後に」

金嬉老はこういっている。

〈大橋さんは私の部屋へ入ってくりなり、「ヒロさん、わしゃ何もいえんよ」とこれを二度繰り返すだけで、何もいいませんでした。

私は大橋巡査に「何もいう必要はないんだ。私もよけいなことをいわないから安心してなさい」。大橋さんがその場合「なんにもいえない」といったことは、私が事件二日前の夜中の十二時ごろ大橋巡査の駐在所に寄って、こういう事件が起こるということを予測し、ライフル銃、ダイナマイト、実弾を見せ、それは大橋巡査が自分で、三十発入りの弾倉まで手にとって「重いもんだなあ」ということまでいっております。そういうことをさして「私は何もいえんよ」ということをいったものと思います。

そして私は、

「手ぶらで来て、何も持たずに帰ったんでは、大橋さん立場がないだろう。これは青酸カリの溶かしたやつの残りだ。うどん粉みたいに見えるかも知れないけど、検査してみなさい、青酸カリだ。ここにある魔法瓶にも、かなりの濃度の青酸カリを入れてある。とっさにあなた方がふみこんで来ても、私はそれを飲めるし、それだけの用意は出来てる」ということを大橋さんにいいました。したがって警察の『芙蓉』という本の、警察内部のいろんな討議の場合の話をみると、一時間半私に大橋巡査が説得をした、というふうに大橋巡査は述べており、また、そういうことになっておりますが、実際にはものの十五分もいませんでした。したがって、そのときは、ただいま申し上げた以外のことは何も語っておりません。

そしてそのときに大橋巡査に私がいったのは、小泉刑事の問題であります。「小泉刑事の問題をとにかくはっきりさせろ」。それと「暴力団の曾我らがどういう人間であったかということをはっきりさしてもらいたい。この二つだけだ。あとは何もいうことはない。これだけははっきりさしてもらいたい」。

それで、それを上司に伝えるといって大橋巡査は出て行きました〉（『法廷陳述』）

二人の話を突き合わせると、その場のおおよその雰囲気が浮かんでくるが、それだけでは足らない。

静岡県警本部は大橋の復命報告を次のようにまとめている。
一、旅館の家族六名、宿泊者十四名、計二十名を人質として二階の一室に監禁してある。この人質には絶対に危害を加えない。
二、ライフル銃弾千二百発を携行し、ダイナマイトは二階の部屋に三箇所百五十本、旅館の入口のドラム缶に一箇仕掛けてあるから、百メートル以内に人を近づけるな。
三、絶対に自首はしない。室内の茶碗に青酸カリが盛ってある。もし警察が向かってくれば全弾撃ちつくして向かう。

四、自分の心境を聞いてもらいたいから、NHKと静岡放送ともう一つローカル紙の代表を、大橋巡査と一緒にふじみ屋に寄越してもらいたい。
五、清水で殺人事件を起こしたのは、清水署の小泉刑事にうらみがあるからだ。
以上が金の出した要求というわけだが、人質といわれるものの中身などが、実際とは違う。そのことについては、後に述べよう。

これによって明らかにされたことがある。金嬉老は自分の生命を賭けて「小泉問題」を社会に訴えようとしているのであり、旅館の人々に危害を加える意思はないということである。金はそのために報道関係者に会いたいといった。

その日の夜明け前から奥泉駐在所には続々と新聞、放送記者がつめかけていた。NHK静岡放送局の村上義雄記者もその一人である。

大組織のNHKでも、ローカル局になると人手は限られている。静岡放送局の場合、記者は五人で、その中の一人である村上は、二十日は泊まり勤務についていた。

この泊まりは一週間に一度くる。五人では数が足らないので、その分は県内の小都市の担当記者が補う。

県警クラブ詰めの記者から、「みんくす」での事件の第一報が入ったのは、午後八時四十五分から五十分のあいだであった。

地方の場合、だいたいにおいて、もっとも経験の浅い記者が警察を受け持ち、地検・地裁、市役所と進んで、最後に県庁を担当する。これは新聞社の支局でもかわらない。

県政記者である村上は、第一報を大急ぎで原稿にまとめ、東京へ電話で吹き込んだ。九時のニュースで今福アナウンサーが「ただいま入りましたニュース」と断って、その原稿を読み上げた。こうして事件は、全国に流れたのである。

次いで村上は、記者全員に召集をかけた。勤務を終えて家に帰っていたものもあれば、町なかの溜り場にひっかかっていたものもいる。みんなが顔を揃えたところで村上は、カメラマンを連れて清水の現場へ向かった。

金の逃走経路がわからないのでいらいらしていると、日付がかわってから、寸又峡に入っていたことがわかる。静岡から乗ってきたタクシーを山へ向けた。

安倍川にかかる安西橋にさしかかると、機動隊の出動車やパトロールカーがずらりと並んでいる。改めて事件の大きさを認識させられた村上は、途中、何度も検問にあいながら、二十一日午前五時ごろ奥泉へ着いた。

だが、そこから先は進むことが出来ない。警察が寸又峡封鎖のため、足止めしていたからである。

そのかわり頻繁に記者会見に応じるという条件で、各社間に暗黙の協定が成立する。警察の発表をもとに朝のニュースの原稿を書いて送り終えると、夜が明けた。

午前九時ごろである。何度目かの記者会見の場で、県警本部の池谷真二刑事部長が、金の要求を伝えた。ＮＨＫと静岡新聞を名指して、会いたいといっているというのである。

「警察が身の安全は保証するから、ふじみ屋旅館に行って、自首するよう金を説得してもらえないだろうか」

そういう相談が、池谷から村上と、静岡新聞の前線キャップ格の大石嘉久社会部員に持ち掛けられた。

県警本部では現地で二人に切り出す前に、あらかじめ社側の了解を取りつけるべく、その筋に接触していたようである。

池谷からいわれた村上は、当然のこととして、局へ電話を入れた。

「いま、こういう話が刑事部長さんからあったと。で、ぼくとしては行こうと思うということを電話したわけですけども。そのときから、村上をやるかどうかという検討が始まったんではどうもなかった、という気があとになってするんですけどね。

聞いた話では、当時の高松県警本部長から、当時の静岡放送局の局長の小田さんという人にその話があって、もちろん、東京とか、名古屋が親局になっていますから、名古屋とか、そのへんとの相談があったんだと思いますけど。そして、どうして、どういう根拠で行っても大丈夫だという判断が下ったのか、まあ行けという判断が下ったのかどうか、そのへんがぼく、よくわからないままになっているんですけど」

静岡新聞の大石記者は、午前二時七分、金嬉老が本社に電話をして来たときにはもう、安西橋のたもとまで来ていた。さすが強力な地元紙だけあって出足が早い。

そのころ、寸又峡へ向かう前線部隊はまだ集結を終えておらず、清沢峠に関する確定的な交通情報も入って来ていなかった。

「チェーンがないと行けないということで、どうしようかと悩んでいたわけですよ。警察部隊のあとをついて行けば、大丈夫、行けるかなあっていうふうな感じでいたんですがね。しかし、どうも具合が悪いと……。しかしねえ、やっぱり行かなくちゃなんないっていうことでね。行こうとしてたところへ、電話がうち（静岡新聞社）へ入ったという無線の連絡で、それでしばらく待っていたんです」

という大石を乗せた無線車は、午前三時ころ、出発した警察の車のうしろについて、峠への道を登って行った。

奥泉で池谷刑事部長からの相談があったとき、静岡の本社は本人の意思をたしかめて許可を与えた。

だが、ＮＨＫの方は、村上に決断を伝えるまで、約三十分の時間を要した。

だから二人が、村上が借り上げたタクシーで、兎辻を越えて寸又峡への道を入って行ったのは、午前九時半を回っていた。

下りにかかると、大間の集落が眼下にひらける。

「雪で真っ白なんですね。それでまあ、人がだれも目に入らないということで、感じとしては、ちょうど西部劇で決闘の始まる前のシーンですね。死んだような町になっていて、真っ白だということが、よけい、効果があったんですね。そんな感じでずっと下りて行ったんですよ」

というのは大石である。

村上はこんなことを考えていた。

「旅館に入って行くまではこわかったですね。何されるかわからない。で、とにかく、相手の意図がわからないわけですから。あとになってみれば、警察と金嬉老のあいだで、電話のやりとりをかなりやってですね、それで絶対に危害は加えないということで、かなりの程度、彼の言葉を信用出来るとふんだということですから、危険はなかったと思うんですけども、そのときはわからないし、そういう詳しい説明を警察から受けてないし、まして、それまではとにかく、奥泉から一歩も入っちゃならないと、一歩でも入ったら警察としてはみなさんの安全は保証しかねる、というふうなことをいってた警察がですね。身の安全を保証するから行ってくれというわけでしょう。

そりゃ、やっぱり、常識的に考えたって、清水で人を二人も殺して来た男がですね、ライフル銃を持っていると。そして、人質をとって立て籠もっていると。そこへ行くんだということになれば、それはこわくない方がおかしいと思いますね。それでやはり、かなりこわかった」

道々、二人のあいだで、一つの合意が成立した。村上がいう。

「説得して来てくれといわれたけど、ぼくらはやっぱり取材記者なんで、大石さんと話したんですけど、やっぱりこれは取材だなあということですよね」

翠紅苑のところで、案内役の大橋巡査が乗り込んでくる。

警察とこの旅館の関係者以外、ここに前線基地が設けられていることをだれも知らない。警察は、説得者という触角を伸ばしはしても、あくまでもことを隠密裡に運ぼうとしていたのである。

三叉路をふさぐスカイラインの手前でタクシーを降りた大橋は、ハンドマイクをふじみ屋へ向けた。

「ヒロさん、ヒロさん、NHKと静岡新聞を連れて来たぞ。撃たないでくれ」

二階の窓があいて、上半身を現した金は、手にしていたライフルを玄関の方へとしゃくって見せた。

大橋が先に立って入る。桐の間には望月夫婦と三人の子供がいた。金は彼らに隣の藤の間へ移るように命じ、大橋にも、

「あんたは警察官なんだから、さがっていてくれ」

と、その場をはずさせた。

金がいきなりいったのは、次の言葉である。

「自首を勧めたって駄目だぜ」

二人は社名をいって、自分の名も名乗った。だが、一般的な取材に用いる名刺は渡していない。

「出来れば自首を勧めたいと思ったけども、あんたがそれじゃしようがない。それじゃ、言

い分をまず聞こう」

と大石が取材のいとぐちを切った。

「で、取材ということだから、すぐにメモ帳を取り出したし、写真とっていいかと、彼の許可も得たしですね。したがって、写真もとったし、ということでしてね。そのときからわれわれは人質と考えたこともないし、それから説得に来たということも考えたこともないし、特種いただきだという感じですよね」

というのは村上である。

部屋の白壁にはこう書いてあった。

〈罪もない此の家に大変な迷惑を掛けた事を心から申訳なく思います。此の責任は自分の死によって詫びます。お母さん許して下さい。

小泉刑事、お前が言ったことばは、おれの心に大変な影響を及ぼした〉

これは、夜明け前、金が望月英子に手をついて謝罪した直後、部屋に籠もって内側から鍵をかけ、木炭で書いたものである。彼のつもりとしては、「詫び証文」であり、同時に決意をあらわすものでもあったのだろう。

金の話は、曾我らを射殺するきっかけとなった手形の込み入った事情説明から始まった。

「彼がいちばんあたまにきていたのは暴力団に追いまくられて、借金を返せということで、なかば脅迫されていたわけですよね。ですから、そのくだりをですねえ、一時間以上もいったんじゃないですかねえ。

ところが、われわれ素人で、その手形っていうものがわからないわけですよ。実際に、手形を回して、どうしてこうして、その不良手形がどうなってってなことがね。しかしまあ、とにかく聞くだけは聞かにゃしようがないってんで、いちおうメモとって聞いてたんですが、結局はまあ、ほんとに理解出来なかったですがね。とにかくその借金に追いまくられて曾我に脅迫されてたということは、よくわかりましたねえ。

早口でしたから、随分いろんなことといったですね。そういう関係で、ええ。それでいろんな暴力団関係の筋の人が出て来て、そのあとで、おれも朝鮮人の子供として生まれて苦労して来たんだという、そういう話になって来たんですよね。

それからだんだん話が進んで行って、清水署の小泉刑事の話になって、で、条件は二つあったんですよ。そのひとつは暴力団の、曾我一派の悪さをですね、警察はちゃんと調べて公表せよということと、それから、小泉刑事について警察が謝罪せよと、そうすれば自殺すると」

そう話す大石が、その日の夕刊にまとめた金との一問一答は、次の通りである。

——自首するつもりはないか。

「もちろんない。初めからそう考えている。私の要求が認められれば、残った弾を二発残して全部撃ち、ダイナマイトも全部爆発させて自殺する」

——要求とは何か。

「まず警察が動かないこと。警察がわれわれ朝鮮人にとって来た態度について、本部長始め関係者がテレビを通じて心から謝ることの二点」

――法に従って裁きを受けるべきではないか。

「自分がおかした罪が重大であることもよくわかっているし、前科もたくさんあるので、死刑は免れないと思う。どうせ死ぬなら人に首を絞められるまで待っている必要はない」

――この家にいる泊まり客や家族の人に対する迷惑をどう思うか。

「まことにすまないと思っている。昨夜この家に来たとき、両手をついて主人には謝った。しかし世の中にはこれ以上に人さまに迷惑をかけている人間が多いので許してほしい」

――犯行は計画的だったか。

「もちろん店に入る前から殺さなければならないと思っていた。だから表面は十分落ち着いて行動したつもりだ」

　限られた紙面のせいか、ここには、在日朝鮮人として差別と抑圧の中に生きなければならなかった金の半生が、語られたにもかかわらず紹介されていない。あるいは、この段階で、大方の読者にとっての関心事は、表面にあらわれた事件の成行であって、その種のものは報道に値しないと判断されたのであろうか。

　金は、彼の訴えに耳を傾けるべく上がって来た二人の記者に、きわめて友好的であった。

「部屋に入って、彼と対座したときから、恐怖感は全然なくなりましたね。つまり、彼の様子……なんかこう、信頼出来るというか、この男大丈夫だと、われわれには何もしないというふうなことが、何かこう、わかったような気がしてですね。そのときからはもう、恐怖感というものが、いっさいなくなったですね」

　と村上はいうのである。

　自決を強調する金に、大石はこうただしている。

「死ぬ死ぬっていってんだから、あんた遺書があるか」

　こういう質問を切り出すことができる雰囲気の中に、このベテラン記者はいたのである。

「そしたら、遺書はあると。どこにあるといったらね、車にあるっていうんですよ。ダッシユボードに入っていると。

　さあ、それで取りに行くのにどうしようかっていうことになったんですけども、相談するわけにもいかないしねえ。その前で。だから村上君に、おれは人質に残るから、君行ってこいっていったんです」

　同じ場面を村上はこう話す。

「車の前のところにある、なんとかケース。あの中に黒い手帳が入っているから、そいつをお前にやるから、その中に書いてあるおれの気持ちを、ぜひ、みなさんに伝えてくれといわれて、彼にキーを渡されたんです」

　金は清水署への電話の中で「遺書はブンヤさんの手に渡すよ。警察に渡すともみつぶすからな」と断っている。大石が切り出さなくても、これは予定の行動であった。

　前で遺書として引用したのは、この手帳からの抜萃である。そこで割愛した部分を改めて紹介すれば、金の自殺の決意がどれほど堅かったか、より明らかになるであろう。

〈一月一日
親父、俺の実の親ではないが今になって見れば、親父も可愛相（可哀相）な人だと思う。Y男、K男、お前達にはお母さんに良く仕えてやらないと必ず天罰があると思うよ。俺はこの世では本当に何もしてやれないやくざな奴だったが、それを心からくやまぬ訳がない。人一倍親孝々（行）してやりたいと思い乍ら……。
全く俺って奴は因果な星の下に生まれて来たものさ。でも、俺には世界一良いお母さんがいて、その愛情を受けられたことは本当に幸せだった。お母さん、色々有難う。

大橋さん、貴男は本当に温情のある立派な方でした。貴男の様な方が此の世に満ちていたら、世間はもっと明るいものになる事でしょう。

貴男から受けた感化は、小林牧太郎さんから受けたそれと同様に私には大切なものでした。それを何処迄も守っていけない私でしたが、どうか今後も健康に気を付けて、多くの不幸な人々の支えになってあげて下さい。

平巡査でも、貴男は誰にも優る心の広い豊かな人間味のある巡査です。大橋浅《(ママ)》太郎さん……。

奥さんも広ちゃんも幸福になって下さい。和子の事で奥さんが涙を電話口で流してくれた事を忘れません。私は、あいつに本当に悪い事をしました。心から詫びております。死んで射（謝）罪するつもりです。
　後に残る母をどうか宜敷くお願いします。心に残るのはそれだけです。
　どうかお幸せに。さようなら。

一月二日
俺は自分がやくざ人間であったことを決して否定しない。だが而し、だからといって世の多くのやくざ野郎の存在を良しとする者ではない。俺が最も憎悪する者は、そういう組下にのさばるやくざ野郎だ。俺の力で出来る事なら、野郎共を全部地獄の道連れにしてやりたい位だ。弱い者いじめしてのさばる奴等。
一人で何も出来ないくせに、いきがりや、はったりだけは一人前?
若者よ、やくざに走るな
そういう存在は軽蔑しろ
夢と希望に胸ふくらませて生きるべきだ。それが自分を本当に生かす事だ。

一月三日
自分で自分の存在がたまらなくいやでならない。
何故、俺という奴は乱れた性格に生れて来たのだろう。
親姉妹弟は良い人達なのに。
山え《ママ》鉄砲について行き、白い雪を見ると、其の中に自分の死体をおきたい……。

善意ある人々に対して善意で答えてくれない結果を出すかも知れない最近の自分を思うと辛くて苦しむが、といって平凡な死を選ぶ気にはなれない。これも自我の強さというアブノーマルな性格のゆえんだろう〉

遺書を取って戻って来た村上が、大石と帰ろうとしたところ、金は二人を引き止めて、隣の藤の間へ案内した。

「彼がね、話を聞いてくれというんですよ。彼らの話をね。それはこの、おれはとにかく人質に絶対危害を加えないと。それはもう約束すると。で、おれのいった言葉を、向こうにいる連中がどのくらい信用しているか、君らの耳で直接聞けというわけで、それで人質の話も聞いたんだけども」

というのは村上である。

その目に「人質」は、どのように映ったのか——。

「ごろんと寝そべっているのもいれば、炬燵に足を突っ込んで、こう、うなだれたような恰好しているのもいるし、いろいろだったけど、まああの、恐ろしくて恐ろしくて発狂しそうになっているという感じはなかったですけどね。

割に平気といえば平気という感じの人もいたし、いろいろだったと思うけども、全体の空気というのは、こりゃほんとに解釈だと思うんです。同じ場面見ても、人によっては、恐怖におののいていたとも見えるし、それから意外に冷静だったとも見えるし……」

その人たちのあいだに大石と二人で割り込んで行って、彼らが金にようってどのように遇されているのか、脅迫されたのか、されなかったのか、恐怖感はどうなのか、あれこれたしかめてみたいとは思ったのだが、折角、平静を保っている金に火をつけるような結果になってはいけない、との配慮が働いて、なめらかには質問が出なかった。たずねられる方も同様で、あまりはっきりした答えが聞かれない。

「そしたら金嬉老が、『あの君ら何もね、恐い目にあっているんじゃないんだから、さあ笑えよ』っていうんですよね。結構まあ、そんなにね、緊迫したムードでもなかったんですがね。やっぱりいちばん恐がってたのは、(望月の)家族ですね」

というのが、大石の見方である。

午前十時十分に入った二人は、大橋巡査と一緒に、ふじみ屋を出た。これが午前十一時三十五分であった。

翠紅苑に入って行った村上は、その二階に警察の前線基地が設けられているのを初めて知った。それまでは、そこにいる警察官は、河合、西尾、大橋の三人だけだと思い込んでいたのである。

紅梅の間から、まっすぐにふじみ屋が見通せる。常時一人が、細目にあけた窓の隙間から金の動静を監視し、他はひたいを集めて対策を練っている最中であった。

大石と二人で、主として長谷川刑事調査官の事情聴衆に応じていると、帳場で「千頭一〇〇番」のベルが鳴った。ふじみ屋へ入る前に大石が申し込んでおいた、正午の本社への予約電話がつながったのである。

　メモをくりながら夕刊用の原稿を、下書きなしの勧進帳で吹き込んでいると、ふじみ屋の方角でにわかに銃声が起こった。

「話をしているあいだに、ダイナマイトを一本投げたと思うですね、たしか。で、ボンボン（ライフル）を撃ってるんですよ。

　なぜ撃ったんだろうって、あとで……あとからそれは金嬉老自身が警察の本部へ電話かけて来て、SBS（静岡新聞社系列の静岡放送）はけしからんと。われわれ二人にね、銃を突きつけて話をしたと、そういうふうにその、放送したっていうんですね。

　まあそれはおそらく、下でだいたい、警察のなんか、発表を聞いてですねえ、ええ、書いたもんだと思うですよ。われわれの（取材した）ニュースがまだ入らないうちに、その放送が出たんですから。たしか、ウチの十一時五十五分のニュースで、そういう放送があったんですねえ。そうしたら怒って、空へ向けてだと思うんですが、何連発か撃ったんですよ、ええ、たしかダイナマイト一本投げたように記憶してますがね」

　大石は、後から事情を聞かされて冷汗をかいた。もう三十分も帰るのが遅れたら、どういう目にあっていたであろうか、と。

　桐の間の押し入れの前には、備えつけのテレビ受像機が置いてある。取材中にそこから誤報が流れ始めた場合を想像するのは、たとえ無事に済んだとしても、楽しいものではない。

　おだやかな金嬉老と会って戻ったばかりの村上は、銃声のおかげで、忘れていた恐怖感を甦らせた。

彼もまた、少しく平静心を欠いていたのであろう。静岡から乗って来たタクシーの運転手に撮影したフィルムを持たせ、局に送るため山を下らせてしまった。

「大石さんにうらまれましてねえ。おれはいったいどうしてくれるんだと、だいぶんあたまに来ていたらしいんです」

結果的にNHKの抜け駆けをくった大石だが、次の手はちゃんと打っている。

翠紅苑の車だったか、あるいは警察の車だったか、そこのところがもうはっきりしないのだが、ともかく、下へ向かう便に乗り込んで、奥泉へいそいだ。

その途中で、警察の検問をどうすり抜けたのか、一目でそれとわかる記者のひとかたまりが坂道を上がってくるのに出会った。

「君たち、どこの社だ？」

たずねる大石に、サンケイだという答えが返って来た。

「君ら、気をつけろよ。金嬉老が怒ってるから」

そこは、競争相手とはいっても、同業者のよしみというものである。大石は、ほんの一言だが、注意をしてやった。

というのも、桐の間で金は、夜明け前にかかって来たサンケイからの電話のことを持ち出して、かなり激越な言葉を吐いたからである。

サンケイの一団が、そこで咎め立てても受けずに登って行ったところからすると、大石が便乗したのは翠紅苑の車であったのだろう。

奥泉に着いた大石は、民家を借りて設営した静岡新聞社の前線基地で、フィルムの現像・焼付をし、仕上がった写真を電送機にかけて、ことなきを得る。


望月英子は眠れない第一夜を明かした。藤の間に子供たちも含め十三人が一緒だったから、取り立てていう恐怖はなかった。だが、雑魚寝《ざこね》となると、女性でもあることだし、何人かの泊まり客のように眠るわけにもゆかない。

一人につき二個ずつわたるように握り飯をつくってもらいたいと、金が朝食を注文したのが午前七時半ころである。

英子には前夜から一つの気がかりがあった。彼女が嫁いで来たときからリュウマチで床についたきりの姑望月ゆきを、金には内緒で母屋に寝かせたままである。

だれかに頼んでこの姑を助け出してもらわなくてはならないと考えた英子は、そのための時間稼ぎに口実を思いついた。海苔を切らしているので買いに行ってくる、というものである。

朝の七時半から買物もないものだが、金に怪しんだ様子はなかった。

母家に行って見ると、寝ているはずの姑の姿がない。夜明け前、第一線部隊を率いて奥泉の駐在所に到着した小幡捜査第一課長が、一般加入電話と町の有線を使ってふじみ屋周辺の民家、旅館に異常事態の発生を知らせ、万一に備えて避難を要請した。その電話を受けた、ふじみ屋の数軒上手にあたる山久旅館の人たちが、夜陰にまぎれて望月ゆきを運び出し、自分のところに引き取っていたのである。ここにはゆきの妹が嫁いでいて、両家のつき合いは深い。

姑が見えないので英子は、そっと表に出た。その消息を確認する一方で、危険を近所に触れて回ろうと思ったのである。

「朝、近所の子供が出たり何かして、ライフルで撃たれたり何かあると困ると思ってね。そういうこと（避難）を知らないものだから、近所の周りね、戸をあけに行ったんですよ。そうしたら、どこも鍵かかって、人気《ひとけ》というものが何もなかったんですよね。それからもう、恐くなっちゃってね。もうガタガタ。もうとっても……」

そのころ、金が陣取った新館をはさんで母屋と対称的な位置にある別館では、東芝電気工事の渡辺通徳と、彼の下僚である西村孔一が、静か過ぎる朝を不審な気持ちで迎えていた。

毎朝六時になると、彼らの枕元にあたる軌道を、作業員を乗せた営林署のトロッコが登って行く。二人はいつもその音で目覚めて起き出し、仕度を整えて朝食を済ませ、七時半にふじみ屋を出発する。それが四ヵ月続いている日課の始まりなのである。

二月二十一日の朝に限って、一向にトロッコの音が聞こえてこない。静かなものだから、二人は七時近くまで寝過ごしてしまった。

二人が寸又峡に入ったのは前年、つまり四十二年の十月二十日である。

湯山の湯治場を潰すことになった例の湯山発電所が、長雨による寸又川の増水で排水能力を失い、その変圧器が水浸しになってしまった。二人は補修にあたる下請業者の現場監督として派遣されたのである。

二月二十日は工事開始いらい満四ヵ月にあたっていて、東芝電気工事の親会社である東芝の鶴見工場から、試験課に属する小宮征市が再組み立ての終わった変圧器の試運転に乗り込んで来た。

その日まで渡辺と西村は、二人で桐の間を使っていたのだが、小宮がくるというので、同夜から別館へ移ることを決めた。

「私も、東芝にいましたが、停年になりましてね。工事会社へ移っていたんです。で、遠路まあ、わざわざ東芝から来て試験やってくれるんだから、西村君に、私とあんたがひとつ、あの下の別館に行こうじゃないかとね。別館というのは古い建屋《たてや》ですから。それでまあ、二日か三日だから、彼（小宮）をここ（桐の間）へ置いて行こうじゃないかっていったの」

六十三歳の渡辺は、三十七歳若い後輩を、親会社の人間だというので立ててやったことになる。

その日の夕食は桐の間で、三人一緒に摂った。しばらく話し込んでいて、二人が別館へ退ったのは、九時ころではなかったかという。

蒲団に入ったが、渡辺はなかなか寝つかれなかった。造作が古いものだから、隙間が多くて、いやに冷え込むのである。

かなりの時間、闇の中で目をつぶっていたが、そのうち、なんとか眠気がやって来た。ところが、まどろみかけた彼を引き戻すように、別館の戸をあけるものがいた。

「望月さんはこっちにいませんか？」

真夜中である。店の主人が別館などにいる道理がない。

だれか、新しい泊まり客が、勝手のわからないままに迷い込んだのであろう。そう考えた渡辺は、教えてやるつもりでこういった。

「いや、望月さんはこっちじゃないよ。向こうの方だ。この反対側」

ときならぬ闖入者《ちんにゅうしゃ》にすっかり目を覚まさせられて、渡辺は用足しに立った。厠《かわや》は新館まで行かなければならない。

渡り廊下を新館の入口までくると、そこにガラス戸がはまっていて、下は曇りガラスだが上は素通しになっている。

ひょいとのぞくと、電話をかけている男の姿が目に入った。

「いや、こいつはなんだか、随分あの、望月さんが寝てからこれ、電話してるんだけど、電話料、その稼ぐためにやっているのかなあと思ってね」

戸に手をかけたが、内側から鍵をかけてあるらしく、動かない。

「ああ悪い奴だなあと思ったけど、あんまりどうも、他人の話を聞くのもね。あれだったもんだから、そっからひょっと離れて、しようがないから、渡り廊下でまあ、悪いけどションベンしちゃって、それで蒲団にもぐり込んだですよ」

それからどのくらいたったのか、まったく憶えていない。

「渡辺さん、渡辺さん」

呼ぶものがいるので、部屋の戸をあけた。外はまだ真っ暗だというのに、望月が立っている。

「で、望月さんが、大変なことが出来たので、あんたこの部屋から絶対、こっちへ来ちゃいけないと。あのとき、あんまり細かいことを話する時間がないからね。とにかく大変なことが出来たんで、あんたは明日から絶対に、この部屋から出るなと。で、こっちの部屋へもくるなということをね、繰り返していってね、時間がねえからって、すっと帰っちゃったんですよ」

前後の関係からすると、望月が起こしに行ったのは、午前一時かそこいらである。渡辺にとっては寝入りばなであった。

「なんだっていまごろ……」

などと、西村と、一言、二言交わしただけで、すぐ眠りについている。

事態の深刻さは、理解出来なかったのであろう。

二十一日朝、いつもより一時間ほど寝坊してしまった渡辺は、七時半になっても朝食が運ばれてこないので、もっぱら時間の方が気になっていた。

「こりゃ困ったなあ」

独り言めいて西村に話しかける彼の頭の中を、試運転のことが占めていたのである。

そうこうするうち、坂下の方からマイクで呼びかける声が聞こえてきた。しかし、それが山あいに反響して、カーテンを閉め切った二人の部屋では、何をいっているのかさっぱりわからない。

部屋を出るなと望月にいわれているので、仕方なく言いつけを守っていると、今度は頭上にヘリコプターの轟音を聞いた。これが午前八時ころであった。

飛来したヘリコプターはふじみ屋の上空を旋回していたが、裏手の空地に降下して来て、二人を下ろした。東京放送の城所賢一郎カメラマンとその同僚である。

彼らを警察官ではないかと勘ぐった金は、桐の間の窓からライフルで威嚇射撃した。二人は回転を続けているヘリコプターのエンジン音で、これに気づいていない。

金にいわれて望月が、降り立った二人を桐の間に連れてくる。

のちに公判で、検察側から証人に申請された城所は「テレビ報道記者として報道のためにのみ自発的に体験したものを報道以外に顕出させることは、報道記者の良心から許されない」として出廷せず、裁判所はついに拘引状を発したが、彼は証言を拒否した。

彼の主張は、それなりに筋の通ったもので、拘引状を発せられながら証言を拒否するというのは、かなりの勇気を必要とする行為であったに違いない。

弁護団は「報道の自由」を守る立場から、検察側の証人である彼の主張を擁護するという、一見奇妙な役割を演じる。

だが、それも、法廷戦術の一つだったようである。

弁護団は城所証人に、不信の目を向けていた。というのも、金嬉老の逮捕後、彼は東京放送の社内で、警察の事情聴衆に応じ、「被害者」として調書作成に協力していたからである。これによって起訴状に「暴力行為等処罰に関する法律違反」の罪がつけ加えられたのであった。

つまりは、すでに報道記者としての自発的な体験を「報道以外に顕出させ」ていたことになる。

弁護団は城所証人の証言拒否を支持することによって、彼が、「被害者」であることを自ら否定したという事実をかちとろうとしたのであろう。

いわゆる金嬉老事件の報道をめぐって、マスコミのありようが様々な問題点を露呈するのだが、これもその一つであった。

以上のような経緯で、城所カメラマンの現場における行動は、あまりつまびらかにされていない。

NHKの村上、静岡新聞の大石両記者が桐の間に入ったのは、たぶん彼が出て行ったのと入れかわりである。

現地への一番乗りを果したTBSは、なぜか、金嬉老との単独会見を特種に出来ず、NHKとSBSに名を成さしめる。

そのSBSの「誤報」を聞いた金が、猛り狂ったようにライフルを連射し、ダイナマイトを炸裂させるに及んで、別館の渡辺と西村は、とうとう居たたまれなくなった。

「鉄砲ぐらいならね、ええけど、ダイナマイトやられたんじゃ、これ生命にかかわるから、それで逃げようと。で、西村君に相談して。

人を殺して来たとか、なんとかっていうことは、全然知らなかったんですよ。でも、ダイナマイトやったんで、あ、こりゃえらいことだと、普通じゃないと思ったんですよね」

さいわい金は二人の存在に気づいていない。そこで渡辺は西村をうながし、北北東側、つまり上手にあたる光《ひかり》山荘とのあいだの雪を踏み分けて、こっそり母屋の方の道路に出た。

その道を登って行くと、ちょうど下ってくる望月と鉢合わせになる。

望月は両手に石油缶を一つずつ提げていた。

「なんですか、それ？」

「いや、犯人が買ってこいというものだから」

人質云々は、暗いうち起こしに来た望月から聞かされていたが、どうやら容易ではない事態が進行しているようだと、渡辺はやっと納得する。望月にいわれて、二人は山久旅館へ入った。

前線基地で指揮をとる小幡捜査第一課長は、午前十一時三十分ころ、部下六人を寸又峡温泉の上の方へ送り込んだ。物陰を拾いながら、この別動隊が温泉地もはずれの求夢荘にたどりついて、これで上下から挟み撃ちの態勢がいちおう整う。

この段階で、小幡がもっぱら考えていたのは、金を射殺することであった。

金が信頼する大橋巡査を、一度は単独で、もう一度は二人の記者の案内役として桐の間へ送り込みながら、金の隙をねらっていたということになる。ふじみ屋周辺には、そのために十人の警官が潜んでいた。

午後零時二十分ころ、金は警察の後方基地になっている千頭幹部派出所に電話をして来て、「テレビでおれがだいぶ悪いように放送しているが、おれは大間では何も悪いことはしていない。刑事が裏の方に二、三人いるが、あたまにくる。ガソリン缶を買って階段のところに置いてあるので、火をつけるかも知れない。旅館の衆には何も危害を加えない。いま自首する気持はない。やるだけのことをやって自決する。おれの悪い報道はしないこと。夜になって踏み込むつもりと思うが、その手にはのらないぞ」(『捜査概要』)

といった。

さらに午後一時十六分、今度は奥泉駐在所の現地捜査本部へ、次の申し入れを行う。

「清水署の小泉刑事がいったことを、テレビ放送で謝罪せよ。五時までしか待てない。ダイナマイト三本を実験済みだから、背に腹はかえられない。NHKの記者と会談したが、話したこととテレビ報道と違っている。あたまにきているから弁明せよ。ガソリンが用意してあるから、夜襲をかけることは絶対するな。覚悟はしている。掛川の朝日の記者が会見を申し込んだが、一時間半たってもこないのはどういうわけか」(『捜査概要』)

金には、SBSより五分遅れて始まったNHKニュースの中での事件の取り上げ方が不満だったようである。

〈オレは暴力団を憎悪している。一本気な性格と射撃の腕をみこまれて客分にむかえたいという話もあったが、親分ばかりうまい汁をすっているような暴力団にはいる気はしなかった。人夫をしているオレの父親はオレが四つのときに死んだ。その後、義父との折り合いが悪くなり、オレの人生が狂いはじめた。去年の春（夏）、清水署の小泉刑事が朝鮮人をバカにするようなことをオレにいったとき、オレは復しゅうを心に誓った。小泉刑事がテレビでオレに謝罪するまではオレは態度をかえない。今ここにいる人には絶対に危害を加えないつもりだが、警察の出方しだいでオレは何をするかわからない〉（村上義雄・『芙蓉』金嬉老事件特集号・静岡県警察本部発行）

こうした金の言い分は、客観・公正をうたうNHKの電波にのせにくいものであったのだろう。

午後三時十分、金は望月に案内させて、集落の見回りに出た。警察の手が身近に伸びて来ているのを薄々感づいて、自分の目で確かめようとしたのである。

母屋の側の道路に姿を現した金は、坂を下りかけて、三叉路の手前のアルプス山荘の前まで来たが、そこで反転、同じ道を登って行った。

〈それがだんだん私たちのところへ接近してくる。そこで至近距離へ来たら撃とうということで、こちらも翠紅苑の二階、ベランダ、下の垣根などに配置をつけ、彼を待ったわけです。

とにかく、彼のライフルの殺傷距離は少なくとも三〇〇メートル、一〇〇メートルなら確実に当たる。ところが、こっちの方は拳銃だからせいぜい二五メートル、だから二〇メートルに接近するまでは撃つな、ということにし、だれかが一発撃ったら、いっせいに撃つ、新井君もライフルだが、出来るだけ至近距離に寄せて撃て、ということでのぞんだのです。ところが金は（地図をさして）点線のところからUターンして戻ってしまった（笑い声）〉

〈求夢荘の六人にも無線で「金が行ったら気をつけろ。撃つのは二〇メートル以内に近づいたときだけだ」と指示しましたが、やはり六〇メートルぐらいまでしか近づいていないんです。そしてそのときあぶなかったのは、求夢荘の方から「金がライフルを持っていない。チャンスだ」といって来たんですね。その前に金と例の記者の服装を連絡しておいたのですが、これがちょっと似ている。だから求夢荘の方では、金と城所記者を見誤っていたわけです。私はすこしおかしいと思ったので「ちょっと待て」といったところ、やはり、金がライフルを持ってあとからついて来てた。もし、あのとき撃ったら、わが方は蜂の巣でしたね〉

これは、警察庁・静岡県警の関係者が集まった座談会での小幡捜査一課長の発言である。その席で、当時、奥泉の現地捜査本部につめていた池谷刑事部長は、次のように話している。

〈二十一日は大橋君からの報告や、いっしょに行った報道関係者の話などから、簡単に人質を助けることは出来ないと思いましたから、これは捜査ではなくて戦争だ、人質を助けるには金を射殺する以外、方法がないと思ったくらいでした。

金は「ヘリを飛ばしたら今度は撃つ」といったり、ライフルを空に向けて撃つ、ダイナマイトを爆発させるなど、非常に緊迫していたから、私も決心し、捜査一課長に「どこか近くの空家へ拳銃の名手を配置して撃て」と指示しております。ところが、課長は「そんな奥泉で考えているようにうまくいかない（笑い声）。とっても危険だ」というんですね。

そうこうしているうちに「本部長と小泉刑事を謝らせろ」といって来まして、県警本部の方へ連絡し、一五時三分から九分まで約六分間にわたり、清水の署長が説得をかねた謝罪をしたわけです。

ところが、その謝り方が悪いといって、さっき話があったように出歩き、住居侵入、脅迫をし、あるいは犬を殺したりしているので、射殺するためには、もう一回怒らせて外に出した方がよいと考え、あらためて捜査一課長へ「もういっぺん清水の署長にテレビ放送をやってもらうから、チャンスをつかんで射ち殺せ」と指示したわけです（笑い声）。

そしたら課長は「部長！　本当に撃ち殺していいか」（笑い声）というから、「ただし百パーセント条件のそろったときだ」といって準備させ、清水の署長に二回目の放送をしてもらったところ、今度は表に出ないで、中でライフルを撃つ、小屋へ火をつけるというふうにあばれたわけです。

このときは、拳銃ではだめだから、ライフル射撃の名手を送り込むよう県本部へ頼み、ライフル六挺と射手六名を集めたり、本当に悲壮な覚悟でした。（中略）

県下から二十一日の深夜、射撃の名手とライフル六挺、弾丸三六〇発を集めました。いずれも五連発以下（笑い声）、撃ち方も教えるひまもなかったから、鉄砲店の技術者に奥泉まで

来てもらい、そこで、弾丸のこめ方、撃ち方を教わり、急遽、現場へ向かわせたわけです〉

過激派による度重なるハイジャックで、犯人の射殺も止むを得ないとする強硬論が、昨今、にわかにたかまっている。刑法犯を含む服役囚の奪還、莫大な身代金の強奪に、世論はきわめて強い反撥を示した。

だが、金嬉老をハイジャック犯人を論じるのと同じ俎上《そじよう》にのせることは出来ない。たしかに彼は殺人犯である。その事実は彼自身も認め、どの道、死刑台にのぼるのであろうから、自分で生命を絶つと繰り返している。方法についてはともかく、それが彼の選んだ責任の取り方なのである。

その上に立って、彼は日本社会の差別構造に糾弾の矛先《ほこさき》を向けた。

殺人行為を是認するものは、一人もいないであろう。同時に、差別の現実を否定し去ることの出来るものも、皆無のはずである。

繰り返しになるが、金嬉老は自分のおかした罪を償わないといっているのではない。警察の謝罪をかちとるというかたちで、日本人一人一人の目を差別構造に向けさせることが出来たら、それと引き換えに生命を捨てると確言しているのである。

「人質」といわれるものも、刑法上はともかく、ごく常識的に判断した場合、これにあてはまるかどうか、疑問が残る。そのことは追い追い明らかになって行くであろう。

いまここで一つだけ確認をしておけば、「人質」の安全を、金は保証すると何度も言明し、事実、そこへ入った大橋、大石、村上らによって、そうした人たちの置かれている状況が差し迫ったものではないとたしかめられているということがある。

それにもかかわらず、この時点で警察は、金の射殺だけを考えていた。金が単に殺人犯であるというだけでなく、社会にとってのアウトサイダー、つまり「朝鮮人」であることが、幹部の意識にある種の安易さを与えていたのではあるまいか。

同じ座談会で、小幡が、

「ライフルが到着したときは、ほっとした半面、ライフルで射殺したあとの反響の心配もありましたね」

と発言したのを受けて、高松敬治県警本部長と林康平警察庁捜査第二課長が、異口同音に、

「それは大丈夫だ」

と断言している。

拳銃の一斉射撃による抹殺を、あと何歩かのところでのがれた金は、見回りに出る直前、ふじみ屋の隣の光山荘に望月を伴って現れた。

そこの経営者である大村善朝は、前夜のテレビで、「みんくす」の事件は知っていた。犯人はどこへ逃げたのだろうかと、ごくだれでも思うようなことを頭の中で転がしてみたが、まさか自分が騒ぎに巻き込まれようとは想像もしていない。これは、当然であろう。

二十一日の朝は、所用で島田へ下る予定を組んでおり、六時には仕度を終えて、朝食の箸を持っていた。そこへ警察からの電話が入ったのである。

火の始末に気をつけ、戸締まりをし、貴重品だけ持って避難するようにとの指示を受けて、通りをはさんだ真向かいの自宅へ、とりあえず書類だけを運んだ。

大村は昭和三十八年に客間が十室の光山荘を建て、妻きくえと二人、そこに住んで、切り盛りしており、自宅の方は、実質上、長男善隆夫婦の住まいになっている。

その日は泊まり客もなく、お手伝いは実家へ帰っていて、旅館には老夫婦だけであった。自宅へ移って、避難といわれたがさしたる切迫感もないままに、とりあえず先祖の位牌だけまとめて風呂敷に包んだ。まさかのとき、彼が守らなければならないもっとも大切なものは、それだと判断したのである。だが、事件が長引くとは考えていない。

昼過ぎになってから、静岡の親戚に下宿させてある高校生の次女のことが気になった。事件を知って、心配しているに違いない。一言、その必要はないと、電話で安堵させてやろうと思い立ち、旅館へ戻る。自宅には電話がまだ引けてないのである。

交換手に電話を申し込んだところ、警察の連絡のため少ない回線が輻輳《ふくそう》しており、なかなかつながらない。

そういうこともあろうかと、旅館に置いた目ぼしいものを自宅へ運び始めた。

最初に通りへ出たとき、様子をうかがう大村の視線の先に、見慣れない男の姿があった。その男は、鳥打帽をかぶって、杖のようなものをつき、ふじみ屋の母屋の向かい側の電柱のかげに、身を隠すようにして立っていた。

その男と目があったので、大村は目礼すると同時に小腰をかがめる。

二度目に通りを渡るときにも、男は同じ場所にいた。大村は、また無言の挨拶を送った。

「刑事だと思ったものですから、ご苦労さんだな、大変だな、という気持だったんですよ」

荷物運びは二度だけにして、旅館の玄関のカーテンを引き、上がってすぐのロビーで電話を待っていると、戸の開く音がする。

鍵をかけたつもりだったが、やはり落ち着きをなくしているのだろうか。そう思いながら立って行くと、細目に開いている隙間から望月の顔がのぞいていた。

「あの、申しわけないんだが、うちへ行っててもらえませんか」

「なんで、また」

「いや、そういうふうにしてもらえといわれてるもんですから」

「犯人にですか」

「ええ、まあ」

「そんなバカなことあらすか。私、関係ないじゃないですか」

そういって大村が玄関先へ出たところ、カーテンのかげになって内側から見えなかったのだが、例のハンチングの男が立っている。杖と見たのはライフルなのであった。

「おれは害しない。だからいうこときいてくれ。そうしないと、ダイナマイトたくさん持ってるから、それ投げたら、このうちパーッとなっちゃうぞ。たしか、そういうことをいわれましたっけ。これ（光山荘）、そのときはまだ、建てて三年か四年でしょ。パーッとなっても困るなと思ったもんですから、行くことにしたんですよ。

望月さんは芯の強い人で、物に動ぜぬタイプですから、特別変わっているようにも思いませんでしたね。金嬉老も、普通に話してたと思いますよ。ええ、鉄砲向けられたなんてことはありません」

大村は、いまだに、なぜ自分が「人質」にされようとしたのか、理解がつかない。いわれるままに承諾すると、金は大村がふじみ屋に入るのを見届けようともせず、いったん道を下り、すぐに引き返して来て、望月と二人で登って行ってしまった。大村も「人質」であるとすれば、随分ずぼらなやり方である。

金がいなくなったので、見送ったかたちの大村は、しばし思案する。そのときちょうど、消防団の分団長をしている望月定子《さだし》が下って来た。大村の長男も消防団員である。そこで、手短にわけを話し、家族への伝言を頼んだ。家のものは、彼に行先も告げず、どこかへ姿を隠してしまったあとなのであった。

結局は桐の間へ上がって行った大村を迎えて、事情を知らない望月英子は、けげんな顔をする。出来れば逃げ出そうとしている人たちの中へ、すすんで入ってくるものはいない。

「行ってよというから来ただ」

たったいま、分団長にしたばかりの話を繰り返す大村に、英子はいった。

「これだけいるんだから、こんなとこにいないで、逃げてしまえばいいじゃないの」

「それもそうだな」

座るには座ったが、ものの五分といないで、大村は自宅へ戻ってしまう。

「通りへ出て、様子を見て、人の気配がないので、パッと渡って、裏から家へ入って、しかし、おそろしい感じしましたっけよ。回って来やせんかと。でも、ここは別の家だから」

大村には不安と安心が、半々だったようである。

通りを上がって行ったあとの金の行動を、起訴状は、次のように再現してみせる。
▽被告人は、同三時一五分頃、同町千頭三三九番地の二安竹三治方前路上において、たまたま同所を通りかかった寸又峡温泉ホテル従業員味岡和子、石川泉子《いずみこ》、萩原いしと出会い同女等が同所を通り抜けようとしているのを見て「逃げるか、逃げると撃つぞ」と言って同女らが逃げて行く後から威嚇の目的でライフル銃を三発位発射して脅迫したので同女等は命からがら寸又峡温泉ホテルに駆け込んで救いを求めた。
▽被告人は同女等の行方を求めて歩いていたが、たまたま犬を見かけるやこれを射殺し「頭に来たから犬を撃った」と言ってから、同町千頭三三〇番地旅館南アルプス寸又観光開発株式会社寸又山荘玄関内に侵入し管理責任者波多野勲に対しライフル銃を擬して「逃げた女の子が入って来たはずだ。従業員を出せ」と命じて脅迫し、同人の妻子及従業員二名を同所に呼び出させ、それを見分して同所を出た。
▽同日午後三時三〇分頃、同町千頭三七〇番地株式会社築地園寸又峡温泉ホテル玄関内に侵入し同支配人味岡たかに対し銃を擬して「誰れか来なかったか。従業員を全部つれて来てここにならべろ」と命じたので、同女は身の危険を感じ「呼んで来ます」と言って調理場から

地下室を通って外へ脱出し、裏の同町千頭三六一番地の三中部電力株式会社大間寮に逃げ込み二階の押し入れに隠れた。寸又峡温泉ホテルの他の従業員も窓から飛び降りたり等して必死になって脱出した。
▽被告人は前大間寮に同女を追って調理場入口から食堂まで入り同所手伝望月ひな等に対し「なぜ逃げるか」と言って同所を立ち去った。

検察官にしてみれば、金の凶暴性を出来るだけ強く裁判官に印象づけなければならないから、こういう表現をとるのだろうが、実際には趣がかなり異なるようである。寸又峡温泉ホテルの当時の責任者である中島屋本社鈴木藤吉会長のよね夫人は、そのとき抱いた恐怖感を次のように話す。

「あたしたち、鍵かっちゃって、みんな奥の方に引っ込んでたわけです。恐いから。そしたら、ふじみ屋さんが、あたしのうちのことね、中島さんというんですよ。昔の名前を。で、ふじみ屋さんがね、中島さん、中島さんっていうんですよ。あ、だれか呼んでるなあっと思ったけど、うっかり出てったら大変だと思ってね、出て行っちゃいけないっていったんですよ、あたし。

　そうしたらば、味岡っていうのがあたしの妹なんですがね、その人が逃げるのに、履物が自分のところになかった。それをちょっとあの、フロントの方へ取りに行った。それで、そこ、ふじみ屋さんが開けて下さいというもんだから、開けてあの……あたしの妹、なかなか度胸がいいんですよ。うん、なかなかね。

それだもんですから、わかっていたけれどね、ふじみ屋さん今日はなんですかっていったんです。金嬉老がそこにいるのに。

そしたら、なんですかっていってもね、ちょっとあの、この方が案内してくれっていうもんですから、連れて来ましたって、そういうんです。それからまあ、一メートルぐらいのところで会ったらしいですよ。

それからはねえ、従業員をみんなここへ呼んでこいっていうんですって。あ、そうですか、見えないけど探して来ますってごまかして、味岡は地下の方へ降りて逃げちゃったんです。あたしの方は台所にいたんですよ。奥さんどうするって従業員がいうもんですからね、逃げなきゃしようがないけど、山の中へ逃げれば凍え死にするってこともあるから、それじゃとにかくあたしの部屋へ行こうと。お風呂場の前の奥の方にその部屋があって、そこは二重にドアが閉まるようになっているんですよ。

それで、声出しちゃいけませんよって、そういってるとき、金嬉老がね、土足でずんずん上がって来て味岡が逃げちゃったもんだから、今度は家捜しを始めて、お風呂場、男性のと女性のとのぞいて歩いて、女性風呂の方にね、男が二人隠れていたんだけど、隅の方にいたもんだから、見つからなかったわけ。

そして今度は、こっち側にドアがあるもんですから、ドシン、ドシン叩いて、開けろ、開けろっていうんですよ。

開けろってたって、うっかり開けられないからね、もうとにかくね、ドアを破って入ってきたらしようがないけど、それまで開けちゃ駄目だとね。

で、殺されちゃうってみんな涙出して、女性ばかり、七、八人ね。もう震えちゃうし、真っ青になっちゃうしね、するもんだから。

それをあたしが覚悟しなきゃならない。いよいよになったとき、そんなに七人も八人も殺されちゃたまんないから、この中じゃ一番あたしが年上らしいから、まあこれまでの命だと思って、度胸をきめればいいから。だからもしね、ドアを一つ破って来たら、またこっちも破られるにきまってるから、それをやられないうちにあたしが出てって、とにかく時を稼ぐから、みんなね、そのときに窓の鍵を開けておいて、そして窓から飛び降りて、窓ってってもまあ一メートル半ぐらいですからね、飛び降りて逃げなさいと。そういう手筈にしたわけです。

あたしだって、気違いに殺されちゃたまんないという気持はありましたけどね、そういうふうにしなかったらもう、みんなが動揺しちゃってねえ、とてもしようがないんですよねえ。それだからまあ、あたしはもう、死ぬつもりになったんですよ。ねえ、いざというときは」

一つおいた先の部屋では、男二人と女一人が身をすくめていた。

だが、彼らを含めて、生きるか死ぬかの恐怖は、取越し苦労に過ぎなかったと、事件後にわかる。

「うちの裏に中部電力の寮がありますね。そこへ逃げちゃったんです。三人がね。そして、なにやかまわず、下駄ばきのまま二階へかけのぼっちゃって、よそのうちまで、普段行ったことのないうちへね。味岡っていうのも、その中部電力へ行ってたわけ。

そしたら金嬉老は、別にどうしようって気もなかったんですね。あとから考えてみれば、中部電力の人がテレビを見てたそうですよ。こう食堂みたいなところで。

そしたら、何してるんだっていうんですってね。何してるって、テレビ見てるって。あ、そうか、なんつってね。それで気軽にいって自分ものぞいたりしてね。それからそのへん、こう見回して、さっさと行っちゃったんです。そうなんだそうです。あとから話聞くと。

それから悠々とね、向こうの安竹さんの方へ向いて行ったらば、途中に小学校へ行ってるくらいの子、男の子がいたんで、その子に、坊やお金やるからついてきなっていった。で、その子がね、十円か二十円もらって、あとからついてったんですって。それであの、安竹さんあたりでもって別れちゃったんじゃないでしょうか」

その帰り道に金嬉老と出くわした城所カメラマンも、かなり脅えたようである。

ふたたび起訴状を引用すると、こういうことになる。

▽午後三時三〇分頃、同所千頭一二一〇番地の二旅館求夢荘前の橋付近で取材中の前記城所賢一郎に遭ったので同人に銃を構え「さっきあれだけ話したのに昼のニュースには全然出ていなかった」というので城所が「ヘリコプターが来なかったので夕方のニュースには必ず出る」と答えると被告人は「報道はいつも出鱈目《でたらめ》ばかり言っている。一緒に来い。前を歩け」等と言って脅迫し、同人をふじみ屋迄連行したが、NHK放送が被告人のライフルは国産の

一五連発と放送したのを聞き「俺のは三〇連発だから皆にそのように伝えてくれ」と言って午後六時頃帰した。

その前だか後だか、時間がはっきりしないのだが、こういうことがあった。

「翠紅園の前に郵便局がありますね。あの郵便局で城所君が電話をかけてんですよね。東京へ。その電話代が一万円くらい、当時でかかっているはずです。

それで、われわれは翌日ねえ、向こうへ着いて、そこの郵便局から電話を借りて、送稿連絡したわけですねえ。そうしたところが、郵便局長さんが『城所さんていう人を知ってるか』っていうんです。『いや、おれたち知らんけども』っていったら、『きのうTBSの』っていうので、『あっ、TBSで来たんならわかる』っていったわけなんですよ。

そしたら『実は彼氏ねえ、その、ボーッとなってしまって、何をいってるのか、私たち素人が聞いてもね、ちょっとおかしいんじゃないかっていうくらい、もう何をいっているかわかんないようなことをね、一時間もしゃべった』っていうんですよ。ええ、本社の方へ。『それ一万いくらになってるんだけど、払わないで、何もいわずに帰っちゃった』っていうんですね。

彼もね、相当、やっぱり、おかしかったんですね。まいっちゃったんですよ。それはもう、死の瀬戸際を歩いているような感じがしたでしょうからね。

それで私、『TBSはしっかりした大きな会社だから、大丈夫ですよ。あとで連絡すればとれますよ』って、郵便局長さんにいった覚えがあるんですよ」

こう話す新聞記者は、めったにない状況に置かれたこのカメラマンに対していたく同情的で、自失に近いと思われるそのときの精神状態にも理解を示すのである。

城所の取材フィルムは、二十一日夕のTBSの『ニュースコープ』で全国ネットされた。NHKと静岡新聞の「指名会見」で先を越された他社の記者たちは、TBSのこの放送に刺戟されて、警察の制止を振り切り、一斉に寸又峡へと雪崩《なだ》れ込む。

ヘリコプターによる空からの現地入りには、厳寒のさ中、夜を徹して検問にあたる機動隊員の苦労も、まったく役立たなかった。

だからといって、検問は地面を行く取材陣に対して効果的だったわけでもない。

記者たちは、間道を伝って、続々と寸又峡を目指した。土地の山林関係者を雇い上げて、案内人に仕立てた社もある。それをしないものは、その分だけ骨を折らなければならなかった。

〈検問地点の手前から尾根づたいに山にはいった。道もなく雪も積もっていたため何度か滑って手をつき、登山靴を用意してくればよかったとつくづく思った。やっと山を越してもガケばかりで道路に降りる所がない。何度も登り直しては降りられる場所を捜した。一度はガケの上の木の枝に宙づりになり、飛びおりようとしたが、懸垂で逆戻り、やっと降りられる場所を探したときは、助かったと声を出して喜んだ〉（中部日本新聞記者　小川達郎・『芙蓉』金嬉老事件特集号）

時間が戻るが、午後三時三十七分、ふじみ屋旅館へ帰った金は、奥泉の現地捜査本部に電話を入れて、

「TBSの城所記者を人質にした。さっきテレビで清水署長の放送があったが、あやふやな話で納得がいかない。小泉本人に出てもらい、私個人ではなく民族に対して謝罪せよ。部落の人を一人でも多く人質にする用意は出来ている。さっき犬を撃ち殺したから、みんな恐ろしいことは知っている」（『捜査概要』）

と、再度、要求を突きつけた。

そして午後六時ごろ、柴田南海男を呼び、「警察が隠れる場所になるから、お前いまからあの小屋にガソリンをかけて火をつけてこい」（同）

といい、柴田がためらっていると、

「火をつけて焼いても、おれがやらせたといえば、警察でお前に文句はいわん。俺が証人になる」（同）

とうながした。

柴田は玄関先に集めてあった石油缶の一つを抱えて、新館の前の広場へ降りて行った。ふじみ屋の小屋は、その一画に立っている。

桐の間の窓から見張っている金に、下から柴田はいった。

「マッチがない」

わざと持って行かなかったのである。

金がマッチを抛って寄越したので、仕方なく小屋にガソリンをかけ始めた。

「一斗缶にびっちり入ってるんですよ。半分くらいでやめとこうと思ったら、空《から》になったかどうか、振らされた」

と柴田はいう。

金は、マッチで直接火をつけたら、炎に焙《あぶ》られるから、いったん紙を丸めたものに火をつけて、それを離れたところから投げろ、とこまかい指示を与えた。

金にとっての障害物は、暮れかかる山峡をそこだけ明るくして、見る間に燃えつきた。その炎が、警察陣を緊張させた。

あたりを完全に闇が塗りこめてから、ふじみ屋に近づいた数人の人影があった。

警戒して桐の間から顔をのぞかせた金に、その中の一人が声をかけた。

「アルプス山荘はどこですか」

「お前は記者にばけているが警察だろう。とぼけるな」

金は怒鳴ると、彼の足もとに、七、八発の威嚇射撃を見舞った。ひとかたまりの人影は散り散りになって、軒下へ逃げ込んだ。いよいよ身辺に危機が迫ったと判断した金は、ダイナマイトの束に点火して、投げ下ろした。その爆風で階下のガラスが破れ、二階のそれにひびが入った。

警察の記録によると、この日、金は十六回にわたって六十三発のライフル弾を発射し、六回、ダイナマイトを爆発させている。

ライフルの連射がもっとも激しかったのは、午後八時三分に始まる二十六発で、これに次ぐのが同十時八分からの十二発であった。

これらの時刻は、どちらもテレビのニュースの直後に相当する。

金嬉老は、生命を賭けた訴えが日本国民へ届かないことに、苛立ちを深めていたのである。

第十一章　要求

金嬉老の要求を受けて、警察側が最初に〝謝罪〟したのは、寸又峡での第一夜が明けた二月二十一日の午後のことであった。

同三時三分、鈴木福次郎清水警察署長はＮＨＫテレビ放送を通じ、次のように述べた。

「金さん、あなたの言い分もあるでしょう。警察も悪い点があったと思います。しかし、いまはこれ以上みなさんに心配をかけないことが第一です。早く自首して下さい」

このあと、同三時二十六分、四時五十分、六時五十分の三回にわたって、鈴木署長が静岡放送を通じ、同じ趣旨の〝謝罪〟をした。いずれも録画によるものである。

ふじみ屋旅館にいて、この放送に接した金は納得しない。鈴木署長が具体的に、いわゆる小泉刑事問題に触れていないのが、彼には不満であった。

金からの重ねての要求で、警察側は渋る小泉刑事を説得し、同夜十一時五十二分、ＮＨＫテレビ放送を通じて、本人に〝謝罪〟させた。

「私の扱った事件で迷惑をかけて申しわけない。どうか関係のない人に迷惑をかけないで下さい」

というのが、その内容である。

これまた、金が小泉刑事から受けたという侮辱的発言について、一切触れていない。金には到底、受け入れられないものであった。

二十一日は、寸又峡での八十八時間を通じて、金嬉老がもっとも激しい感情の起伏を見せた日である。

同宿者の安全をいかにはかるかに頭を痛めていた高松敬治静岡県警察本部長は、自らテレビに出ることを決心し、同夜、現地でＮＨＫと静岡放送によるビデオ撮りに時間を割《さ》いた。そして翌朝は、六時過ぎに奥泉の現地捜査本部を出て千頭へ下ることにする。その夜、金から本部長に電話をしてもらいたいという要求があり、これに応じることを決めたこの最高指揮官は、一般加入電話が引かれている千頭の派出所へ移る必要があったからである。

〈それで、次の朝（二十二日朝）にはなるべくそのテレビを見る前とか、その間とかがいいと思って、朝早く起きて、千頭へ下って行って、向こうへついたのがだいたい六時三十分ごろだったと思う。

初めて電話に呼び出してみたところが、いろいろなことをいいました。これは大橋君や西尾君が聞いたり、ほかの人が聞いたりしたこととはあまり大差がないと思うんだけれども、自分が二人殺したのは、いわば世の中のために悪い奴を殺したことで、自分はちっとも後悔していないというようなこと、それから、小泉刑事は非常にけしからんことをいったというふうなことを、いろいろいった。（中略）それからそのときにいきなり「ＮＨＫの村上記者と（静岡新聞の）大石記者が帰ったあとでテレビを見たが、ＮＨＫのテレビで自分の手記を放送してくれた。これは、自分の気持を人に伝えられて非常にうれしい。そういうＮＨＫの取り計らいについては非常に感謝する。そのため、女、子供だけは帰すから、きょうの九時ごろにNHKの記者を自分のところへ寄越してもらいたい」。こういうことをいった。

それで「大橋君をつけていいか」といったら、「つけてもらってけっこうだ」といった。それといっしょに、いつまでがんばっていないでもうそろそろ出て来たらどうだ、というふうなことを私申したところが、「いや、自分は日本の絞首台の世話には絶対にならない。自分は自決するんだ」と例の主張を盛んにいって、それから、きょうは場所をかえたいと思うんだ、ということをひょっといった。

その辺で、だいたい三十分くらい。「六時のニュースを見たか」といったら、「見てない」というので、「七時には私の謝罪しているのが出るから、それを見なさい」といって時計を見たら、だいたい七時だった。非常に能弁で、私が一言いおうと思うと、向こうが二言か三言べらべらいう。ほとんどこっちに物をいわせないという状態であった〉（『芙蓉』金嬉老事件特集号）

高松本部長の謝罪が流されたのは、NHKでは午前六時十分、七時十五分、七時四十五分の計三回で、これとは別に十時三分と午後零時十三分の二回、小泉刑事の分が放送された。静岡放送では、午前六時四十五分を皮切りに、両者を合わせたものが三回、高松本部長単独が一回、小泉刑事単独が二回、都合六回の放送が午後三時までの間に行われた。

その内容は次の通りである。

〈昨年七月、清水署の事件の取り扱いについて、君には不満な点があると聞いているが、われわれにも直すべき点もあると思う。この事が原因で罪のない子供、関係のない人を傷つけることは、君にとっても、世の中にとっても、いちばんまずいことだ。男らしく出て来て、君の不満をぶちまけてはどうだろうか。われわれにもそれを聞く用意が十分ある。それが君のため、世の中のために、一番よい方法だと、よく考えてほしい〉

ＮＨＫの村上義雄記者は、二十一日の夜遅く、いったん静岡放送局へ戻って、同夜は局の宿直室で仮眠し、二十二日朝のスタジオ１０２に出演した。

この番組は午前七時三十五分からのスタートだから、高松本部長が金嬉老とやりとりを交わしたのが午前六時半から同七時にかけてであったとすると、番組はまだ始まっていなかったわけで、時間的に矛盾する。その食い違いはともかく、村上記者の放送によって金嬉老が態度を軟化させたのは事実である。

「そのときに金嬉老から預った手帳を見せてですね、この中にはこういうことが書いてあるという放送をぼくはしたんですね。そうしたら、その放送を金嬉老が見ていて、で、気に入ったと、まあ、いいことをいってくれたと、ついては人質を釈放することにしたと。で、もう一度会いたいという話が、警察を通して来たんです。で、スタジオ１０２の放送が終わって間もなくして、今度はヘリコプターで奥泉に飛んで、それでまた車で中へ入ったんです」

金嬉老の訴えは、ごく一部ながら、こういうかたちで、初めて日本人の耳に届いたのである。

彼は村上記者の放送を評価して、午前八時ごろ、望月英子と栄子、規子、和樹の母子四人を、奥泉の英子の実家へ送ることにした。そのための車の運転役を引き受けたのが、中日本基礎工業の田村登である。

「あんときに（金嬉老が）、送ってってくれいうたかなあ。……ちゃう。南海男さんが、オレに運転免許あるでえいったもんで、金嬉老はそしたら、送っていけるかあ、いったかなあ。そこらへんよう知らんけどさあ。おれ行くことになったわね」

金は七歳になる和樹の手をひいて、桐の間から階下へ降りて行った。英子は上の二人を連れて、先に立った。車のところまで四人を送り届けた金は、自分でドアを開けると子供たちが乗り込むのに手をかしてやり、「気をつけて行って下さいね」と見送っている。

運転席の田村には、屋外に出るのが随分久しぶりであるように思えた。そこで、あたりの景色を眺めながら、ゆっくり車を進めて行った。

その途中で、待ち構えていた警察官が停車を命じ、車を丹念に改めた。爆発物でも残されているのではないかと疑ぐったのであろう。

奥泉の現地捜査本部で田村は質問責めにあう。

「本部長。あの人もおって、何やかやきいとったわ。ほんで、喋っとったら、まあ、帰ってかんでもええようなことをいっとったもんで、向こうへ。ほしたら、電話かかって来たとかなんとか、だれかいったわ。遅すぎるといってさ。ほんで、帰ってこんかったら（金が）人質を殺すとかさ、どうのこうのいってるというもんでさあ、で、まあ、あわてて、バーッと走ってったあ。もうちょっとで、崖へ落ちるところだったもん。で、（ふじみ屋旅館へ）帰って、だれか電話かけたかあいうたら、だれも電話なんかせえへんとかいうて、おかしいなあと思ってさ」

田村には、いまに至るも、そこのところがナゾである。

「わからん。何しろきいたんや。そんなこといったかあ、殺すとかさ、こんかったらどうの、人質の方をどうやるかわからんとかいっとったけど、だれかかけたかあいうたら、いやかけへんよおというもんでさあ。ようわからん、おれ」

のちに冒頭陳述で検察官（静岡地方検察庁岩成重義検事）は、

〈被告人は、人質に対し「皆連帯責任だから一人でも逃げると生命の保障はないぞ。一人逃げれば一人殺す」などと脅迫したので人質等は、脱出すれば自己の危険のみならず他の者にも危害が及ぶと信じ、自己一人による脱出を断念せざるを得なかった〉

と述べた。

これは望月夫妻の証言に基づいている。

「一人逃げれば一人殺す」といったとすれば、明らかに脅迫である。検察側は、この言葉を監禁罪を成り立たせる法律上の要件事実として強調した。

この他に検察側が挙げた法律でいう金の脅迫文言は、田村証言による「隣の部屋におっても変なことをしたら撃つ」というものであった。ところが、「一人逃げれば一人殺す」という言葉は、望月夫妻を除く他の宿泊客はまったく記憶しておらず、「隣の部屋……」は田村以外、だれも聞いていない。

　金が果たして、そのような言葉を口にしたのか、あるいは、しなかったのか。いったい、いわないをめぐって、これは法廷における検察側と弁護側の一つの争点になった。監禁罪が成立するか否かが、大きくこの点にかかわっていたからである。

　弁護団の最終弁論は、次のような主張に貫かれていた。

〈この夫婦の証言を通していえることは、両者とも金嬉老に対し悪意を抱いていること、そしてさらに、現在の自己の記憶に忠実に述べるのではなく、事件後他から注入されたり、仕込んだものによって証言し、しばしば検察官的解釈をやってのけたりしているということである。（中略）

　この証人は、事件直後検察官に対しては「一人逃げれば一人殺す」などと供述していなかったのであるが、検察官の起訴状にあるこの言葉を、法廷でつぎのように言い出し、質問に応じて多様に、まさに数え切れないほどの変化を示すのである。

証人「金嬉老自体が、確か入ってきた中で、その日にいったかどうかちょっとはっきり憶えていないんですが、確か一人逃げれば一人殺すぞ、連帯責任があるんだ、というようなことをちょっと口走ったことも私の脳をかすめているので……」

検察官「一人逃げれば一人なんですか」

証人「一人逃げれば一人殺すぞ、連帯責任があるんだ、というようなことをいっておるようです」

検察官「ようですか」
証人「いってます」
　調書は以上のようになっているが、実際は、
検察官「ようですか」
証人「いってま……」
検察官「いってま……」
証人「……す！」
　というように、検察側は証人の肯定的断定を引き出すために、証人と同時に、証人以上に大きな声でしゃべっていたのであって、この「いってます」は、明らさまな誘導によってもたらされたものなのである。この事実は、公判の録音テープに明瞭に記録されているはずである〉（『金嬉老問題資料集Ⅷ・金嬉老弁護団最終弁論』金嬉老公判対策委員会）
　結局は検察側の主張が裁判官に受け入れられることになるのだが、一歩譲って金がそれをいったとしても、いわゆる人質の置かれていた状況は、昨今のハイジャック事件におけるそれとは、多分に趣を異にする。くどいようだが、そのことを再確認しておかなければならない。
　奥泉に着いた母子四人は、金がふじみ屋旅館に現れてから三十三時間ぶりに初めて解放された「人質」ということで、報道陣に取り囲まれた。

静岡新聞の二十二日付夕刊は、次のように四人の様子を伝えた。

〈金の手からのがれて十二キロ下の奥泉の実家に戻った英子さんは「金は非常に親切だった。そのため特に恐ろしいとは思われなかった。また子供たちに対しても恐ろしい顔は見せず、子供たちもそれほど恐れた様子はなかった。出来れば金をもっとおだやかな気持にさせて、全員無事に帰れるようにしてほしい」と人質になっていた間、つぶさに見た金の様子をこのように話していた。

　また和樹ちゃんは「恐ろしかったか、寒かったか」などの記者の質問に対していちいちうなずき、思いのほか元気だった。

　英子さんは長かった監禁状態で色白な顔がいっそう青白くなり、疲れがはっきり現れていた。また記者団の質問に対する答の中には、残された九人が無事に帰されることが一刻も早くなるようにとの配慮がうかがわれた〉

　この記事の最後の部分は、記者の主観に基づいて書かれている。それが、まるで見当はずれだというのではない。

　だが、金と子供たちのあいだには、こういう場面もあった。

　二十一日のことである。桐の間に籠もっていた金のところへ、次女の規子と和樹が連れ立って入って来た。

「おじさん、赤影というの知ってるかい？」

　和樹にきかれたが、金には何のことだかわからない。

「いや、おじさんは知らないな」

と金は答えた。

何のことはない。桐の間のテレビにそのとき映っていたのが『忍者赤影』であった。

そこへ、長女の栄子もやってくる。

「おじさん、赤影って、ものすごく強いだろう」

和樹に同意を求められるので、金もしばし童心に返って、子供たちとつき合う羽目になる。

金がポケットをさぐって、なけなしの千円札を取り出した。

「三百円ずつわけて、残りの百円はお母さんにあげなさい」

いわれた子供たちは、口を揃えて、

「おじさん、ありがとう」

と礼をいい、金は躾《しつけ》のよさに感じ入っている。

金にいわれて実家へ帰された英子が、いくらもたたないうちに自分からふじみ屋旅館へ戻るといい出したのも、たぶん、こうした金の接し方と無関係ではない。

自分がいないと食事の仕度が出来ない、というのが、英子の言い分であった。その彼女を引き止めようと現地捜査本部は懸命に説得を試みたが、翻意しない。

ふじみ屋旅館へ向かう村上記者、大橋巡査と一緒に、田村の運転する車に乗り込んで、引き返してしまった。

英子が警察官の制止を振り切って、旅館へ戻って行ったのは、宿泊客を預かる経営者としての責任感がさせたことであろう。だが、そこに明らかな生命、事件の危険が察知されていたとしたら、彼女は同じ行為をとったであろうか。

現在の彼女は、当時の状況を次のようにいう。

「割合、おどかすちゅうことはなかったですね。とにかく、一人逃げれば一人殺すちゅうことで、あの、おとなしくしてればいいだろうちゅうことでね。静かにしていたですけどね。割合、おとなしい人たちだったから、よかったんじゃないかしらね。頭へ血がのぼる人たちばっかりじゃねえ」

一人逃げれば云々……は、ここでも繰り返されている。

しかし彼女を含めて、そこに居合わせた人々が、概して恐怖と無縁のところにいたのは、これによっても明らかである。

田村の運転する車で、英子が旅館に帰り着いたのは、午前十時五十分ころであった。

そのとき金は桐の間にいて、約十五人の記者と会見している最中であった。

母子四人を送り出した金が、玄関へ引き返そうとすると、遠巻きにしていた記者たちがかけ寄って来て、彼に話しかけたのが、この会見のきっかけになったのである。

「話を聞かせてくれないかね」

いわれた金は、素直に応じた。

「それじゃ中に入って下さい」

金の言葉で、いるだけの記者がふじみ屋旅館の二階へかけ上がったのである。桐の間ではカメラの位置の取り合いで、罵声が飛び交う騒ぎとなった。

「あまりもめないで下さいよ」

金がたしなめる始末であった。

同日付の朝日新聞夕刊には、次のように書かれている。

〈炭火をカンカンおこしたコンロを二つかかえ、いまにもダイナマイトに熱が伝わりそう。平静な態度だが、目は寝不足で真赤だ。ハンター用の皮の鳥打帽をかぶり編上げの皮ぐつ。その中にズボンをたくし込んでいる。

毛布と毛糸のチョッキ。ダイナマイトは二十本ぐらい。そのうちの一本は包み紙をひんむいてある。コンロの中に放り込めば、すぐにも爆発するようになっている。

金はすっかり英雄気取りで、会見の終りごろにはカメラマンを呼びつけ、二階の窓ぎわから空に向けて三発撃ち「こっちから写せる」と全くの金ペースだった。

総勢十数人の記者団も金がそばにダイナマイトを置いているため、いつ爆発させるか危険で手が出せなかった。

金との問答次の通り。

問　自首はしないのか。

答　しない。オレの身のふり方は警察の出方次第だ、昨晩は注射を打って無理に目をさましていたが、少しうとうとした。最後の道は自分で選ぶ。最後は自決だ。

問　なぜ母子をいま帰したのか。
答　女子供を巻添えにするのがいちばん心配だ。テレビも自分の主張をよく代弁してくれたので、女子供を帰すのは礼儀だからだ。罪のつぐないはする。
問　なぜ警察をうらむか。
答　人殺しにはわけがある。曾我は静岡のギャングといわれる悪い男だ。清水署はオレを「この朝鮮人」とののしった。あとで抗議の電話をしたが「バカヤロー、あたりまえだ」といわれた。こんどの事件も悪いやつをわざわざ清水まで呼出してやったのだ。
問　寸又峡を選んだのは――。
答　はじめて来た。奥へ奥へ走っているうちに来てしまった。ふじみ屋は丘の上で、道が見えるので、警察が近づくのを監視できるからもってこいの場所だ。
問　人質はどうするつもりだ。
答　清水署の小泉刑事がテレビで謝罪すれば人質にしている八人（その後田村さんが引返し現在九人）も帰す〉

これが、何かと話題にされた金の記者会見の第一回目である。

人はこうした記者会見をとり上げて、金を英雄気取りだと評した。同じ言葉遣いは、朝日の記事の中にも見える。

こともあろうに殺人犯人が、要人のするように記者会見を開くとは何事か――といった調子の反撥が、日本人のあいだに強くあったのは事実である。

そこで、金嬉老が非行歴も犯罪歴も特にない、日本人社会から見ての善良な市民であったとしよう。それでも、彼の上に加えられる差別にはかわりがない。

そのとき、彼が差別の事実を懸命に訴えたとして、これほど多数の記者が、争うように彼の言に耳を傾けたであろうか。

この際、記者たちの内実はおくとして、単純に数の問題だけをいっても、全国の報道機関を一つの場所に集めることは、金にはまったく不可能であると断言してよい。

寸又峡で金のとった行動は、たしかに異常である。しかし、彼がその異常な行動に走ったとき、初めてそこに記者たちが殺到する異常さに、日本人の圧倒的多数は思いもいたらなかった。

在日朝鮮人・韓国人が遵法の枠組にとどまるかぎり、差別に抗議するというきわめて正当な訴えは、まったくといってよいほどかえりみられない。

いわゆる小泉刑事問題は、そのことを雄弁に物語っている。

NHKは、彼の遺書を紹介した。これについても、同じことがいえるであろう。

もし金嬉老が、日本の社会の片隅に逼塞《ひっそく》するただの一人であったら、そこに綴られた悲しみがどれほど深く、怒りがどれほど激しくても、公共放送の全国中継の電波にそれが乗る保証は、絶望的なまでにない。

その公共性とは、いったい何であるのだろう。そして、公器といわれる新聞の正義とは——。

金嬉老は、NHKのスタジオ102を評価して、望月母子を旅館から出した。国家権力の表徴としての警察に死を賭した対決を挑みながら、それは彼が見せた心のほころびである。差別の中での成育を余儀なくされた彼は、一つの極限に身を置いてなお、周囲の思惑に心配りをするのである。

実をいうと、望月母子より先に、二人の宿泊客が山を下るはずであった。

前日の二十一日朝、吉岡電気工業の加藤末一は、同僚である佐藤邦夫と市原勝正の二人について、金に相談を持ちかけている。

「朝の十時か十一時ごろだったと思うんだけどもね。そのときにね、うちの若い衆で市原君と佐藤君がね、酸素溶接の講習会が名古屋の方であるもんで、それを私が、ま、金嬉老に、こういうわけだから二人帰さしてくれんかと頼んだわけなんですよね。

そしたらそこの時点で、金嬉老が、そ、そうか、そういう国家試験なら、ま、しゃないから、二人帰せと。そのときに、下の方のなんとかいう旅館あったね、警察が待機しとった……翠紅苑、あそこにNHKの車が来ておるはずだから、それに乗って帰れとね、帰せという許可を得たわけなんですよ」

そこで加藤は車の確認のため、翠紅苑へと下って行く。

何の前触れもなしにひょっこり現れた加藤を見て、前線本部の警官は驚いた。招き入れて事情を聞くと、二人が帰されるという。

「人質」が少なくなるのは警察にとって願ってもないことであるから、彼らもそれを了承した。

　市原はそのあとの経過を次のように話す。

「そんなら行けっちゅうことで、着替えて出たわけ。それがお昼ちょっと前だったっけな。新聞社の車がくるで、それに静岡までのしてってもらうという話だったけども、その車は結局こなんだわけよ。なかなかね。

　そしたら、お昼のニュースかね、テレビで報道したニュースが気にいらんちゅうことで、連れ戻してこいということで、加藤さんが呼びに行ったでね。それでまた、わしら戻って来たわけなんだ」

　金嬉老は、獄中で苦労して手にした整備士の免状のことを思い出して、いったんは、二人の下山を認めたのであろう。

　加藤はいまも、金に好感を抱いている。

「殺人犯人にね、次の朝にいきなり、こういうわけだから二人を帰してもらえんかとは、なかなか頼みにくいもんでね。それがいえるというのは、やっぱり彼に目標があってね。だから、こっちゃ頼みに行けたもんであって、ただ普通の殺人犯人の、頭にかっか来たような人間だったら、頼みにも行けんよね。

　もし頼みに行ったとしたって、そんならいいから帰せというような言葉は、なかなか出てくる言葉じゃないと思うんだよね。

だもんで、そのへんのところである程度、お互いに信頼し合うというような関係になっちやったんじゃないかね。この人間ならこの程度のこと頼んでもなんとかなるんじゃないかというような、ま、信頼感というか、そんなような」

二人が出席を予定していたのは名古屋の産業会館で開かれる講習会であって、厳密には国家試験ではない。その講習会を修了すれば酸素を取り扱う資格が与えられるというものである。それを金が、国家試験と取り違えた。

いずれにしても、金にとっては、それが他人のものであろうと、大切なことに思えたのである。

加藤は、このことが契機となって、もっぱら下との車の往復を引き受けるようになる。最初の仕事が、いったん実家へ送り帰されたものの旅館が気になって戻って来た英子を、もう一度送り届けることであった。

二十二日午前十一時四十分、英子を乗せた車は加藤の運転で、ふじみ屋旅館のわきの坂道を下って行った。

小林牧太郎元掛川警察署長が西尾正秀巡査部長を案内役として説得に入ったのは、その五分後である。

県警本部の首脳部のあいだでは、退職して民間人になっている小林に説得工作を依頼するについて、かなりの迷いがあった。第一にひっかかったのは、身分がすでに警察官ではないという点だが、もう一つ、彼に五十一歳の若さで異例の勇退を勧奨したいきさつが思い起こされたからである。

不本意なかたちで警察を去らなければならなかった小林を慰めるものは、現役時代の新聞記者たちとの交情のようである。

「どういうわけだか知らんけど、私は新聞記者つうのにはなにしろね、見込みがよくて、下田にいたときもそうですけどね、転勤するときにゃあんた、新聞記者の連中、送別会やってくれたもんなあ。

私はとにかく事件があると、こういう事件だと、内容こうだけど、いまこういう段階にあるから、これちょっと書かれると困るから、もう少し待ってくれ、内容は話すとね。書かないすよ。だからもう、新聞記者が特種とるなんていってあせる、ああいうこと全然なかった。みんな仲良かったっけ。

それでね、あすこ（掛川）の署長官舎に、八畳二間開放して、ぼくは麻雀やってた。署員みんなやらしたの。

ということは、娯楽がないでしょ。そのかわり九時半なっとね、もうかき回して、途中でもなんでも帰らしたの。いちばん喜んだの奥さんたちだよ。署長さんとこへ来たらね、帰りが早くていいってことで。

多いときは七台くらいやってたよ。麻雀荘じゃないからショバ代いらないしねえ。とにかく、食うものは自分で注文して食えと。それ新聞記者の連中も仲間入っちゃってやったんです」

金が和子と市内に飲み屋を開いてからは、親しい記者を引き連れて姿を見せたこともある。

小林のもとへ金嬉老説得の依頼があったのは、二十二日の午前四時五十分ころである。

「警務部長が来て……警務部長っていうのは、まあ、本部長の次でね。実はまことにそのいいにくいことだけど、とにかく寸又峡へ行って説得してくれないか、と頼みに来たんですよ。それでまあ、私だってやっぱり警察にいたもので、行くつもりでいたところが、子供が起きて来て、そんな危ないとこ行くなと、ねえ。お父さんがいま死んじゃ困るんだから絶対行くなって、泣いて阻止したわけなんですけどね。まあ、そんなことはないからっていって。それから警察差し回しの車で現地へ出掛けたわけです」

午前五時半に静岡市内の自宅を出た小林は、途中、県警本部に寄って、東京から応援にかけつけた関東管区警察局の甲斐秀夫刑事課長と一緒に、ひとまず千頭の派出所へ入った。ここにはすでに、子供たちにつきそわれてオモニが待機していた。

オモニがかけつけたことは、電話でふじみ屋旅館の金嬉老に伝えられたのだが、彼は会うのを拒んだ。彼のこの母親に対する愛情は特別のものがある。会って、自殺の決意がにぶるのを、彼はおそれたのであった。

「お袋が是非一緒に連れてってくれといったけど、まあ、なんかお袋と会うの嫌だと本人いっているぞと。だからこの問題については私に任せなさいっていったら、それじゃ署長さんにすべてお任せしますと、こういうことで、それから私は捜査本部（奥泉）へ行ったんですよ。で、本部長や刑事部長に会って、いろいろ話し合いして、本部長はね、どんな形でもいいから、とにかく説得と、無事に解決に努力してもらいたいと、こういう話だっけ。それからとにかく寸又峡へ出掛けて行ったわけね。凍ってるんですよ、道路が。寒かったなあ、あのときは。零下何度あったかなあ。とにかく寒かったよ。それでね、車がすべるの。落ちりゃ、そのままだからね」

ふじみ屋旅館へ入ろうとする小林を、五十人ほどの報道陣が取り囲んだ。第一回の記者会見のとき十数人だった記者たちの数が、もうこれだけふくれ上がっていたのである。

「小林さんですね」

「そうです」

「一緒に中へ入れてもらえませんか」

そういう簡単なやりとりがあって、二階へ上がる小林のうしろに、ぞろぞろと彼らが続く。久しぶりに見る小林を金は、笑顔で桐の間へ迎え入れた。だが、なだれこもうとする記者たちには、血相をかえた。あまりにも人数が多過ぎたせいである。

彼は報道陣をおそれたのではない。そこにまぎれこんでいるかも知れない警察官に取り抑えられることを懸念したのである。

小林はいう。

「それで、帰れ、入ると撃つぞ、なんていったから、いやこの人たちは写真とりたいっていうから、少し写真とらしてやんなさい。そこで三十分ばかり、各社の人が写真とったりなんかして、あとでまた面会する時間つくりますから、一応お引き取り願いたいということで、それで記者の人が帰ったんですよ」

記者たちは入れかわり立ちかわり金に署名を求めた。それはこういう場合のいわば常套手段であって、彼らはその署名を紙面にのせて記事に重みをつけようとするのである。金に紙と筆記具を差し出した記者は十二、三人にものぼった。

彼らがひとまず引き揚げて静寂が戻ったあと、小林にはかんかんにおこっているコンロの火のかたわらに山積みとなっているダイナマイトが気になった。

「危ないから、そいつを片付けないか」

「いや、おれ、署長さんと死ぬんだったら本望ですよ」

「冗談いうな、おれ、お前と心中するわけにはいかない」

「そんなに心配なら、署長さんが片付ければいいでしょう?」

「誤解しないでくれ。おれはお前からライフルやダイナマイトを取り上げるためにここへ来たわけじゃないぞ」

このあたりは軽口を叩きながら、両者とも腹のさぐり合いである。

次に小林の目をひいたのは、金のかたわらに置かれた清酒一升瓶であった。七分目ほど中身が入っている。

「なんだ、酒あるじゃないか。いつからお前酒飲むようになったんだ」

きかれた金は、笑っただけで答えない。

「寒いで、それ一杯くれや」

「署長さん、よした方がいいよ」

「なぜくんない」

「実は、これが入ってるんです」

ジャンパーのポケットから、金は紙袋に入れた粉末を取り出して見せた。青酸カリだという。

「それじゃしようがない。じゃ、お茶でいい」

そういって小林がポットを指すと、金はいった。

「これもだめです」

その中にも青酸カリが混入されていたのである。

「それで、そんとき、彼がいうには、私は絶対自首しませんから。おれも、お前んとこ、自首勧めに来たわけじゃないと。それで、何しに来たんですかっていうから、人質返せっていったらね、そしたら、あれ返しゃ警察が乗り込んでくると。当たり前じゃないかっていった、おれ。

だけど、曾我という男は、町のダニといわれた男で、刑務所出てから半年しかたたないうちに、二千万くらいの恐喝やったらしいなあ。相当の悪《わる》ですよ。

それでね、結局あの場、金嬉老が曾我を殺さなかったら、曾我に殺されるっつうな状態だったらしいでね。殺すか殺されるかっていう状態だったらしいよ。

その話を私にしてねゝそういう意味で殺したんだから、おらそんなその悪い犯人じゃないと。

しかしね、人を殺すということはね、刑法でいちばん重大犯罪だと。気違い殺したって殺人は殺人だぞとね。

だから人がその、町の英雄といったかどうか知らんけど、そりゃ考え違いだと。

重大犯人だから、とにかくなあお前、そのうち警察が乗り込んでくるの当たりめえじゃないか。そしたら、それじゃ撃ち合いですかつうての。

そのね、ダイナマイトの山の真ん中にね、三十センチくらいのお盆があって、これにライフルの弾をこう、山に積んであったっけ。どれくらいあるかといったら、八百発くらいあるって。別にこっちに木の箱、入ってたね。やっぱりライフルの弾、たくさんありましたね。で、撃ち合いですかって。お前なあ、この弾八百発っていったって、静岡県の警察官何人いるか知ってるかちゅったんだね。知っとるならお前がいくら射撃上手で、一人一発で仕止めても、警察官もっといるぞ。そんなお前の身体、蜂の巣みたいになっちゃうからと。で、とにかくねえ、じゃ何しに来たですかっていったからね。まあ、とにかく、いまは話したってだめだって。なにしろ、顔見たとたんにやっぱり、目が血走っててね。私がふだん会ってたときの顔と全然違うですよ。

こら少し寝かせにゃいかんなと思って、とにかく休めったら、したら大丈夫ですっていった。署長さん知っとるように、三日ぐらい寝ずにいたって平気だと。それにヒロポンうってるから大丈夫だっていうからね。そんなのだめだ。とにかくね、休みなさいということで、こっちに何かベッドみたいのつくってあったよ。ベッドったって、手製のベッドだけんね。床になんたっけ、フランスベッドみたいなやつで、そこに横になっただけどね」

ここに出てくるヒロポンというのは正確ではない。金は足の静脈に注射をして、身体を保たせようとしていた。その中身は、市販されている栄養剤の一種であった。

その程度のことで、疲労をカバーすることは出来ない。いわれるままに金は、ベッドに横になった。ライフルは、安全装置をはずして、両腕に抱え込んでいる。

「暴発したらどうするんだ。そこへ立てかけておけ」

小林にいわれて、ライフルを手放す。そして、まどろみはじめた。

閉め切った部屋の中にコンロを二つも置いて炭火をたき続けているものだから、一酸化炭素で空気が汚れきっており、小林は頭痛を覚える。立って行って、小窓をあけた。

そのときである。金が、ぱっと起き上がった。

「なんで開けるんです」

「なんで開けるったって、おめえ、空気がこんなんじゃ、とってもしようがないじゃないか。窒息死しちゃうぞ」

「いや、開けないでおいて下さい」

笑顔で接してはいても、金の内心の緊張ぶりは、かなりのものがあったようである。

さからうわけにもゆかない小林は、小窓を閉めて、かわりに廊下の側の襖を開いた。金はまた、浅いながらも眠りに落ちた。

「その間に考えたことは、本部長はどんな手段でもいいから、とにかく解決するように骨折ってもらいたいと。ところが、実際に私が彼を島田の警察署へ連れて行くのは楽なんですよ。一緒に行けっていや、そりゃ行きますけどね。私が現職なら、それでいいのね。

辞めて一年たってるでしょ。で、私がつかまえたってことになると、警察の手柄にならないんですね。

ああいう事件は、警察がつかまえないということになると、真似をするやつが出てくる。で、やはり、なんだかんだいっても、警察につかまえさせるというやり方が常道なんです。そりゃ、あのまんま連れて行けば、私は英雄扱いされるよ。しかし、警察にはマイナスになります。ね、いくら過去において警察官やったからって、もうとにかく当時は社会人ですからね。だから、なんにしても、これを説得して警察につかまえさせるような方法をとらにゃいかんと。そこでいろいろ作戦を練ったわけですよ。そうなったときに初めて、警察の威信というものが高揚されるわけだから」

その経緯については触れない。だが、小林は功成り名遂げて警察を退いたのではなく、むしろ、追われるようなかたちで署長の椅子を離れた。その人物が、こうした局面で、警察の威信を第一義において、考え、行動する。警察一家といわれる彼らのタテ社会を貫いているのは、盲目に近い帰属意識なのである。

小林の思い込みはともかく、金が彼の説得に応じて、唯々《いい》諾々《だくだく》と島田警察署に自首したとは、とても思えない。それは「小泉刑事の謝罪のテレビを見たが、内容が具体的でなく、本人（金）以外には何を謝罪しているのかわからない。もっと具体的に謝罪してもらいたい」との要求を、小林に持ち帰らせたところからも明らかである。

午前十一時五十分に桐の間に入った小林は、午後一時二十分にそこを出た。金がまどろんだのは、ごく短い時間でしかなかったということになる。

その日の午後二時ころ、金は望月和幸に「風呂をわかしてもらいたい」と頼んだ。自殺するにあたって、着替えをし、きれいな身体で最期を迎えたい、というのである。

そのとき彼のもとには、千頭のオモニから小林の手を通じて、各二枚のパンツとシャツとズボン下が差し入れられていた。これは、千頭に入ったあと、オモニが娘に命じて買ってこさせたものである。

「なんでもあったかく着て、新しくして、死んだ方がええと思ったんですよ。どうせ生きて泣くより、死んで泣いた方が、どっちも人間の心一つ決めた方がええと思うてね。

生きてたところで、どうせここの衆に殺されるか、つかまりゃあ、死刑になるとか、そんなこと見るより、自分の手で、自分で死んでもらいたくて。そいでわしは、そういったの。絶対ひとに殺されちゃいかん、ちゅうて。親からもらった身体だから、ひとに殺されちゃあいかんよ。自分の手で、自分で死んでもらいたい。きれいに死んでくれと。ごちゃごちゃに死んだら、わし連れて帰るの困るで、きれいに死んでもらいたいと」

どこに、息子の死をねがう母親がいるであろうか。それをあえて、死ね、という。六十万の人々をわけもなく虐《しいた》げ、それでいて虐げていることの自覚さえ持つことのない大方の日本人は、到底、この心からの叫びを自分の痛みとすることは出来ない。

それにしても、なんとやり切れない言葉であることか。

大きく世の中をかえようとする心組みは初めから持たず、自分だけの小さな安定を次代にも慫慂《しょうよう》して、その結果、自己の矮小化《わいしょうか》にしかつながらない受験勉強に取り組む息子の背中へ、深夜、あたたかい毛布などを着せかけてやる日本の母親にとって、最後の下着を息子へ送って、死をうながし、それによって民族の誇りを彼とともに全うしようとしている朝鮮の母親の悲しみも怒りも別世界のものであるに違いない。しかし、そこまでこの母子を追い込んだのは、他でもない、われわれの社会なのである。

金嬉老が風呂に入ろうと思い立ったとき、オモニの深い胸の内は、はっきりした伝言という形では、まだ彼に届いていない。それでも、息子はオモニのいわんとするところを、すでに察知していたようである。

彼が朝日新聞の記者が差し出したメモ帳に記した短い「手記」は、こうであった。

〈此の世で最も価値あるものは、母性愛だと思います。

二月二十二日　　　金岡安広〉

彼の実父権命述が事故死したのは、すでに述べた通り、昭和六年、彼が三歳に満たないときであった。

ところで、彼は権嬉老、近藤安広、金嬉老、金岡安広、清水安広と五つの名前を持っている。

権嬉老はそもそもの姓名で、近藤安広は、実父が「日本名」を近藤と名乗っていたところから来たものである。継父である金鐘錫は「日本名」を金岡あるいは清水といった。そのため五つもの名前を持ったのだが、厳密には七つというべきかも知れない。権嬉老、金嬉老は、日本語読みで「ゴンキロウ」、「キンキロウ」としか発音されないから、本来の「クォンヒロ」、「キムヒロ」がつけ加えられる必要があるように思われるのである。

七つもの名前を持たなければならないというのは、それ自体がすでにしてきわめて異常である。

しかし、その数がかりに二つだったとしても、異常さにおいてかわるところはない。かりに、われわれが朝鮮民族の支配を受けて、「創氏改名」を強制されたとしたら、どういう気持を抱くであろうか。あるものは「李某」を、別のあるものは「金某」を否応なしに名乗らされたとしよう。めいめいが押しつけられた名前を紙の上に書いてみるがよい。それが自分だと思えるであろうか。

日本が朝鮮民族から奪ったのは、土地や財産だけではない。言語も、文化遺産も、そして、人間の証明である固有の姓名さえも奪いつくしたのである。それは、取りも直さず、人間が人間として生きる道を否定することであった。

日本人のだれによっても、人間らしく育つことを期待されなかった金嬉老の幼児期は、いったいどのようであったのか。

〈私の母はとても母性愛の強い人で、若い時から子どもと二人の夫のために尽くして苦労の連続だった。

したがってときには母の知り合いの朝鮮の人など「ヒロオメ、活動クギョンハロカプシダ」（ヒロのお母さん、活動を見に行きましょうという意味）とさそったが、その金がもったいないと言って行かないし、今までに母が映画を見に行ったというのは、一度しか知らない。

遊びに行くということをしなかった母はただ働いて働いて今までを送ってきた人で、母のふしくれだった手や黒く焼けた腕を見るとどんなに苦労を重ねた人かがよくわかる。

子どもを食べさせていくために、生きていくために、ボロクズ拾いから、マキ拾いからなんでも黒くなって働く人だった〉（『弱虫・泣虫・甘ったれ』岡村昭彦編・三省堂新書）

夫に先立たれたオモニは、幼い金嬉老の網膜に強く焼きつけられている通り、よく働く女性であった。そうしなければ生きて行けなかったからである。

金嬉老がオモニの引くリヤカーの隅にちょこんと乗って、町へ出るようになったのは、実父の歿後間もなくである。

ボロや鉄屑を拾い歩くオモニに、日本人の子供たちは「おい朝鮮人だ、朝鮮人が来たぞ」とはやし立てて、石を投げるのであった。

〈そういう事がたび重なるにつれて、私は私の頭の中で「朝鮮人ってなんだろうか」とか

「なんで自分たちはこんなにいじめられるのか」と考えるようになりましたが、よくわかりませんでした。

しかし、私には母という絶対の人があり、その愛情に甘えられたから、いやなことも忘れられるのでした。廃品拾いも終わって、疲れた足でリヤカーを押す母の姿が夕焼けの中にいっそうすばらしく見えて、私は母に甘えるのでした。

そうすると母も、「おなかがすいたろうに」といって、その日のかせぎの中から一銭二銭を出してお菓子を買ってくれるのです。

そのお菓子を自分の口の中にも母の口の中にも入れては、二人で顔を見合わせて笑いながら家路につくのでした〉（前掲書）

成人した男性が現存する母親について、こうまで甘く思い出を語るのは、多くあることではない。

このあたりにも彼のナイーヴな心根がのぞいている。

その彼にとって、オモニの再婚は、大きな痛手となった。

そのとき彼は六歳になろうとしており、道路へ大の字になって足をばたばたさせながら「母ちゃんを返せ」とだだをこねた記憶がある。

オモニは新しい夫金鐘錫のことを「父ちゃん」と呼ぶように何度もいったが、彼はそれを口にしなかった。

継父を父と呼ばずにいれば、オモニがかろうじて自分のものであり続けるように思えたからである。

〈義父は性格は非常におとなしい人です。その反面、また非常に気の短い人でした。性格的には私と合いませんでした。ただ義父は酒を飲むと、当時はよく仕事に行っては、「朝鮮人は同じ仕事をやっても日本人より安い賃金しかくれやがらない」あるいは「ばかにしやがった」とか、そういう不満を家に帰って来て母親にぶつけて、ちょっと気に入らないことがあればお膳をひっくり返したり、ひどいときにはドンブリで母親の頭をわったようなこともありました。私はそういうふうな父親からますます遠ざかり敬遠するようになっていったんです。すると父親の方も私を非常にけむたがり、敬遠するようになりました〉（『法廷陳述』）

二人の折り合いがあまりにも悪いので、気に病んだオモニは、金嬉老にすぐ下の弟をつけ、同じ清水市内の亡父の実家へ預けたが、母親恋しさにすぐ逃げ戻って来てしまう。そんなことを何度か繰り返したあげく、疲れ切ったオモニは夫に離婚を申し出た。

〈私が亭主の縁は切っても子供の縁は切れないで、とにかく私ははなしてくれと。あんたの子供を、あんときすでに二人も三人も出たですからね、五人持って苦労するのも六人持って苦労するのも、一人持って苦労するのもわしが苦労するのは一緒だで、全部わしが責任持って育てるから、あんたもまだ年が若いし、わしより二つ下ですから、嫁さんもらうといえばわしが協力するで、嫁さんもらってくれということを、私は何回も相談したです。ごきげんいいときに。

ごきげん悪いときにやるとまたやられると困るで、ごきげんのいいときばっかりに上手に話しても、やっぱりそれじゃ私が未練残るで、私からできた子供を殺しちゃうといって、いつも首たまつかんで出るもんでね。それでついつい私もあやまっちゃあやまっちゃ、それじゃ私の言い方悪かった悪かったといっちゃあやまっちゃ、それで一緒になったのが一年一年、だんだん子供が一人一人余計出てくるし、それでここまで通ってそれでとうとうしまいまでよくなかったです〉（『証言集2』）

　家庭が暗ければ暗いなりに、学校でも楽しければそこに救いを見つけることが出来る。しかし、金嬉老には通学も苦痛であった。

　彼にとって忘れられない出来事は三年生のときに起きた。

三度の食事がままならない苦しい生活の中から、オモニは「ヒロは男の子だから」といって、彼にだけ弁当をつくってくれていた。姉は昼食抜きなのである。

　彼の弁当箱の中身は麦飯で、おかずはといえば、梅干が一つである。それを日本人の級友があざわらい、ある日、ひっくり返してしまう。

　その相手に飛びついた金は、馬乗りになった。

　そこへ土屋という担任が入ってきて、喧嘩の理由もきかず、皮靴をスリッパ風に改造した上履きで、彼の横腹を蹴った。

〈私はそのとき、当然あまりの痛さに、びろうな話ですけど、クソをもらしてしまいました。そしてみなからクサイ、クサイといわれて、自分が尻のまわりをクソだらけにしたその恰好でもって、泣いて家に帰りました。そういうことがあってから、私は学校というものは、もうぼくたち朝鮮人が行くところじゃない、もう学校なんか死んでもいやだと、母親がどんないいカバンを買ってくれても、私はカバンを買ってくれればそれをボロクズ屋へ持っていって、二銭三銭の紙クズで売ってしまい、それで焼き芋でも買って食って、学校へは行きませんでした〉(『法廷陳述』)

正式の「退学」は五年生であった昭和十四年九月七日付になっているが、この一件から彼の心は学校をはなれてしまった。

かといって、家にいれば、彼のことがもとで継父とオモニのいさかいになる。そこで、丁稚奉公に出された。

行った先は、キャンデー屋、菓子屋、家具屋、印刷屋、クリーニング屋、煉炭工場、港湾関係などだが、どこも長続きしない。仕事を離れると家の敷居が高いので、むしろをかぶって草原に寝てみたり、清水駅の待合室のベンチで夜を明かしてみたりという、浮浪児のような生活を送ることになる。

飢えをしのぐために、畑の作物を生齧《かじ》りしていたが、それだけでは足らないから、店のものについ手を出してしまう。そのようにして、盗みの味も覚えた。

十二か十三のときだったという。清水駅のベンチに寝ていた金は、刑事に怪しまれて清水署へ連れて行かれた。何か悪事を働いているに違いないというので、責め立てるのだが、彼は答えない。

「正直にいうまでそこへ入っていろ」

と、留置場に抛り込まれた。

〈毎日のように道場に引き出されては、投げられ、落とされ、痛みを一生懸命こらえて、「何くそ！　何くそ！」と思って、小さな根性を出していた私！

住所を聞かれては、「朝鮮人」であることを知られたくないとうそを言って、またなぐられて、痛みが残ったそのころの私に、母は貧しい中からも、弁当を入れてくれたり、菓子を入れてくれたりした。

薄暗い部屋の中で、それを口にしながら、泣いた私だった。

「こんなやつに負けるもんか」と心は張りつめていたが、母の差し入れは私を泣かせずにはおかなかったのだ。

刑事もあきらめて、母を呼んで帰すときに、やつの言ったことば――

「お前らも日本人にしてもらったんだから……」

そして清水の警察だけが大きな怪物のように見えるだけだった〉（『弱虫・泣虫・甘ったれ』）

二十二日の午後、金のすきをうかがって、望月和幸が警察の西側基地になっている山口屋を前後三回にわたって訪れた。情報提供のためである。そして同三十五分ごろ、どてら姿の柴田南海男が翠紅苑の前線基地へこっそりやってくる。

柴田の目的は、この夜、金が風呂に入ることがわかっていたので、彼が入浴しているあいだに、なんとか取り抑えられないかという相談をすることにあった。

宿泊者に対して責任を感じないわけにはゆかない経営者という立場がそうさせるのか、事態の解決についてもっとも積極的であったのは望月である。

だから、彼のとった行動はそれなりに納得のゆくものだが、柴田の場合はかなり微妙である。

「あの人の主義主張は、答案用紙としては百点満点だった。民族的追及にはぼくも感心しましたから。

同情というんじゃないんです。正当な言い分に共鳴したということでしょうね。

（ふじみ屋旅館を）出て来てから、ぼくはいろんなことをいわれました。犯人をかばっているとか、大の男が何人も揃っていて、なぜつかまえることが出来なかったんだとか、いいことはあまりいわれなかったなあ。勇気がないとか、そんなことばかりでしたね。

逃げようとか、抑えようとかいう気持は、つねにあったんですよ。恐怖も、ところどころあったし。

そこのところが、いくらきかれても、ぼくにもよくわからないんです。逃げるチャンスだって、抑えるチャンスだって、いくらでもあったのに、どうしてそうしなかったのか。やっぱり、トリックにかかって、道化師のように踊らされていたのかなあ。

差別ということになると、あの人のいう通りだし、はいはいはいと、惚れて動いた感じですね」

柴田は秋田経済大学付属高校を昭和三十五年に卒業、ボーリング業界では最大手の東京ボーリングに入社した。在校中に八郎潟の干拓工事が始まり、アルバイトの身分で現場に出ていた関係で、卒業と同時に社員に採用されたのである。

ところが四十一年四月にこの会社が倒産、そこの工事主任がおこした産業基層という小さな会社に柴田は引っ張られたが、同じ年の暮れにここも潰れてしまった。

いったん秋田県山本郡琴丘町の実家へ帰った柴田は、正月を過ごしたあと、東京へ戻って来て中日本基礎工業に入る。

早くから独立を志していた彼は、これを機会に中古のボーリング・マシンを十五万円で手に入れて、新しい職場に持ち込んだ。機械とセットでの就職というわけで、身分としては社員のようでもあり、また下請けのようでもある。いいかえれば「半独立」ということになるのであろう。

「独立となると、二十六、七の若造でしょう。周囲の反撥が大きいんです。いまでも独立の夢は捨てていないんですが、あのときは若かったから、いろいろ思うようにいかないことが多くて、それで金さんに惹かれたのかも知れませんね。

自分が出来ないことを、あの人はてきぱきとやる。見知らぬ人間に対する統率力というか、そういうものにぼくとしては感じるところがありました。

そこのところがトリック的ということになるんだけど、つかまった人間には一種の連帯感が生まれて、全体的に見ると恐怖心もない、抑えることも出来ない。逃げるなら全員でという心理が、あの人の親分肌にマッチしたような、そこに結びついたものだから」

という柴田の説明だが、そうであればなおのこと、金を取り抑えようとして相談のため翠紅苑に出向いて行った彼の行動は矛盾に満ちている。

「ぼくの考えですけど、警察は殺すチャンスをねらっていたと思うんです。それから、これもぼくの想像なんだけど、金さんには人質を連れて母国へ帰ったら英雄になるという気持があったと思う。自分で決着をつける、つまり死ぬというのは、ぼくには最終的につかめなかった。説得者がくれば会うという、そこんところがねえ」

柴田の内側の金に対する人間的共感とでもいったものは認めるとしても、金が提起した民族問題についての柴田の視点は、いくら話していても一向にはっきりしてこない。つまりは、主体性を持たずに、状況に流されていたということになるのであろう。

人質を連れて母国へ帰るというのは、まったくの憶測に過ぎない。

この時点で警察は金の射殺計画を放棄していた。次の池谷刑事部長の言葉がそれを裏付けている。

〈二十二日の朝、女子供を返してよこしたことからも、これからは金を撃っては警察の負けだ、とにかく当分「説得一本やり」でいこうということで、警察、さらには金に対して最も説得力のある人を送り込み、そして説得の機会にスキがあったら逮捕するか、人質を脱出させる……。こういう方針で臨んだわけです〉(『捜査概要』)

柴田の申し出は、次の理由からしりぞけられた。

「人質」全員による事前打ち合わせが不可能なこと。金はライフルをいっときもはなさないこと。以上の二点である。

　警察がかならず救出するから、もうしばらく待ってもらいたい、といわれて、柴田はふじみ屋旅館へ戻り、金と一緒に風呂に入った。このとき金はライフルを風呂場に持ち込んでいる。

　背中を流そうとする柴田を、金が押しとどめた。

「お前、いいよ」

　だが、柴田はやめなかった。

「こんなの見られたらまずいぞ」

「だれも知らんからいいじゃないですか」

　外聞をはばかっていたのは金の方で、これでは「犯人」と「人質」の会話にはならない。二人の入浴は午後七時ころ始まって、ほどなく終わった。金はライフルをその場に置き忘れて、桐の間へ戻ってくる。湯上がりの解放感が、彼の警戒心にとってかわったようであった。

　だが、金は、すぐに気づき、田村に命じてライフルを持ってこさせた。

　そのとき階下で電話が鳴り、金は素手のまま降りて行く。それを見た望月が、ライフルに飛びついた。

　加藤末一によると、その場の状況はこうである。

「宿の主人が、そのライフルを持って、ま、殺すというふうなことで、やったんですよ。それで、みんなしてとめたんだけれどもね。

あとからきいてみると、宿の主人自体もライフル取り扱ったこともないんだし、はたしてそのときに弾が出たかどうかもわからないんです。もし失敗した場合だね、とこういうようなあれやね。ちょっと臆病なふうに見えるかもわからんだけども、もし失敗した場合にはという気がしたから、みんなしてとめたんだけどもね。

いまから考えてみりゃ、まあ怪我人が一人もなくて解決しとりゃ、自分としてはいいんじゃないかという気がするんだけどね」

同じ場面を加藤一志はこう話す。

「ぼくらの部屋に銃はあったんかな。なんかしら望月さん銃を持ち出してね。本人はちょうど電話かけてるときやなかったかね。

階段のところへ出かけてさ、ものすごく下から見えるわね。そこぼくらとめたんだわね、そんなことやっちゃいかんって。

あんときもう主人もね、気が動顛《どうてん》しちゃってね。本当にあの、あわれなもんなんです。精神状態がね。

ぼくらより、お客さんを扱っとるちゅうことと、自分の家だちゅうことでね。本人はなんとかしようちゅう気があったんじゃないすか。カーッときちゃって、銃持ち出して――」

彼は拘束された不便もさほどには感じていない。

「昼間はある程度、自由に動けたんですよ。ただ、夜になるとまあ、たとえば部屋にとじきるとするでしょ。だからトイレに行くときはおれに壁でも叩いて、ただトイレに行くという声をかけて行ってくれというわけですね。

ちょっと音をガタッとさせると、隣の部屋で大きな声で、なにやっとるか、っていうくらいでね。銃持ってくるということはないんです。ただ声だけでね」

望月をとっさに押しとどめた彼の心理には、金が自分たちに危害を加えないという安堵感が働いている。

「本人はもうね、謝罪してくれたら自分は死ぬちゅう、あれいっとったでね。だから、あんたたちにはいっさい迷惑かけずにぼくは死ぬといって、その死に方まで説明してくれたんですよ。

部屋にね、ポットの横に湯呑み置いてね、中に青酸カリ入れてさ、溶かしてあるわけですよ。それであの、銃でね、のどこうぶち抜いて、青酸カリ苦しんで死ねん場合もあるもんで、二重のためにそれ飲んでからすぐとね、銃で自分ののど撃って死ぬという、死に方までね、教えてくれたんですよね。

それはずっと憶えておるんです。いまでもね。本人は死ぬつもりだったということだね」

この日の午後には、こういうこともあった。小泉刑事の抽象的な謝罪に納得しない金は、二十三日正午と期限を切って、より具体的な謝罪を警察側に要求し、それがいれられないときには、ふじみ屋旅館の前で自殺すると通告した。

そのあと彼は玄関の外に待機していた報道陣に、同じ趣旨のことを伝えた。と、カメラマンたちが走り寄って来て、広場に三脚をすえ始めたのである。さすがに金は苦笑した。日本のマスコミはどこまでも、稀有《けう》の被写体としてしか彼をとらえようとしなかった。

それにしても、金がこれほどまでに自決にこだわるのは、なぜであるのだろう。日本人の意識構造には、いまなお、自決の潔さをよしとする心の働きがひそんでいて、三島由紀夫が時代錯誤としかいいようのない切腹をとげたとき、そのことの意味を深く吟味するより早く、少なからざる人々が、感動を口に表したものである。同じメンタリティを、抗戦に立ち上がるなり自殺を口にした金嬉老にも認めることが出来ないか。

彼において「みんくす」での殺人は、非合法ではあるが、自己のアイデンティティをたしかなものにする不可欠の要件であった。彼は同時に、もう一人の「日本人」を葬っている。それは「金岡安広」である。

日本の社会が突きつけてくる同化を受け入れているかぎり、彼は立居振る舞いにはじまるすべてを、日本人らしく続けなければならない。在日朝鮮人・韓国人にとっての民族問題はその延長線上には、絶対に地平をあらわさないのである。

彼が本来の存在であるためには、自分の内なる「日本人」を抹殺して、金嬉老《キムヒロ》に立ち戻らなければならない。「日本国家」を敵とする「私戦」は、金嬉老にして初めて成り立つのである。

こうして戦いを宣告したその口の裏から、自殺の予告が連発されるのは、振り払えないほどにしみついた、内なる「日本人」のせいであろうか。そうであるなら、彼が噛みしめるべき悲しみはなおのこと深い。

金嬉老が育ったのは、清水市内を流れる巴川が折戸湾に注ぎ込む河口の埋立地、築地町である。金家の跡を訪ね歩いても、往時を記憶するものは少ない。

いまもそこに住む八十六歳の山梨浅吉が築地町の町内会の副会長におされたのは戦時中の昭和十八年四月で、そのときにこの町の住民は三十七、八人であったという。

「ここは川尻だから、川の州がたまっておった。それを埋め立てたのが大正末ごろだったかなあ。昭和の初めだったかも知れん。

そういえば、戦争前あたりから、いまの鈴与の機具整備所のところに、朝鮮人の人夫が寮みたいの建てて住んでおったなあ。平屋で粗末なもんだったですよ。

町内会には入ってるだけで、会には全然出てこない。朝鮮人に必要のことはいってやったけど、その他のことは……。わたしら、つき合いというのは、まったくなかったからねえ」

巴川河口の左岸が築地町で、一帯は倉庫とか缶詰の梱包工場とかが立ち並ぶ殺風景な土地柄だが、河岸に取り残された恰好で「壮士墓」というのがある。

明治元年（一八六八）、品川沖を脱出した幕府の軍艦八隻は、房州沖で暴風雨にあって散り散りとなり、帆柱を折られた咸臨丸は下田港を経て、清水港にたどりついた。

ところが九月十八日、柳川藩と阿波藩の兵士をのせた官軍の軍艦三隻が咸臨丸に砲撃を仕掛けてくる。修理のため大砲を陸揚げしていた咸臨丸は、白布を振って抗戦の意思のないことを示したが、官兵は攻撃を止めず、ついには抜刀して斬り込み、乗組員のすべてを討ち取った。

官軍が咸臨丸を拿捕《だほ》して去ったあと、海中にはおびただしい死骸が残された。だが、官軍の咎めをおそれて、だれもこれを始末しない。

これを知った清水次郎長が子分たちに命じて死骸を収容し、向島の土左衛門松の根方にひそかに埋葬した。

後年、次郎長は墓碑を建てるに際して、幕臣松岡万の斡旋で山岡鉄舟に碑銘の揮毫《きごう》を依頼する。鉄舟は快諾して「壮士墓」と大書し、これとは別に「生きて一日の歓びなく死して万世に名あり」と自讃したどくろの絵を次郎長に贈った。これが機縁で鉄舟の知遇を得たこの俠客は、晩年、社会事業家へと転身する。

その生家は巴川対岸の次郎長通り商店街に昔の面影を残していて、血筋をひく五代目の服部豊野が土産物を商ってこれを守っている。金嬉老が通った清水小学校は、ここから近い。

〈私は子どもの時、よく梅陰寺というお寺へ遊びに行った。(中略)そのお寺には弱い者を助けた男と言われていた次郎長たちの墓や銅像があり、私はその次郎長の銅像の顔を見るのが好きで、「おれも今に大きくなったら、必ず貧乏人を助けて強いやつをやっつけてやるんだ」と思い、次郎長は子どもの私の夢だった。

次郎長はやくざであって、弱い者を助けたなど、そんなことは映画や本で銭もうけのために宣伝して作られた話だとは知らなかったし、考えもしなかった。（中略）だから次郎長の銅像の前に小さな池があるが、そこへ腰を降ろしては、何時間も次郎長のすごいおこっているような顔をながめてはいたものだった〉（『弱虫・泣虫・甘ったれ』）

彼はいわゆる組織暴力団に、生理的嫌悪感に近いものを持っているが、それは長ずるに及んで実物に接しているうち、「いいやくざ」は映画や本の世界にしか存在しないことを、肌身に沁みて知ったせいであろうと思われる。

弱者に対する一見、奇矯なまでの同情は、彼が繰り返し述べているオモニからの感化によるものだとして、しかし、彼における侠気は、多分に次郎長を生んだ清水の土地柄と無縁ではない。彼が後にも先にも、組織暴力団に属した事実はないにしてもである。少年期に次郎長は、仰ぎ見る英雄像であった。

その他、前掲書に彼が挙げている理想の人物は、船内に杉野兵曹長の姿を求めて自らの死を招く広瀬中佐であり、わが子を戦さに差し出し、貧しい辻うら売りに同情する乃木大将である。

日本の敗戦を金嬉老は東京都江戸川区にある相愛学園という朝鮮人を主体に一部台湾人を加えた少年院で迎えた。

〈院長が「日本は戦争に敗けたんだ。今日天皇陛下から重大な放送があるから聞け」ということで、講堂へ全部集まって聞かされました。

そのとき私はどういう態度をとったでしょうか……。くやしかったです。日本が戦争に敗けたということが非常にくやしかったです。

天皇陛下が泣いているその感情にふれて、私も涙をポロポロポロポロ出して泣きました。そして上空へＰ51グラマン戦闘機の天蓋をあけて、低空でもって顔を真赤にしたアメリカの飛行士が飛んでくるその姿が赤鬼のように見えて、にくしみの目でそれを見たものです〉（『法廷陳述』）

同化政策は、朝鮮の少年を、「敵」の敗北に涙する「日本人」に育て上げていたのである。

第十二章　説得

望月の手からライフルが取り上げられて、ふじみ屋旅館の内部で、唯一の緊迫した場面は回避された。

まさかそういう事態が頭上で持ち上がっているとは知らない金は、階下で受話器にとりついていた。この日から目立って、彼あての通話が頻々と飛び込んでくるようになったのである。

その一つは、福島県に住むという同胞の女性からのものであった。彼女は自分が受けた差別を涙声で金に訴えた。

もう一つは、思いもかけぬ昔馴染からのものであった。

金が十二、三歳のころのことである。オモニが十数頭の豚を住まいに続く小屋で飼っていて、その餌を集めるのが彼と姉の仕事になっていた。

民家の勝手口で残飯のバケツをあさっているあいだに、日本人の子供が姉弟がひいて来たリヤカーをどぶへ突き落としてしまったこともある。

そんなある日、金は八百屋のゴミ箱から野菜のくずをより分けていた。

どうしてそうなったのかは、もう記憶にない。彼は八百屋の主人に足蹴にされた。

それを見ていて止めに入り、金をかばってくれた同胞が、滋賀県の彦根市からほぼ三十年ぶりに電話をかけて来たのである。

ブラウン管の金にかつて虐げられていた少年の姿が重なり合って、居ても立ってもいられない気持にかり立てられたのであろう。

午後九時ころ、金は藤の間に入って来て、だれかれとなく雑談を始めた。そのうち思い出したように望月に向かって、

「奥さんに電話して上げなさいよ」

という。

「妻の実家には電話がないんです」

「じゃあ、離れているといろいろ心配するだろうから、あんたも奥さんと子供さんのところへ行って、一緒に泊まってあげなさい」

「いや、いいんです。私には用事もありますから」

加藤末一が横から言葉をはさんだ。

「望月さん、行って泊まってくればいいじゃない。こっちは大丈夫だよ」

そこで金がもう一度、すすめる。

「あんた朝来て、みんなに食事の仕度をしてくれればいいんだから」

「じゃあ、私だけ悪いけど、向こうへ行って泊まって来ます」

望月が山を下ることになって、運転役を加藤末一がかって出た。使った車は吉岡電気工業のものである。

奥泉に着くと、待ち構えていた警察が情報をとる。

その後、首脳部の意見は真っ二つにわかれた。

高松本部長は加藤をふじみ屋旅館へ帰さない、といい、池谷刑事部長は、なんとしても帰さなければならない、と主張したのである。

高松本部長としては、金との電話のやりとりで、彼がかなり柔軟な態度を示しているので、このあたりでひとつ反応をさぐってみよう、という腹であった。

加藤を帰さなかった場合、金がどう出るか。それを見ておけば、次に打つ手がおのずから決まってくる。

これに対する池谷刑事部長の反論は、そんなことをしたら金が態度を硬化させて、何をするかわからない、というものであった。

「それではきくが、加藤さんをふじみ屋へ帰したあとで、本人に何かあったらどうするかね」

本部長に念を押されると、生命の確実な保証を請け合うことが出来ない。

この際、加藤が交通事故を起こしてけがをしたという口実をかまえて金を説得しようか、などと、始末のつけ方を論議していると、加藤本人が断を下した。どうしても帰る、というのである。

最年長の彼は、何かにつけて運転役を引き受けて山を下り、その身を案じて奥泉までやって来た家族がしがみついて泣きながら、ふじみ屋旅館へは帰さない、と引きとめる場面もあったのである。

だが、このころ寸又峡の現場は、ますます緊張にはほど遠いものになりつつあった。

その夜の十一時ころ、望月が下るのと入れかわりに、広島からの日本名をYという同胞が、金と面識がない初めての説得者としてふじみ屋旅館へ入った。

Yはあらかじめ金に電話をかけて来て、宗教団体の名を名乗り、彼に会うことの了解を求めた。

「いまから自衛隊のヘリコプターを出動させて寸又峡まで行くが、会ってくれるか」

というのである。

金は、自衛隊がヘリコプターを用意するほどの人物であれば、むげに断れないと判断して、会見に同意した。

その人物をふじみ屋まで案内して来たのは、西尾巡査部長であった。そのとき金は藤の間にいて、雑談をしているところであった。

入って来たYを一目見て、金は奇妙な人物だと感じた。大柄な男で、頭に数珠のようなものを巻いており、いきなり合掌したのである。

向かい合って座ると、Yはいきなりテーブルの上に、自分宛ての手紙をひろげ始めた。差出人について、いちいち注釈がつく。これは元参議院議長で、これは元郵政大臣である、といったふうである。

いらいらしながら聞いていると、居合わせたカメラマンが大型の撮影機を回し始めた。別の一人が録音機を差し出してくる。

適当に応対する金に、カメラマンがいった。

「ゆうべ警察と間違えられたのはぼくたちですよ」

アルプス山荘のありかを、金とは知らずにたずねて、威嚇射撃を受けたのは、彼らだったのである。

「ああそうかい。悪かったね。てっきり警察の変装かと思った。それだったら、いってくればよかったじゃないか」

「いや、金さんが、だまされんぞといったので、びっくりして逃げちゃったんですよ」

Yをかたわらにそういうやりとりが始まったところからしても、金は彼のまとまりのない話に辟易《へきえき》していたことになる。

それでも金は二時間ほどつき合っていたが、たまりかねて西尾を物陰に呼んだ。

「だめだよ。あれはインチキだよ。自分の宣伝ばかりじゃないか」

「いや、おれもあんなやつだとは思わなかった」

「あとは頼む。おれ寝るから」

そういって金は桐の間に入り、戸が開かないように内側からひもでしばって、独り閉じ籠もってしまった。その間に日付は二十二日から二十三日へとかわっている。金はこれで籠城四日目を迎えた。

うとうとしていると、藤の間から呼ぶ声がする。

「金さん、金さん」

Yの声であった。

「なんですか」

起きて行った金に彼は告げた。

「西尾さんがいませんよ。こっそり連絡に行ったんじゃありませんか。警察が踏み込んでくるかも知れないから、気をつけた方がいいですよ」

西尾は金が寝込んだのを見すまして脱け出し、翠紅苑の前線基地に報告に戻っていたのである。

Yは興奮気味に叫んだ。

「金さん、私はもう我慢ならない。明日、この足で東京へ行って、大臣連中に抗議する」

そして、金にかわって奥泉の現地捜査本部を電話で呼び出し、西尾をすぐふじみ屋へ戻すよう要求した。金はまだ、眼と鼻の先の翠紅苑に前線基地が設けられているのを知らなかったのである。これが午前二時四十分ころのことであった。

実をいうと西尾は、報告を終えてすぐ翠紅苑から引き返したのだが、ふじみ屋には内側から鍵がかかっていたので、やむを得ず翠紅苑で待機していたのである。

前線基地の存在を金に隠している関係から、電話を受けてすぐ戻ったのでは具合が悪い。時間を見はからっていると、今度は加藤末一が奥泉に電話をかけてよこした。

警察の様子が変だと金が怒っていて困るから、西尾に来てもらいたい、という。午前四時四十分ころふじみ屋へふたたび入った西尾は、藤の間でYと並んで横になった。やがて金は、大きな彼のいびきを聞いている。

Yの寸又峡入りが報道されると、全国各地から説得者が名乗りをあげた。『捜査概要』に、警察当局の困惑ぶりがくわしく語られている。

〈池谷　報道を見、聞く人によっては、きわめて安易に金の面前に出ることが出来て、警察もそれを自由にさせているんだという印象があったんじゃないかと思うんですが、この説得志願者に対する説得では、だいぶ苦労させられました。

なかにはいろいろなのがあって、自称早稲田大学の四年生だという十九歳の少年の場合なども兎辻の検問所に来て「説得にいく」といってきかないというから、奥泉の捜査本部まできてもらって事情を聞いたところ、「この手紙を持っていけば必ず人質を返してくれる」といって手紙を持っているんです。

手紙を見せてもらったら「金さん、あなたは命をかけてよくやってくれました。もっとがん張ってくれ」（笑）と書いてあるんです。（中略）

千頭後方基地と県警本部の方へ電話をして、説得者を上らせないように、受け付けても、そのときはこちらからお願いするということで、引きとめてもらったのが二十人ばかりおります。この人たちは、いずれも金と全然関係のないもので、中には弁護士などもいたようで

す。（中略）

千頭で引きとめた特異なものは、ほとんど酒を飲んでいたようです。これも二十二歳ぐらいの青年でしたが、二十二日の夜遅くきたので、現地へは行かれないといったところ、どこか旅館を世話してくれというので、お金をいくら持っている、ときくと、六十円だという。それじゃ駅の待合室にでもいって寝ろ、といってやったら、駅員におこられたらしい。しかも頭がおかしいようなんです。それから連れてきてみたら、短刀をかくし持っていたので、これをとりあげ、汽車に乗せて帰しています。

それから、島田あたりのヤクザらしい金と関係のある連中なども二、三来ておりますが、これらも説得して帰しております。

とにかく、説得志願者は、北は北海道から、南は九州まで百二十名ぐらいになりました。私の方では「断るわけではない。お願いするときにはお願いしますから、住所、氏名、連絡先を教えてもらいたい」ということで引きとってもらったんですが、なんといっても聞き入れず、静岡に泊まり込んでもというのが、十名ばかり、その中には十六、七歳の少女もおりました。

高松　いや、そういう人がものすごく多いんですよ。女でも、いろんなのがありました。金と前に一緒だったことがあるというのから、決死の覚悟で、夫にもキチンと断ってきたという雑誌の編集長だというのまで、私も二、三人の人と会いましたが「関係は？」というと、「関係ない」といい、ただ、行けば絶対まちがいなく説得できるという。

なにしろ、あれほどがんこな金を、絶対説得する自信があるというてきている。それこそがんこ者ばかりですから、それまた説得するのは容易じゃないです。（笑）説得者が山を降りるとすぐ記者会見をやったりするし、もうひとつは、テレビ会社あたりで紹介してよこすというのがあるのです。そういうのがきて、それを自分のところで取材してニュースに入れるという、工作的なものもあったようです。

静岡では、秘書課の次席が説得係でしたが、手をやいたようです。奥泉に来た連中のなかには、自分の書いた詩集を持ってきて、「母親を思う気持はよく似ている。だから、私だったら説得できる……」こういうんですね。断って断って、断りぬいたら、おしまいにはすわり込んじゃって、「今晩はここに泊まります」というから、「だめだ」といったら、「夜明かししします」という。夜明かしするといっても雪が降ってて寒くておれない。そのうち裸になって川へはいっていったとかいってましたね。

内海（警察庁刑事局長）　だから……一方では自信を持ったまじめな人、他方では、金がマスコミの上におどり出たと同じような……。

高松　まじめな人にしても、警察の考え方と多少違った考え方を持つ人もあったようです〉

説得者の中に、一部明らかに売名と思われるもの、あるいは、精神の働きに支障を来している人が交じっていたのは事実である。だが、大多数は真摯《しんし》な人たちであった。

そして、数をいうことは出来ないが、たしかなある部分を、高松本部長が認めているように、「警察と違った考え方を持つ」人が占めていた。

ここに、いわゆる金嬉老事件の、類似犯罪とは異なる際立《きわだ》った特徴がある。後で述べるが、マスコミの報道を総括的にいうと、金嬉老は「凶悪なライフル魔」として片付けられてしまった観が深い。マスメディアは、彼が突きつけた踏み絵を前に、そこにたずさわる人々の差別感をあらわにしてしまったのである。

例外的に、金の訴える民族問題を正当に評価しなければならないとする言論が散見されたが、大方はそれを皮相だけの事件報道のかげに葬り去った。

人々の意見は、得てして、マスコミの論調を反映する。それにもかかわらず、金嬉老の怒りを、真正面から受け止めた日本人も絶望的なまでには少なくなかった。そうした対応は、この事件がわれわれの社会から引き出した、一縷《いちる》ののぞみである。

金嬉老はいう。

〈私が曾我に対して殺意を持ったと申し上げましたが、しかし殺意を持ったというものの、よし殺してやろうといって、そのまま真直ぐ行ってあっさりと、のみやしらみをつぶすみたいに殺せるわけではありません。私も迷いました。ずいぶん避けようという気持もおこりました。どうしようかと、そういう迷いがしょっちゅう私の中で行き来しました。

しかし、曾我にまで、「てめえらあさこうがちょうたれたことをぬかすな」と（あさこうとは、暴力団が朝鮮人として侮辱することばの符牒です。朝鮮の朝、おおやけの公、朝公と書きます）そういうふうに言葉をあびせられたとき、私は、瞬間もう何も考えずに銃をとりにいったのであります。

私は凶悪な人間でもないし、また、凶悪なことをしたとも思いません。しかし、殺人そのものは悪いことだったと思っているし、また、自分はいまになって、殺人をやらないでいきなり警察に飛び込んでいけばよかったというふうなことも考えます。

しかし、私がこのようにして、寸又の山であのようにしたからこそ、民族問題というものを、警察が必死になって、検察がそれに輪をかけたように必死になって、それを伏せよう、隠蔽しよう、ごまかそうとしても、結局は真実は強かったと私はつくづく今それを感じております。真実の前に刃向かうものはない、真実だけが絶対に強いんだ。その真実の中には私の悪い面も含まれています〉（『法廷陳述』）

ここで、事件当日、たまたま曾我の運転役を引き受け、手形にからむ脅迫には一度も加わっていないにもかかわらず、巻き添えのかたちで十九歳の短い人生を終わった大森靖司に対する彼の気持も伝えておく必要があるだろう。

〈私のやった行為は、あっていいものではありません。大森靖司がたとえ曾我の子分であったにしろ、あるいは枝葉の子分であったにしろ、大森の母親がこの法廷に出て証言したときのことを思うと、出来ることなら、大森を母親の手に返してやりたい。

大森の母親にしてみれば、たとえどんな子供であっても、悪い子供だとは思いませんし、わが子がかわいくない母親は絶対にいません。それは、私が自分の母親の姿を通して、よく知っていることです。

しかし、曾我という人物には、そういうような不幸な若い連中がいっぱい毒されています。そういう意味で、私はぎりぎりのところに追いつめられ、どうにもこうにもいかなくなった。そして曾我にああいうふうに対決せざるを得なかった点については、止むを得なかったと思っています。

だけど、大森の母親を見たとき、やはり自分が「みんくす」で、もう少し落ち着いて、気持を練って、大森のとっていた態度を見て見ないふり、あるいは寛大に許してやるべきではなかったかと思いました〉（最終陳述から）

大森靖司の母親貞子は、この二十三年間焼津港の近くで、夜、ラーメンの屋台を開いている。夫は若いときにアルコール中毒にかかって、入、退院を何度も繰り返しており、事件当日は病院のベッドにいた。

小柄なこの母親は六十歳を迎えて、生活の苦労を深いしわににじませ、髪には白いものが目立つ。

「自分の子をね、おくびにもほめるちゅうこと、いえないこんでしょうけど、ほんとにあの子は、あんなこんする子じゃないし、そういう仲間に入ってるなんて全然知らなかったしね。仲間じゃないですよ。性格的にそういう子じゃないんですよ。ええ」

靖司は焼津中学校を卒業すると、働きに出た。そのころは貞子の商いもいまほどではなく、進学の余裕がなかったからである。

「友達の方は大学出たり、それこそ家庭のいい方ばっかりだもんで、随分行きたがったですよ。でも私、あの子が双子でしたもんで、もう一人の子も同じようにやらないけないもんで、とても大変なんでね。

　いまはおかげで屋台の方も忙しいんで、生活も成り立って来ましたけど。まあせめてお墓だけなんとかと思ってたんですが、住むとこ先に建てちゃって、そこまで手が届かないで。私ら、食べてだけ行ければいいと思ってますけど、それでもね、あんな犬死みたいな死に方でね。それでも、お墓だけでもなんとかしてやれば、本人も浮かばれますからねえ。あんまり、あんな死に方じゃ」

　事件のとき、貞子は靖司が鉄工所に勤めているのだとばかり思っていた。だが彼は、そこを母親には無断でやめて、家具屋の販売を手伝っていたのである。

「その家の息子さんがテツっていって、お兄さんが曾我さんの連れの暴力団の一緒の人ですよね。そいで、そのお兄さんが曾我さんと肩並べてらっしゃる方で、弟さんの方はやっぱそういう人らしいけどね。その弟さんと仲良かったらしいですね。うちの息子は。

　そのテツっていう人が、まあ素晴らしい自動車持ってて、うちの子はね、としくるの待ってて免許とりに行って、自動車買いたいなあって。

　自動車の魅力で結局、わざわいのもとだったでないのかねえ。自動車をその人と乗り回したって話もあるでね。

　それであの日は、テツいう人が運転する人がいるというて、あの子が運転だけ頼まれて行ったですよ。なあにもわからずにね。だから、ほんとの巻き添えですけどね」

貞子はさいわい健康だが、右手の薬指だけが痛むのだという。スープをくむ。水を差す。そばを丸める。二十三年間、右手を酷使して来た結果、そこに負担がかかった。これも職業病なのである。

「みんくす」の北村嘉一社長は、事件の翌日、曾我と大森の家へ焼香に行った。そして、事件から四十九日目の昼間、思いもかけず、貞子の訪問を受けた。

許しを得て、例のロイヤル・ボックスに座った彼女は、一杯のジュースを前に、息子の冥福を祈った。一周忌のときにも、同じ場所に彼女のぽつねんとした姿があった。

獄中に息子をとられたオモニの悲しみはつきないが、この母親もまた、切ない思いをひきずり続けている。

一人の日本女性の背負い込んだ不幸から、目をそらすことは出来ない。しかし、そこにだけ瞳孔を絞り込んでいるかぎり、オモニの不幸が見えてこない。

貞子に向かっていうのは辛いが、金嬉老が提起したのは、他ならぬわれわれ日本人の問題であった。

生きる権利というのは、具体的には、職を得て生活資金を手にすることから始まる。

字面でそれをいうのが正義に叶う道ではない。六十万の人々を就職の機会からほぼ完全に閉め出しているわれわれの社会は、その一事だけを以てしても、不正義の社会ではないのか。

官公署はいうに及ばず、一流会社と呼ばれる企業で、在日朝鮮人に門戸を開いているところを寡聞《かぶん》にして知らない。社会正義を標榜する新聞社、雑誌社、放送局もその例外ではないのである。

人種差別というとすぐアメリカが引き合いに出されるが、そのアメリカでさえ、移住者には一定の条件を満たせば市民権を与えている。そして、土地で生まれたその子には、自動的に市民権が認められるのである。

少なくともアメリカ社会では、一つの人種が徹底的に就職の機会からはずされることはない。

在日朝鮮人は、当然、日本の社会で平等に生きる権利を認められるべき市民である。彼らに就職の自由をさえ認めないわれわれが、いったい何によって正義を果たすというのであろうか。人間から生きる権利を奪って心の痛まないものは、まぎれもなく不正義の徒輩《やから》である。新しい出発を志して整備士の免状を手にした金嬉老は、結局、一杯飲み屋を開くしかなかったではないか。

彼の非行歴も犯罪歴も、われわれが恥じるべき性質のものである。なぜなら、それらは、われわれが築いて来た差別と抑圧の構造の所産に他ならないからである。

金嬉老弁護団は最終弁論の中で、金嬉老事件が提起した日本人の問題意識について、次のように述べた。

〈寸又峡にこもる金嬉老によせられた多くの手紙の中にも、直感的に右のような事態をとらえていたものがある。その典型的な例を高等学校二年生の手紙にみることができる。その手紙はこういっている。

「私は最初貴方のことを知ったとき、なんて悪い人と思いました。しかし、今自分はちがいます。にげて下さい。貴方が警察につかまれば、死刑になるかもしれません。金さんは、もうあの時の金さんじゃないはずです。金さんは人を殺してはいけないということを身をもって得たはずです。現在の金さんは、今は悪人ではない。しかし、警察、裁判官、国家は金さん、貴方を人々の見せしめとするのです。今良い人でも過去に悪いことをした人をつかまえて」

この手紙の文章は、検察官の論告求刑の論理までを見通したものといえよう。

また愛知県一宮市の女性(引用者が匿名)は、やはり寸又峡の金嬉老にあてた手紙の中でこういっている。

「あなたの『罪』、それはマスコミがどのように歪曲をもって伝えるにしても、もはやあなた個人に帰せられる種類のものでないことは明白です。しかし、警察及びマスコミの多くは、この問題の本質(つまりあなたが提出している二つの条件がそれですが)を、人質という人道上の問題にすりかえようとしています。(中略)あなたは、日本の中で『朝鮮人金』として自己形成する過程で、自己の存在をどんなにか『朝鮮人』なる制約から飛翔させて普遍化しようと望んだことか?　なのにあなたの生涯において現実は決してそれを可能にはしなかった。そしてあなたは、今、現実の壁を一度にとび越えて、いわば『暴力』的に国家に対決し、いずれにしても死を選ぶことで一気に存在の普遍化を、全体性を得ようとしています」

このように、在日朝鮮人が日本の社会の中でおかれている位置とそこに生きる在日朝鮮人の苦労を知ろうとする者はすべて、金嬉老の行為が、過去三十九年間に受けた差別に対する憤りであることを理解し、その責任が日本人の側に、日本の社会のしくみの中にあると受けとめ、この事件から強い衝撃を受け、根本的な問題の解明に向かおうとしている。

これらの手紙は、寸又峡の金嬉老に届いたわけではない。

警察は、郵便、新聞の配達を完全にとめて、世間の反応が彼の目に触れないようにしたのである。

二十三日午前八時七分、Ｙは西尾巡査部長に付き添われて、加藤末一の運転する車で千頭へ下った。この車は帰途、奥泉に寄って望月和幸と、彼の妻の実家でつくった握り飯を乗せて、ふじみ屋へ帰ってくる。

この日は朝から金の同胞が次々と説得に訪れて、彼には多忙な一日となった。

午前九時ころ、まずやって来たのは、在日本大韓民国居留団中央本部を代表する李裕天団長（現常任顧問）ら三人である。

李団長は現地入りする前に奥泉で高松本部長に会い、自首の説得を依頼された。民団の意向もそこにあったから、両者のあいだに、その点に関する食い違いはない。

三人が桐の間に入って、もっぱら金に自殺を翻意させるべく、説得が始まった。李団長が話すそのときの模様はこうである。

「やつがあまりこぼしちゃってね。日本の悪口が多いんですよ。だから私はいったんです。朝鮮人は朝鮮人でいいじゃないか。なんだこの日本人っていえばいいんじゃないかって。ただ、いじめられたことを何度もいうから、そいで泣くから、私も泣いたですよ。ほんとのこといって。

ということは、われわれ同じ立場だからね。たとえば警察でも、すぐ朝鮮人だと差別するんです。そのまあ、いかにも朝鮮人は日本人より下だと。こういったことから、なんで日本にいつまでいるんだ、みな帰ればいいのに迷惑千万だと。こういったこと下っ端《ぱ》の刑事がいうんですよ。この、日本の警察がね。

そこでわしがいったんだ。君、高松県警察本部長に会ってみるか。いま、この下に来ているけど、立派な人だと。

そういっちゃなんだけど、マル暴係の小泉刑事なんか、わしゃもう屑としか思ってないんだと。そういう人間のいうことをいちいち根に持って、何もしない人を殺したり捕えたりしてさ、寸又峡だってこんなことしてたらいけないんじゃないかと。

そりゃ気持はよくわかると。お互い涙出ると。私も涙出ると。聞けば涙出るんですよね。あんなきつい男でも、ウウウン泣きながらいうからさ、わしももらい泣きするわけです。わしもいじめられたから。いわないだけであって、物凄くね。戦前なんか憲兵隊もよく来たし、刑事だって来ましたよ。憲兵隊っていうの、おそろしいもんですよ。

それでその、彼がいうには、日本人を全部殺しても気がすまないくらいだと。わしはね、立場上そうだともいえないから、ま、そういうことというな、とにかくこうなった以上は、民団全体が応援するし、うちの政府の方も応援するから、結論は自首だと、こういったんです」

だが、金嬉老は説得に応じない。どうしても自殺するというのである。いわれた李団長は、内心たいへん困った。というのも、奥泉へ上る前、千頭でオモニから息子への伝言を託されていたからである。

「お母さんが私に、団長さん、ぜひひとつ息子に伝えてくれ、といって口にした言葉は、お前は死ね、自殺しろ、ということなんです。捕まるところは見たくない、って。また、そういう気持でやったことなんだろうから、日本の警察に捕まるのは屈辱だ、というんですね。だから死ねと」

いくら母親の頼みだからといって、右から左に伝えられる事柄ではない。そこで胸にしまっていたのだが、李団長も同胞の一人として、彼女の気持は痛いほどわかる。でも、やはり口には出せない。

迷っていると、金嬉老がこういった。

「団長さん、今日のうちに決行します」

彼は二つの要求を正午までと時間を切って警察につきつけており、それがいれられない場合には自殺すると予告している。そのことで、たぶん頭がいっぱいであったのだろう。

「それで、わしは遠回しにいったんです。実はお母さんも、日本の警察に捕まって凌辱受けるよりは、死ぬべきだといってたと。

そしたら、団長さんはどう思うかって聞くんですよ。わしの口から奴に、死ねとはいえないでしょう。で、おれもそう思うけど、金嬉老事件は次元の違う問題だし、日本は法治国家なんだから、自首して堂々と裁判で、差別を告発しなさい、日本人が悪い、警察が悪いと堂々といえる機会じゃないか、と自首をすすめたんですよ」

李団長らによる説得は午後二時ころまで続いたが、金はこれをまったく受けつけず、ついに三人は断念して引き揚げた。

「それでね、面白いのは車を人質が運転してくれたんです。毎日新聞のヘリコプターで〈東京へ〉帰ったんだけど、そのヘリコプターのところまでかな。なんという名前か忘れちゃったけど、とにかく人質が運転してくれたんです。その人がね、金嬉老のことをほめておったですよ。われわれを降ろして、またそこから旅館へ、ちゃあんと帰りましたね」

こう話す李団長にとっては、ふじみ屋では何でもないことになっていた同宿者による送り迎えが、よほどの驚きだったようである。彼もまた、〈恐怖のライフル魔／ライフル魔ろう城続ける／息のむ山の温泉郷／学校も休校〉〈ライフル魔／「皆殺しだ」と「人質」救出に全力／緊迫の第二夜・説得聞入れず〉〈恐怖の夜・つんざく銃声、マイト／ライフル魔犬撃ち殺してすごむ／防弾チョッキ・動けぬ警官〉（いずれも「毎日新聞」から）といった報道を通じて、頭の中に深刻な事態をつくり上げていたのであろう。

翌二十四日の朝のことになるが、李団長はNHKテレビの『スタジオ102』に乞われて出演した。その発言内容が金嬉老をいたく憤慨させて、彼をして民団に背を向けさせることになる。その間の事情は李団長自身の口から語られるのがよい。

「金嬉老はNHKきいて、団長はおれと一緒に涙まで流したのに自首ばかりいうから面白くない、そういって銃持ったらしいですよ。わしゃ知らないけど、警察がいうにはそういうことであったらしい。

でも、二人きりで会って話をするときと、団長として公にテレビでいうのとでは、違うのは当然で、公式には自首をすすめることが主体にならざるを得ないでしょ。それで、自首主体にいったわけだ。そういうあれで、とにかく結論すれば、よかったわけですよ」

金嬉老にいわせると、かなり趣が異なってくる。

〈説得も何もないのです。私の部屋に入って来て、みんなで握手をして、李裕天中央本部団長は私の手を握っていったのは、辛かったろう、よくやった、君は民族の英雄だ、これは重大な民族問題としてとりあげる、といったのです。それで、この人は帰って行ったのです。

ところが、帰ってからこの人はテレビの放送に出たわけです。見ていたら、座っていてキョロキョロしているような顔でテレビに映っているわけです。そして、いうことはモグモグしちゃって、的を射た、直接私と話をしていったこと、自分の方から民族問題としてとりあげるといいながら、そんなことは何もいわないのです。自分たち同胞の代表にある立場の人が、いったいこれはなんだ、こんなインチキな話があるか、と物凄い怒りがわいたのです。

そしてすぐに東京の民団本部に電話を入れたのです。そうしたら総務部長という人が出た。私は感情走って、頭からかみついたわけです。向こうがいうには、こっちではいいたかったのだけれども、テレビを映しているカメラのかげのところで、何かいおうとすると「それはいってはいけない」と書いたものを見せられるので、自分の思ったことがいえない、というのです。

そんなテレビなら、何で出るんだ。売名行為じゃないか、と私はいったのです。そうしたら、あとになって、民団本部長に対してそういう口をきいた、無礼だ、援助しない、といったというから、援助も何もいらない、といったといういきさつがあったのです〉（最終陳述から）

民団側の腹の内を憶測していえば、金嬉老に合わせてテレビで民族問題を告発するのは、日本の世論の反撥を招くばかりで、得策ではないという判断があったのではないか。ブラウン管を通じて金嬉老に自首をすすめたのは、事件を契機にいちだんと高まるかも知れない日本人のあいだの反朝鮮人感情を、ともかく鎮静化の方向へ持って行かなければならないと考えたのではないか。

そうであったとして、民団側の怯懦《きょうだ》な選択は、いよいよ金嬉老のとった行動の必然性を裏付けることになる。

民族の一方の代表は、全国の茶の間へストレートに入る公共放送の電波を通じて、広く、「合法的」に、彼らの上に加え続けられている差別の不当性を訴える機会に恵まれた。それにもかかわらず、彼はあとずさりしたのである。

一人の日本人としてそれをいうとき、その前にまず、だれがそうさせているかに思いを致すべきなのであろう。

朝鮮民族の叫びは、日本社会の「合法」の枠内にとどまるかぎり、一人一人の胸底にわだかまるか、唇まで上って来てもぐもるのがせいぜいである。

一方の代表は、いまにしていう。

「中（ふじみ屋旅館）おるまま捕まっちゃったもんだから、みんながいうんですよ。馬鹿野郎だ、死んだらよかったって。韓国人全部が、自殺すべきだったたっていうんです。そりゃ、自殺すべきですよ。だから、その根性がないと。うちの国の人間は。わし、これまでいいますよ。韓国人、根性が足りないと、この野郎と。というのは、その後にね、なんか金嬉老の真似して、日本人で自分で引金ひいて死んだのおるんですよ。そりゃ死ぬべきですよ。みんながいうんです。わしも同じですよ。そういったことで犯罪を起こしたから、それは自殺すべきですよ」

この言葉は平静でないものを感じさせるが、金嬉老はもちろん恥辱を受けるために寸又峡へ入ったのではない。それをいうなら民族がこうむった積年の恥辱をそそぐために決起したのである。

それなのに、どうして同胞のあいだで、罵《のの》り合わなければならないのか。そこにも民族問題の深さがあるという以上にはいえないのであるが。

この日、西尾巡査部長を案内役に二番手として説得に現れたのは、北九州市小倉区にある在日大韓基督教小倉教会の崔昌華牧師であった。その時刻は、本人によると午前九時二十分ころ、警察の記録によると同十一時ころとなっている。

崔牧師がふじみ屋の二階へ上って行くと、金は桐の間でテレビを見ており、九人は藤の間にいた。

望月に向かって正座した崔牧師は頭を下げていった。

「どうも、今度はたいへんな御迷惑をかけ、同胞の一人として、心を痛めています。みなさん、本当に申し訳ありません。同じ韓国人の一人として、なんと皆さんにお詫びしていいか……。ただ、みなさん、彼を理解してやって下さい。どうか、本当にお許し下さい。どうかお許し下さい」

その言葉を引き取って、今度は望月が全員に頭を下げた。

「いいえ、私よりもこの旅館に来ておられるお客様に、本当に申し訳なく思っています」

そこでまた、崔牧師が頭を下げる。

「本当に申し訳ございません」

それからこの牧師は桐の間へ金の説得に入った。そこへ、同十一時半ころ、小林に案内されて、趙澔衍と日本名を金本茂という金の知り合いの同胞二人がやってくる。

崔牧師は自ら説得者の名乗りをあげたのだが、趙の場合は警察側に依頼されて寸又峡へ上って来たのであった。

「警察ではどうにも手に負えないでしょ。だから清水警察がうちまで来たですよ。二日だか三日だか何も食わないし、これはどうにもならんということでね。それまでまあ、豊さんが行かなければ、そのまま死んじゃうから、なんとかして何か食わしてくれよと、うちへ来ていうもんで、しようがないからドリンクを二つ買って、それであのカツドンですね、これを頼んで、持って入ったですよ。

ところが彼は、死ぬ覚悟が出来てましてね。お前なんだ、どうせ死ぬんだったら、お前のいいたいことを全部いって死んでも遅くないじゃないかと。なんでお前、何も食わないで、こんなにして死ぬんだと。いや、おれは死ぬ。死にたいんだと。だから、よし、まあ死んでもよろしいと。だけどお前、おれが買って来たドリンクとメシだけは口に入れろと。まあ、初めは、いやだと。じゃあお前、おれのいうことききかない気かっていったら、それじゃ豊さんがそういうなら食いましょうといって、食べたんです。そしたら警察官が喜んでね。いやあ、ほんとにありがとう。もうだから、結局、ぼくみたいな人間のいうことを、いま考えると、よくきいてくれたってことですね」

オモニと趙は、母子あるいは姉弟のようにお互いに力を貸し合って生きて来た。金嬉老が精神的にもっとも頼りにしていたのはこの趙である。

ところが、事件のあと、両者は義絶状態になって往き来をしていない。

そのきっかけは民団に関係する人物が出版物の中で、金嬉老は好ましくない来歴を持っており、金嬉老事件を民族問題と切り離すべきだとの見解を述べたことにあるという。母子にとってこれは、同胞による裏切りであった。その怒りが民団で重きをなす趙にも向けられたということであるらしい。

だが、民族問題に関する趙の立場は、現在も一貫している。

「真相を知ると、民族問題はねえ、切り離すわけにはいかないでしょうね。それだけはねえ、ぼくははっきりいえるんです。

あの裁判のときに、民族とこの事件は別個だということが出ましたねえ。で、ぼく、そのときも考えましたよ。

殺された人には申しわけないけど、彼（金）は事件の前からしきりにいってたんです。同じ日本人ならこんなことしないだろうと。おれが朝鮮人だから馬鹿にして、こういうふうにするんだ、おれは黙っていないということを、何十回もいってねえ。

ぼくは、強調したいですね。民族問題は絶対切り離せないと思うんです。それだけは、はっきりいえます」

金本は趙の頼みで寸又峡へ同道した。彼は曾我を古くから知っていて、金銭の被害にあった経験を持っている。

もう十七、八年ほど前になるが、現在、町議をしているYという日本人に、御前崎のパチンコ屋の経営を任せたところ、売り上げを入れないどころか、税金から電気代に至るまで、払わず、その尻拭いが全部、金本に回って来た。たまりかねて、店を明け渡すよう要求したところ、現れたのが曾我であった。

「Yはその前に、喘息と肺病で、わしが米櫃《びつ》まで開けて食わせてやったよ。二年も。労働は出来ないしね、彼のいる家、わし買っただもんでね、住まわせて、食わせて、面倒見てだよ。それでもって、そういう結果になって、すったもんだ、すったもんだしていたところが、Yが曾我にこの店を金本からとってくれと頼んで、わし曾我に呼び出されて……。

そのとき曾我にひどいこといわれたよ。お前は朝鮮人、Yは日本人、五分五分ならおら日本人のひいきをしたいんだが、どう見てもカネさんが六分でYが四分だなあ、だけどまあしょんない、おら日本人をひいきにすると。

それでもって立ちのき料を出せということになって、当時、税金、汲み取り料、電気代、ああいうものを引いて、金を出してやった。記憶にないが、十万だか七万だか、全部引いてね。あの当時は十万も出しゃ店へ入れるだもんでね、Yはその金で店借りて、わしの向かいへパチンコ屋をはったんです。その金をとりに来たのが曾我なんですよ」

言葉を補う必要もあるまいが、曾我は金本に正当性があることを認めていながら、朝鮮人であることを理由にYの後押しをしたのである。

「曾我っていうの、どうしようもないよ。世の中に気違いじみたセンス持ってるのいるじゃん。そういう性質を持っている。

それだから、激しいもの同士でぶつかったもんで、殺されたと思う。

金嬉老だって負けん気だしね。それからあの、銃を持たなくても、素手であれしたって曾我くらいは、五人くらいかかったって金嬉老には勝てないんだ。あの肉体っていうのはね、それが全部筋肉だもの。凄い身体だから、ありゃ殺せるよ。

曾我はね、ありゃ殺されてよかった。社会のダニだ。あんなの殺されていいよ。ありゃもう少し早く殺されなくちゃあんた、世の中のためにならん。ここらへんでもあれにいじめられたのがいくらもいるし、わしらだってその証拠持っているもん」

だれであれ殺されてよいという道理は成り立たないが、曾我が執拗に金を追い詰めさえしなければ、「みんくす」での事件は起きなかった。これはたしかにいえることである。

金本の金嬉老についての人物評はこうである。

「相手がそんなふうでなけりゃ、一生を棒にふるようなことは、おそらくしなかったと思うね。あの男は利巧な男だもん。つき合ってみりゃわかるけど、あの人は非常に優秀な頭を持っているし、考え方もすぐれている。

まあ、ほんとにもったいない。歩むべき道を誤ったからああいうことになったんであって、あの人が正統な道を歩いていたなら、たいした人物であったでしょう。

金なんとかという弁護士いたじゃん。韓国人で。あの人も李団長と一緒に来ましたよ。来ましたんだけんどね、あの弁護士が曰く、いやあこれは巨人だというてね。とってもじゃないが、わしら幼稚園児だいうて。器から見て、話し方から考え方から、とてもこれ説得どころの騒ぎじゃない、かえって説得されるわいって、自分が恥ずかしいって、しっぽ巻いて帰っちゃった。こんな大物がいるかなあいうて。

わしらもそういうふうに思った。ほんとに。口ではいえない人物だね。

あれやっていることみりゃわかるでしょう。ちゃんと自分だけで籠城しちゃって。あのこと、だれの力も借りずに、自分の判断力でやってることだもんでね。きょうび、ちょっとハイジャックだなんだって、いたずら半分にやってるが、器が違うで、やってることが。弁護士だ、なんだって、あんた、文化人だって、李裕天か、あの団長だって、はあ、ほいほいいってたよ。みんな、金嬉老のために。それをいえばわかるでしょ。この人が道を誤らなければ、こりゃたいへんな人物だと、わしは痛感しながら、切実な思いをね、あれして来たんだけど、気の毒だいうて……」

久しぶりに同胞に囲まれて、事件発生から四日目にして初めて食事らしい食事をして金嬉老は、気持をなごませたようであった。

午後五時ころ、藤の間に姿を見せた彼は、加藤一志、市原勝正、小宮征市の三人を次々に指さして、旅館を出てもよいといった。

加藤一志はそのときの状況を次のように話す。

「あれがね、テレビしょっちゅう見とったもんでね。それで、家族が心配で来とるちゅうことでさ。たまたまその、うちの家族らとか市原君もそうだったかな。その家族も映っとったわけですね。

その前に、人質をだんだん出してくれという、いろんな話し合いがあったらしいんですよね。警察との取り引きなんかね。それを韓国の連盟（民団）の人が、こんなにたくさん人質とっていかんでということでね。

向こうとしては私らの顔見て、あれ、ちょっと弱そうやで、あぶないと思って出したかしれんけど、別に具合はふだんとかわらないくらいでね。まあ、そのへんちょっとよくわからないけど、まあ指名ですね。お前名前だれだ。加藤だ、お前帰れ。市原は市原で帰れ。それに小宮、東芝の小宮ね。その三人でしたよ」

それより前、こういうことがあった。

テレビを見ていた市原が画面に映っている父と母を見つけた。両親は息子の身を案じて奥泉にかけつけていたのである。

思わず市原が声をあげた。

「なんだあれ、おれのおやじとおふくろじゃないか」

かたわらにいた金が、とっさにいった。

「なら、すぐ行ってこい。わしの乗って来た車あるで、貸してやるで」

この申し出を市原は断っている。どうせ山を下るなら、仲間と一緒にと考えたのである。ここにも、マスコミの書き立てる「恐怖」がすでに存在していなかったことがあらわれている。もし、そうであったら、赤軍派によるハイジャックのときのように、渡りに舟と応じたであろう。

午後五時四十分ころ、金は三人を玄関まで見送り、一人一人と握手して、加藤末一の運転する車で送り出した。そのとき、玄関の前は数十人の報道陣でごった返していた。

その足で旧館の調理場をのぞいた金は、冷凍の鹿肉の塊りに包丁をふるっている望月に声をかけた。このあたりの山では野生の鹿が獲れる。鹿肉は寸又峡温泉の名物なのである。

「すごいものがあるな」

「お金さえ出せばなんでもありますよ」

そんな軽口がかわされる雰囲気だったのである。

入れかわり立ちかわり前線基地に情報をもたらす小林、西尾の報告で、旅館内部のこのような状況を知った高松本部長は、同夜を「休戦」とすることにし、いつもより早目に宿泊先の民家へ引き揚げた。

奥泉に入ってからこの最高指揮者は、ずっと便秘を続けている。それは切羽詰った苦しさを物語っていた。

便秘は関東管区から応援にかけつけた甲斐も同様で、こちらの方は、金の逮捕と同時に便意を催し、改めて人間の緊張感というものを思い知った。

現地捜査本部には、警察関係から差し入れられた陣中見舞いの一升瓶が並んでいるのだが、だれ一人手を出すものがいない。

日本の航空史上で初めての旅客機乗っ取りとなる「よど号事件」が赤軍派によってひき起こされたのは、これより二年後の四十五年三月三十一日である。日本の警察は、金嬉老が設定した状況にどう対応すればよいのか、体系化された方策をまるで持っていなかったということがある。

打つ手の一つ一つが、金嬉老に追い込まれながらの、いわば暗中模索であった。

寝床に入ったものの、電灯を消した暗闇の中で、高松本部長には眠気がやってこない。二十日いらい満足に睡眠をとっていないにもかかわらず、一向に眠りに落ちないのである。同じ家に読売新聞の記者が入り込んでいる。東京と連絡をとっているのであろう。電話口に向かって大きな声をはりあげる記者の苛立ちが、筒抜けに聞こえて来た。

「警察、見てられませんよ。全然やる気がないんです」

苦笑しながら、高松は金の腹を読み続ける。最終的には本部長である自分を、ふじみ屋の交渉の場に引き出そうとするのではないか――。

二十三日の夕方、三人を下山させると決めたあと、金が本部長を名指しにかけて来た電話のやりとり（一部）はこうであった。

金　私がね、最終的には自死するということは、いまだかつて気持がかわっていないわけですよ。新聞では自殺の可能性はいまのところ六対四ぐらいだとかって、人の死をパーセンテージであらわしているけどね。ぼく自身はそういうパーセンテージであえてあらわすなら、ぼくは一〇対一〇ですよ。そういう気持ですからね。

高松　一〇対一〇？

金　ええ、もう完全だっていうことですよ。それはいまだに、いわれてもそれだけは固く固守しているんです。

それとね、高松本部長さんがそうやっていろんな方をよこして、それで説得されると同時に、高松本部長さんとしても随分辛いと思うんですよ。テレビに出ることはね。立場上。

また、自分のいちいちね、警察官がそういう不心得なことをね、言動をとったがためにだね、こういうことになったということになれば、なおさら警察の立場も随分苦しいことだろうと、それは私も推察出来ます。

ただ、私がねがうことはね、警察官だから、日本人だから、朝鮮人だから、そういったことで民族観念を意識して、それでお互いに心の嚙み合いを持つということは、いちばん避けたいと思うんですよ。（中略）日本人を殺したから満足しているとか、朝鮮人を殺したから満足しないとか、そういう問題じゃないっていうことをよく理解していただきたいんです。

高松　そりゃあそうですな。

金　ええ、これがね、要するに世間に、やっぱり人種差別なんかするもんじゃない、お互いに手を取り合って相互理解で行くべきだ、人種差別をするために、どんなに虐げられた気持の人間が多くいたかっていうことを知ってもらってね、日本の皆さんにももっともっと理解と暖い目でわれわれ朝鮮人と接してもらいたいっていうことなんです。

高松　その気持は非常によくわかる。

金　だから、今日私が釈放したのは、記者団とインタビューをして、その理由を述べました。本部長さんが、要するに、私が内容を具体的に説明してもらいたいと、それをのんで、本部長さんの名において、本部長さん自ら(中略)そういうかたちでもって、いちおうテレビ放送するということで、一つは了承しました。

二つの要求のうち、警察の謝罪については、本部長が翌朝、改めてより具体的な謝罪をすることを約束、金はこれを了承したのである。

もう一つの要求である曾我の暴力団員としての実態公表については、調査に時間がかかることを理由に、本部長は拒んだ。その真意は、暴力団員といえども被害者である曾我のプライバシーを警察の手で明らかにすることはとるべき道ではないというところにあった。金はそれに強い不満をあらわし、この点に関しては、両者平行線のまま、通話が切れたのである。

同夜、高松本部長は、謝罪放送のための録画撮りを、ふたたび奥泉で行った。発言の要旨は、次のようなものであった。

〈民族の誇りを傷つける「朝鮮人バカヤロウ」の発言に対しては、誠に申し訳なく思っている。日本と韓国は、互いに理解し合い、友好と信頼により発展しなければならない関係にあるとき、いかなる場合でもこれらの言葉は慎まなければならない。君も抑留している人を自由にしてくれると同時に、いさぎよく出てくることを要望する〉

このビデオ・テープは、翌二十四日午前十一時半に静岡放送、同十一時五十五分にNHKから流された。

二度の謝罪について、高松本部長の心境はこうであった。

「面子《メンツ》とかなんとかは、まったく考えませんでしたね。小泉君がもしそういうことといっているんだったら、たとえ相手が犯罪人であろうと、謝るのは当然だと思いました」

だが、それには「ただし、前提が……」と留保条件がつく。

寝床の中にまんじりともせずにいて、高松本部長には、事件解決の目処が、まったく立っていなかった。それが「最後の夜」になるのだが、自身も認めるように「計画にのって解決した代物じゃない」からである。

時間を戻して、二十三日午後六時過ぎ、桐の間では説得者が金を囲んで、朝鮮料理による夕食が始まっていた。

望月の心づくしの鹿肉を趙がニンニクと唐辛子で味つけし、炭火の上で焼く。これに崔牧師の差し入れたキムチが添えられた。煙が部屋に立ちこめ、金も盛んに箸をすすめた。

午後七時七分、解放された三人を千頭へ送った加藤末一が戻り、同九時二分、ふたたび望月を妻の実家へ送り届けるため、運転席につく。そして、その約三十分後、中大教授伊藤成彦、作家金達寿、弁護士山根二郎、同斎藤浩二、同角南俊輔の五氏が、金と面会のためふじみ屋旅館に入った。

東京外国語大学の中島嶺雄講師が呼びかけの口火を切って、横山正彦（東大教授）、鈴木道彦（一橋大助教授）、伊藤成彦（前出）、西田勝（法大講師）、吉原泰助（福島大助教授）、大沢真一郎（評論家）、山根二郎（前出）、角南俊輔（前出）、斎藤浩二（前出）の各氏が東京の東急ホテルの一室に集まったのは、二十二日の夜である。そして、夜明けまで討議した結果、中島、鈴木の両氏が「金さんへ」と題する「呼びかけ」を起草し、出席者全員がこれを承認した。

さらに電話で連絡を受けた日高六郎、野間宏、宇野重吉、中野好夫、小田切秀雄、石川湧の各氏も賛意を表明し、そこに名を連ねる。

その「金さんへ」は次のようなものであった。

〈あなたの声は、私たちのところに届きました。私たち（文学者・大学教師・弁護士・ジャーナリスト）は、事件の詳細について深く知りたいと思いますが、このような形で届けられたあなたの声の持つ重大な意味を、いま夜を徹して考えつづけています。私たちは、本日正午までと刻限を切られたあなたに、私たちの精一杯の声を送りたいと思います。私たちは今回のあなたの行動を通じて日本人の民族的偏見にかかわる痛烈な告発を知りました。

私たちは、もしもあなたが生命を失っても、あなたが叫びつづけた問題を、その本質において受けとめねばならないと思います。

私たちは、いま、あなたにどのような手をさしのべるべきなのか、深刻な反省とともに考えております。そのためには、あなたに生きぬいていただきたいというのが、私たちがいまここで言えるただ一つの言葉ですが、もしも、あなたが生きる道を選ばれた場合には、法廷闘争をはじめあらゆる運動を通じて、あなたの行為を無駄にしないよう努力するつもりです。法廷は私たちにとっても同様にたたかいの場であり、それによってあなたのいう『人間味のある人間関係』をつくるために、あなたと一緒に全力をつくしたいと思います。

あなたの行動は民族の責任を衝きました。私たちは、まさに日本民族のため、あなたの声をまっこうから受けとめたいと思います。そしてそのためにこそ、あなたに生き続けて訴えてほしいと思います〉

この呼びかけは録音テープに吹き込まれ、伊藤、山根、斎藤、角南の四氏によって、金嬉老のもとへ届けられることになる。これに金達寿が朝鮮人の立場から〝オブザーバー〟としての同行を申し出る。

これら代表を迎え入れて、金は畳に手をつき、挨拶した。

「私のようなもののために、こんなところまで来て下さって、本当にありがとうございました」

そして、いった。

「しかし、みなさんが来てくれたのは、おそかったです」

文化人グループと呼ばれたこれらの人々をもってしても、金の決意を翻させることは出来なかったのである。

この呼びかけは、がぜん、マスコミの袋叩きにあう。

『芙蓉』の金嬉老事件特集号に中日の記者が寄せた一文に、こういう箇所がある。

〈東京の文化人を代表してきたという五人の弁護団がやって来て「この事件によって民族差別の根の深さを知った。金の起こした行動を契機に、日本人はもう一度反省しなければならない」という声明を聞いたとき、問題がすりかえられようとしていることを知った。金自身もますます調子に乗り、英雄気取りをしてきた。寒い中で立ちながら私は「日本人、日本人とオレらをパカ（傍点は引用者）にするな」と口にした。われわれは文化人の動きを無視し、あらためて「あくまでも凶悪犯人とみなして取材しよう」と申し合わせた〉

この記者は、明らかに極端な差別思想の持ち主である。それでなければ、いかに警察部内の雑誌とはいえ、誌面に「パカ」などと差別の言葉を記せるわけがない。

彼は、自ら差別意識をあらわにした。だが、かえって、その方が始末がいいのかも知れない。

総体としての日本のマスコミは、公正な報道を装いながら、金嬉老を「凶悪なライフル魔」に仕立て上げ、それによって民族の訴えを封じ込めようとする動きに、積極的な役割を果たしたのである。

寸又峡において、真実の報道はなされなかった。そのことを、マスコミが「人質」と規定した同宿者が敏感に感じとっている。

「やっぱり一番強く思ったことというのは報道、こう雑誌に出てもね、やっぱしあいまいな点がありますよね。違っている点がね。それが一番強い印象だったかな」（寺沢一美）

「結局、マスコミっていうのは、あんまり大げさに書き過ぎるんじゃない。その、事実も中にはあるけどさ。まがってることもあるんじゃない。中にいる人のことを考えんってことでね。ただ取材すりゃええっちゅうことじゃないかね」（市原勝正）

「テレビ見てて、実際とはやっぱり違うねえ。そう、事実も違ったしねえ。事実違ったことはたしかにあったねえ。ちょっと大げさなこと。

実際はそれほど怖くもないのに、物凄く恐がっているとか。それはやっぱり、報道のあれだもんでね。

腹立ったこともありましたよ。その、テレビで自分たちのことを報道しているのが、いま具体的には思い出せないけど、過大報道ちゅう感じだったなあ」（佐藤邦夫）

「いまから考えてみて、あのとき自分たちだけで逮捕したとかさ、金嬉老を殺したとかね、そういうことをもしやっておったとしたら、ちょっとまともにすまなかったような気がするね。

いくら殺人犯にしても、朝鮮人にしてみりゃ、わけがあってやったことだから、ほかの人でも、やっぱし朝鮮人の中で同情する人は、日本人よりか多いと思うんだよね。もし万が一、われわれがそんなことしていたら、そういう方《かた》になんかの形でなんかあったんじゃないかというような気はするわけだよね。こちらとしても、手を直接くださなんだのがよかったんじゃないかな。

でまあ、一番むかつくのは柴田錬三郎、あれむかつくんだよね。あれが、われわれは臆病者だとか、あれでも日本人かとか、そういうような新聞記事ちょっと見たもんだから。

実際そういう立場にあった人間のことをきいて判断しているのならいいんだけども、世間一般のそのなんというか、連載物を空想したようなものからそういうことといわれるの心外だったと思うんですよ。

ま、それまでにはそういう事件もなかったから、なんやテレビで見て、いつでも人質はいじめられてるようにしかとらんからね。

本当に柴田っていうのは、このごろよくテレビに出るんだけれど、なんかみるとむかつくね。あの野郎って気がするね。こんなこといっちゃいかんけども。

マスコミというのは、絶対にほんとのことは書かん。出て来てから新聞とか雑誌を見ると、そんな気がしたですね。そういうものはもう、あんまり信頼出来ん気がします」（加藤末一）

この人たちも、金に協力的であるとして、マスコミに叩かれた。マスコミのいう「被害者」でもこれだから、いわゆる文化人グループに集中した批判、非難はかなりの激しさであった。そして、メンバーの多くはそこから脱け出した。

金嬉老の公判の主任弁護人をつとめた山根二郎弁護士は、『現代の眼』（一九六九年四月号）で、次のような問いを発している。

〈その後、弁護団が結成され、大沢真一郎、鈴木道彦、日高六郎氏らを中心とした金嬉老公判対策委員会が発足し、今日にいたっている。しかし、いま活動をつづけているこれらの部分は、東急ホテルの〝文化人〟のなかに入っていた数名をのぞき、まったく別個に新しく生まれたものであることを明記しておきたい。というのは、私たちが寸又峡から東京に戻ったとき、あのような〝呼びかけ〟をした〝文化人グループ〟なるものはすでにほとんど霧散していたからである。それに名を連ねた人びとの大多数は二度と姿をあらわさなかったし、その発端をつくった中島嶺雄氏は「すでにわれわれの役割は終ったのだ」と公言した。また、寸又峡に出かけた伊藤成彦氏は、自分らが中心となってひろく呼びかけ〝金嬉老を考える会〟というのを結成して彼を支える運動をすると約束したが、荒正人、西田勝氏らと一緒になって金嬉老そのものとはまったく無縁な「差別と偏見を考える会」というのをつくって〝考える〟だけであった。

してみると、日本を告発して死を賭けた闘いをしているひとりの在日朝鮮人に向って発した、日本の文化人や知識人たちのあの呼びかけの言葉は、いったい何だったのか。それは、まったく一文の値うちもない言葉にすぎなかったのではないか。そのような無責任の言葉をもって寸又峡まで出かけていって、彼らのメッセンジャーの役割をはたしたこの私は何だというのか、という問いが、弁護人席に坐っている私のうちに何度も突きあげてくるのである。

そもそも、日本の知識人にとって言葉とは何だったか。自己の言葉に責任をもたないものが知識人でありうるのか。無数の声明を出しては、戦後の民主主義運動や反体制運動にかかわってきた進歩的知識人たちは、その一行の言葉にも責任をはたしたことなぞなかったのだという思いがいまさらながらするのである。寸又峡で、金嬉老が「あなた方が来るのが遅すぎたのです」と私たちに静かにいったとき、それらの運動やそれをささえてきた思想のすべてが、きびしく断罪されていたのだ。日本の国家および社会に抗議してみずからの生命を断とうとしていたひとりの朝鮮人に、空手形同様の言葉を与えようとした者たちの責任はもっとも重いといわなければならない〉

責任ということになれば、マスコミはもっとも強く糾弾されなければならない。

金が報道陣と接するうち、日を追って英雄気取りになって行ったと彼らはいう。そうであったとしても、彼にそう仕向けたのは、彼ら自身であった。

ある新聞社の記者は、彼の意を迎えようと、接近の手段として、飲料や食料品を大量に差し入れた。

別の新聞社のカメラマンは、金と一緒に桐の間に泊まり込んで、彼の肩を揉むサービスの代償として、背後からのシャッター・チャンスを一人だけの特権とした。

それらの所産がすべて、金嬉老を凶悪犯としてフレームアップする材料に供されたとしたら、何をいうより以前に、恥ずべき人間に対する背信行為ではないのか。事実、結果はそうだったのである。

あるテレビ局のカメラマンは、金嬉老に、窓から外へ向けてライフルの弾を発射するよう注文をつけた。画面に映し出されたのは、上空を舞うヘリコプターを狙撃している金嬉老の姿であった。局は、まったく別個に撮影された二本のフィルムを、意図的につないだのである。

そして、報道陣の何人かは、自社の腕章を警察官の変装用具として貸し与え、金嬉老逮捕の糸口をつくり出したのであった。権力に自らを対置させなければならないジャーナリストのこの行為は、自己否定に他ならない。

その夜、金嬉老は相次ぐ説得に接して、生きることの意味も、ようやく考え始めたようである。彼は崔牧師に、こういうことをいった。

〈わたしは死を代償として迷惑をかけた世間の皆さんにお詫びしますと宣誓してあるんです。それを考えると結局、あの人間も周囲に助けが出たから死ぬ事に対して恐怖を感じてきたのではないかとか、あるいは卑怯な気持になったのではないかとか、そう思われる事がわたしは自分で死を選ぶより辛い事なんです。

わたしの背中には在住している六十万の同胞がいますし、見た事もない祖国の同胞もみんな関心を持っているんです。だからわたしはもうわたし自身ではないんです。（中略）

実際、わたしとしては正直いってこんなに問題を大きく取りあげられるとは想像もしていませんでした。只、小さなわたしの存在であるけれども、国家権力の警察当局に対して抵抗するだけして、かれらに何か反省を促せば、それでわたしの命に値するだろうと、わたしはそういうように考えていたんです。

しかしやっぱり世間には理解も愛情も、決して不理解や愛情のない人達にまさるものがあるという事を、わたしは知った訳です。だから皆さんがそうやっていろいろと心配して下さる事に対しては、もうしばらく考えさせてもらいたいと思います〉（『金嬉老事件と少数民族』崔昌華・酒井書店）

第十三章　逮捕

そして、いよいよ二月二十四日がやってくる。午後零時四十五分ごろ、趙・金本と、文化人グループは、相前後してふじみ屋旅館を離れた。

趙との別れに際して金は、母親のことをしきりにいった。趙によればこうである。

「ほんとにうちのおふくろがかわいそうだと。自分のために苦労したと。で、ほんとにおふくろに申し訳ないけども、豊さん、よくいって伝えてくれよと」

金は涙を流しながら、からの財布をオモニへの形見として手渡した。一夜を過ごして、やはり自殺の決意はかわらなかったのである。

「そのときは、ぼくもほんとに、目のまわり、まっくらかったですよ。よく死んでくれよっていったっけが」

と趙はいう。

午後三時四分、金は奥泉の捜査本部に電話をかけてくる。

「本部長の謝罪については不十分であるが、本部長の要職にある人が謝罪したから、家族が心配して来ている柴田を帰す」

というのが、その内容であった。

柴田は中日本基礎に移る際、昭和三十九年に死んだ母の実家には連絡先を教えておいたが、父にはそれをいわなかった。他意はない。その前にも東京に離れて住んでいたことでもあるし、念願の独立を果たすことが出来れば、そのときに居所を知らせればいいだろうと軽く考えていたのだという。

秋田の故郷で、七つ年下の妹がテレビを見ていて、音沙汰のなくなった兄の姿を見つけた。「蒸発人間が寸又峡で発見された」との報道であった。それで父がかけつけて来たのである。

そのことを、今度は柴田がテレビで知った。遅い昼食のスシをつまみながら、彼はつい洩らした。

「困ったなあ」

それを金が聞き咎めた。

「何困ってるんだ」

「いや、おやじが奥泉に来てるもんで」

「どこから」

「秋田からなんだけど」

「そんな遠くからそこまで来てるんだったら、お前、ちょっと行ってこい。いや、行ったらもう帰らんでもいいから」

そういうなり金は階下の電話へと降りて行ったのである。

田村が送り届ける役目をいいつかり、二人で仕度を始めた。そのとき金は、かたわらで見守っていた望月に、自分の腕からセイコー三十五石オートマティックをはずし、形見だといって受け取らせた。この日、金は文化人から預かった一万円の宿泊代の他に、趙からの一万円、崔からの五千円を望月に手渡している。

「いろいろご迷惑をかけて申し訳ありません。これは少ないけど、私の気持ですからどうか受け取って下さい」

というのであった。

この日が、のぞむかたちとは別の「最後」になることを予感していたのであろうか。

柴田を帰すという電話を受けて、警察側は活発に動き始めた。前の例から見て、金が玄関まで見送りに出るのは間違いない。そこを狙って、一気に逮捕に持ち込もうというのである。

この日捜査陣は、午前中から一つの緊張を抱えていた。十一時ころ、稲川組の三人が、警察がやらなければおれたちがやると、めいめいライフルで武装して寸又峡へ向かったとの情報がもたらされたのである。

これが金に接触すると、警察が遠巻きにしていた時間は何の意味も持たないことになる。情報を受けた捜査本部は、静岡中央署から二十名を緊急動員して検問要員に加え、これに備える一方、休養中だった機動隊一個分隊を本川根に下げた。

というのも、本川根から寸又峡へ通じる猟師道が三本出ているので、これらをふさぐ必要があったからである。

そして、報道陣には、不測の事態を避けるため、とりあえず午後三時まで、これをオフレコにするよう要請した。

ところが、情報は誤りであったらしい。そろそろ警戒態勢を解除しようかという矢先に、金からの電話が入って、あらたな緊張が捜査陣を支配した。

本部では、二十二日夜、現地につめている三十四人の捜査員の中から、新聞記者あるいはカメラマンに変装しやすい三十五歳未満の七人を選び出し、これを特別捜査班と呼んでメンバーを随時、報道陣に潜り込ませて逮捕のチャンスをうかがっていた。そのための打ち合わせが出来ていたのはいうまでもない。

金嬉老はダイナマイトを腹に巻いていると思われるので、失敗は許されない。記者会見の際、飛びつける範囲に少なくとも五人がいることを確認してから一斉に飛びつき、ダイナマイトの爆発を防ぐために、何よりもまず両手を抑えるというものである。

午後三時七分、二人の「連絡係」とともに特別捜査班が配置につく。態勢をとり終わった同十分ころ、金は予想していた通り、玄関の戸を四、五十センチあけて顔をのぞかせた。そこへ報道陣が殺到する。

金は、柴田をなぜ帰すかについて、そのわけを説明し、本人を外へ出そうとしたが、玄関先のもみ合いが激しくて、通路があかない。

「帰る人が通るから道をあけろ。あけないと出さないぞ。でないとやめるぞ」

と怒鳴った。

以下は『捜査概要』による逮捕状況である。

〈そこで新聞記者を装う捜査員も同調するようにして「おいお前あけてやれよ」「もう少し

戸をあけたらどうだ」などと叫びながら、じわりじわりと金に接近して包囲の態勢を整えた。

こうして記者団は少し後退し、玄関を中心に左右にわかれた。金もガラス戸をさらに六十センチ位まで開き、そこから顔だけを出して人質の柴田南海男を「それでは今から出すから行ってこい」といいながら玄関の外へ送り出した。

このとき玄関前には記者が数十名いたが、柴田が外に出るとその方向にほとんどの者が移動したため、特別捜査班員はうまく前に出ることができた。(中略)相互に気脈を合わせて逮捕着手のチャンスを狙っている矢先に一人の記者が被疑者に「手記を」といってメモを渡そうとした。

被疑者はこれを断り、ガラス戸を閉めようとする気配がみられ、瞬間、気の抜けたような様子が感ぜられ、視線が柴田の方に向けられた。

このとき金はライフル銃を手にしておらず、特別捜査班員は、目くばせしながら夢中で一斉に飛びかかった。

中島巡査は根来警部補のやや後方、間合一メートル位の位置から飛びかかり、金の右側から右手を金の首にかけた。

さらに機を失せず根来警部補はほとんど同じころ、被疑者金の左前方から飛びかかり、右手を摑み押し倒しにかかっており、藤原巡査も正面から襟を絞めるようにして胴体の部分を摑み、さらに機を一つにして清水警部補もこれに協力し右側から飛びつき、栗原部長は正面から右肩付近に、新井警部補、岡野巡査は下をくぐって足を制する方を担当し、佐山部長、松井部長らは協力援助して首を締め、手足を制する補助など、よく相互に呼吸を合わせて逮捕制圧に成功することができた。時刻は午後三時二十五分ころであった〉

特別捜査班員が一斉に襲いかかったとき、とっさに柴田は叫んでいた。

「逃げろ、逃げろ」

これは金に向けてのものである。

「おれ一人玄関から出せばよかったのさ。金さんは、はっと思って引き返そうとしたんだけど間に合わなかった。あの人には悪いことした。いまもひっかかってるんだな。一番先に顔合わせたのがおれで、最後につかまったときが、またおれでしょう。そういうこともあるしさ。

おれ、記者にいったんだ。お前らきたないじゃないかって。それまでは金さん、金さんで、いざとなると刑事と一緒に飛びかかるんだもん。

そのあと部屋に戻ったんだけど、そしたらピストル持った巡査が、金どこだ、なんて裏から入って来て、あの野郎ぶっ殺さなければどうにもならん、そんなことといって捜し回ってた。そんなこともあったな」

と柴田はいうのである。

金嬉老が逮捕されて、別の意味で気落ちした人物がいた。佐藤邦夫がその人である。

「あの人はね、警察に謝罪させて、自分の主義主張が世の中に通ったら自決すると言い切ってたのでねえ、潔く死んでもらいたかった。まあ、そんなことは軽々しくいえないと思うけど、私としては、瞬間、そういう気持がしたもんでねえ」

彼のこの落胆は、「外野席」から発せられたものではない。

昭和二十二年八月、佐藤は日朝混血児として名古屋市昭和区で生まれた。

「親父は十代で来たんかな。こっちへね。こっちの何か染物屋とか何とか、はっきりわからないけど、そんなような人たちを頼って来たんだけど、もっともうちら小さいとき、交流はなかったわね。

で、まあ、うちの家庭もいろいろ複雑なもんでね。親父もおふくろも、結婚は二回目だっちゅうことだしねえ。

親父の最初の人は日本人で、子供おったけど、空襲で亡くなったっていうわねえ。

おふくろにも前の人とのあいだに子供がいて、なんか家庭持って、うまくやってるって聞くけどね、ま、それ以上、おふくろに悪いもんでね」

二人のあいだに生まれた彼は、父親の苗字である金姓を名乗ることになる。

「私のときはまだ、日本の国内がうまくしっくりいかなかったもんで、どうしても日本の籍へ入れられなかったらしいんですね。

おふくろとしては先のこと考えて、私生児ということで自分の籍へ入れたかったんだけど、出来なかったちゅうことでね。

で、私の下に妹と弟がいたんだけど、まあこの二人はおふくろの私生児ちゅうことでね、おふくろの方に入ったんです。籍ね」

母親は、その二度目の結婚を、相手が朝鮮人であるという理由から、親兄弟に認められなかった。そして、生まれ出た子供の入籍も、朝鮮人の血を引くということで拒否されたのである。

だが、二人目、三人目の子供が生まれるに及んで、彼らは態度を軟化させたということなのであろう。妹と弟についていえば、一つ屋根の下に、現に父親がいて、与えられた立場は私生児というのであった。これは改めて断るまでもなく、差別の所産である。

でも、日本の社会通念に照らし合わせるとき、父親の姓を名乗った長子より、まだしもその妹と弟の方が「しあわせ」だということになる。なぜなら、彼らは私生児であっても、日本人であるのだから。

ところで、一個の人間に父親である立場を放棄させることによって、その子供の「しあわせ」を辛うじて保障する社会というのは、どのような社会であるのだろう。

生まれて来た人間は、成長すれば、男なら父親に、女なら母親になる。そのようにして人類は続いて来た。

お互いが、父親を父親として、あるいは母親を母親として遇するのは、人間としてあまりにも当然のことであり、それをしないのは人間を人間として認めないことにつながる。

現に、少なからざる人々に親権の放棄を強要しているわれわれの社会は、非人間的な社会といわざるを得ない。

時間は前後するが、二十三日午前三時ごろ銚子無線局に清水警察署気付で「ライフルとダイナマイトを持ってふじみ屋旅館に籠城している金殿」を宛先とする電報が入った。発信したのは洋上を航行中の日本船（タンカー）である。その内容は、静岡新聞によると、次のようなものであった。

〈金さん、私たちは日本の船で世界を走り回っているが、どこの国の人も皆いい人です。女、子供を帰したニュースを海の上で知り、私たちのようにじかにたくさんの国の人に仲良くしている人が、何十万もいることを伝えたくて海の向こうから電報しました。私たちは油を積んでアラビアからなつかしの日本に帰る途中ですが、びっくりしてニュースに聞き入っている。海の上で様子がわかりませんが、金さんは日本人の一人だと私たちは思っている〉

この人たちの善意を疑うものではないが、残念ながら彼らにも事柄の本質が見えていない。金嬉老は「日本人」として生きようとしたが、その先には何物もひらけてこなかった。そして、追い詰められた末に、自分が朝鮮人であることを否応なく思い知らされ、民族の誇りを極限で取り戻す。その瞬間に、彼は初めて、人間として甦ったのである。

逆にいえば、彼が一個の人間としてめざめるには、朝鮮人であることの自覚が不可欠であったということになる。

金嬉老が「日本人の一人」であろうとするかぎり、彼における個の尊厳は、日本人社会によって踏みにじられ続けたであろう。差別に心の痛まない日本人が多数を占めているあいだ、在日朝鮮人は、自分が朝鮮人であることの意識を高め、間断なく誘いの手を伸ばしてくる同化の動きに抗し続けなければならない。

日本人が朝鮮人に向けて「あなたも日本人の一人だと思っている」というのは、一見、善意の発露のように見えて、実は傲慢さの表明に他ならないのである。

日本人が日本人であるのはよい。でも、朝鮮人をなぜ「日本人の一人」に加えなければならないのか、朝鮮人が朝鮮人であって、どうしていけないのか。それはやはり、人間を人間として認めないことにつながって行く。

佐藤邦夫は小学校にあがってからは、有形無形の差別に身をさらさなければならなかった。

「おふくろが佐藤ですわね。そいで、妹と弟が佐藤に入ると、同じきょうだいであって、うちだけ名前が違ったですわね。苗字はね、親父の金だもんでねえ。

妹は一つ下で、弟が三つ違いだから、小学校や中学校に、きょうだいがかたまって行きよるわねえ。もう、つらいっていうもんじゃなかったですね。いやだったねえ。

うちにいたときは下の名前しか呼ばれなかったから気がつかないけど、学校行くようになってから、一年生のときハンカチなんかに名前つけるわねえ。まあ、知らん人からもいわれたわねえ。朝鮮の子だとかなんとか。

結局、近所の人は知ってるけど、ま、うちら小さいもんで、理解出来ないもんでね。だもんで、そうぴんとはこなかったわねえ。学校行くようになってからだわね。

いろいろいって、朝鮮人、朝鮮人てねえ、まあ、それ以上のことは、危害加えたということはないけどねえ。

で、いわゆる、いわれたの。結局、学年が始まるとねえ。戸籍っちゅうのあるでしょう。

現住所と、本籍地とか家族の名前とか、書くのねえ。あれがつらくてねえ。出すの。高校入ってもそうだったねえ」

彼が物心ついたころ、父親は井戸掘りの賃仕事などをしていた。在日朝鮮人一世の大方がそうであったように、この父親も生きて行くのが苦しく、そのうさを酒で晴らす日が続く。

「親父には、かなり反撥したけどねえ。生き方が、きらいだったもんでね、親父。結局まあ、酒飲んで来て、夜遅うね。帰って来て、おふくろいじめたりなんかしとったもんでねえ。で、まあ、たえず金銭的な問題はあったわねえ。金がなかったもんでねえ。金都合せよとかさあ。仕事行くには、やっぱり小銭がなきゃあまずいもんで、どっかで工面してこいとかさあ。いろいろ、おふくろは、親兄弟になんだかんだいって、お金借りに行ったような記憶がたくさんあるもんでねえ。また、見とるしねえ。

だもんで、軽蔑ちゅうたらちっとおかしいけど、自分の親だけどさあ、かわいがってもらった印象より、そういう、いやな、つらいとか、そういう印象の方がきつかったねえ。

また、あれだねえ。こんな親父がおったら、嫁さんももらえんごとなるぐらいは思ったわねえ。

ええ、結局あれなのね。外顔はいいんだけど、家の中ではだめっちゅうことで、そういうイメージは多かったもんでねえ」

彼は、日本人の中で育った。同胞が住む地域にあまり足を踏み入れたことはない。それはおそらく、母親の方針によるものであろう。

朝鮮人・韓国人男性が日本人女性と結びついた場合、彼は家族によってさえ疎んじられる傾向が強い。

この種の家庭で、年ごろの娘の級友を自宅に招くことになった。その当日、妻と子は、夫であり父親である一家の主に、外出をもとめたという。こうした事例は、おそらく枚挙にいとまがないほどであろう。

差別は、夫婦、親子の間の愛情をそこねかねないという点でも非人間的である。

朝鮮人であることを隠さなければならない朝鮮人にとって、心からくつろげる場所はといえば、家庭ではなく同胞の集まるところである。佐藤邦夫の父親も、そこに憩いを求めた。

「やっぱり溜まり場ってあるでしょう。そういう部落ちゅうとおかしいけどさあ。朝鮮人がよくかたまってみえるようなとこねえ。ああいうとこへ行っていたねえ。ドブロクちゅうか、白いやつねえ、あれ飲んで、中毒だったねえ。

まあ、朝鮮人に世間の風は冷めたいから、そういうこともあったか知らないけど。

うちは、そういうようなとき、部落の方に遊びに行ったこと、まずないねえ。記憶に」

独り、家族に背を向けて、マツカリの杯を傾ける。孤独な父親の後姿が目に浮ぶようである。

その父親も昭和四十九年に逝った。

「まあ、うちらもよおく竹の棒で叩かれただけどね。そんなとき憎らしいと思ったけど、考えてみりゃあ、やっぱり子供で横着もんで、親父のいうことききかんもんで、まあそうかなあと思うだけでねえ。いま、死んでいないもんで、特にいいことしか浮かんでこんけどねえ。頭にね。ま、悪いことは、死んだ人だもんで」

いまになって、彼は初めて、子の父に対する暖い思いを自分のものにしたということであろう。

彼にとってこの父親は、不適切な表現をあえて用いるなら、つねに邪魔な存在であった。家計の都合からすれば、中学校を卒業したところで就職するはずだったが、彼は県立の工業高校へ進んだ。朝鮮人を父親に持つハンディキャップを、せめて高校進学で埋め合わせようとしたのである。

「中学の終りに、おふくろと一緒に就職の相談に行ったんですわ。職業安定所から見えてね。そのときに『向こうの人だからいいとこがない』ちゅうわけでね。おふくろがいうには『そんなばかなことはない』ってね。『立派なちゃんとした大きいとこ、なんで行けんのだ』ってね。くってかかったんだけど『わからん』てね。で、まあ『なら、おれ高校行くわ』てさ、高校行ったんですけどね」

ところが高校の卒業を前にして、就職係の教師は、彼の希望する大企業には推薦状を一枚も書いてくれなかった。そして、最終的に選んだのが吉岡電気工業であった。

「うちらは学校のときから親父がそこで少しお世話になったもんでね。社長さんの家の井戸を掘ったりしたもんで、そいで交流あったもんでね。それに、うちら中学校のころ、高校のころも、アルバイトに行ってたもんでね。

まあ主な仕事は変電所の工事屋だわねえ。そいで、うち機械を専攻したもんで、電気にはだいぶ抵抗あったけど、まあ知らんとこじゃないでさあ」

実は卒業を前に、彼は父親と一緒に帰化の申請を出した。

「帰化した理由はというと、まあ、きょうだいであってさあ、名前が違うもんねえ。まあ私はひとり辛抱すりゃいいんだけど、弟や妹がなんだかんだあるもんでねえ。

まあ、そのことが頭にあったもんで、名前だけは、先々でいかんで、変えなあかんちゅうことで、法務部と相談しに行って、いろいろ話してねえ。一年半くらいかかったかねえ。なんだかんだいってねえ。

ま、問題ちゅうとね、ただ一時、親父かしらの登録の期限が、二、三日切れたことがあったんだ。それがちょっと手こずったねえ。

そりゃ、うるさいもんですよ。たしかあれも、警察行って調書をとったと思うけどねえ。親父と私と一緒に二人で行ってね。『こういうことがあったら困る』ちゅうことでね」

彼は、金邦夫として吉岡電気工業に入り、一年ほどたってから佐藤邦夫に改名した。寸又峡で事件に出合ったのは、その直後である。

「そのときはまだ、会社の先輩は前の名前呼んでてね、いろいろだったね。佐藤ちゅう人もおったし、ま、半々くらいだったかな。そいで、かなり心配したんじゃないかね。あの、加藤末一さんがね。

あのとき、朝鮮、朝鮮ていってたのねえ。犯人のことを、みんないっとったでしょう。いや、旅館にいた人じゃなくて、世間が。『朝鮮野郎が』とかなんとか。その事件の最中に、テレビなんかでね。報道なんかでは、そういう感じだったわねえ。

そういうことがあったもんで、加藤さんはうちのことがあって、心配してたわねえ。『別に気にしんでもええで』いうて、は、いってみえてたわねえ」

吉岡電気工業の三人以外の同宿者は、金嬉老も含めて、彼がそういう生い立ちの人間であることを、現在に到るも、たぶん知らない。報道にたずさわっていた人たちも、おそらく同様であろう。彼が、最初、金嬉老に対して抱いた感情はこうであった。

「この野郎ということはあったねえ。えらい厄介者が来たなあぐらいですね。やっぱねえ。恐怖心というのは、多勢おったもんでねえ、いざとなりゃあっていうことがあったでね。ま、なんでもいいで、早くすっきりしんかなあっていうぐらいじゃないですか」

だが、金嬉老の話す生い立ちを聞いたときから、彼の心理ははっきり変化する。

「なんか学校のことといいよったねえ。それきいていて、うちらとまったく同じ経験をした人間がここにもいるなあと思ってね。まるで、そっくりの人間がねえ。私は日本人の中で育ったから、そういう話、それまでだれともしたことがないからねえ。

そいで、まあ、結局、どこまでこの人やってくれるかなあ、思ったねえ。

ただ殺人だけは、いくら、まあ、この世の中じゃねえ、どうしてもまげられんでねえ。だけど、こうも考えたね。やっぱり、うちらそういう立場であった場合は、いくらねえ、まともで世間に訴えたって、耳傾けてくれるような人は、ねえ、少ないだし、ああいう形でないと世間の人にね、わかって、また注目してくれないしね。同じ体験持っている人間として、もっと頑張ってもらいたいと、世の中に少しでもわかってくれる人がいるといいなあてことがね、感じたね」

金嬉老逮捕を知った瞬間の彼の落胆は、金邦夫としてのそれであった。人間の誇りをかけて抵抗に立ち上った男が、なぜ、権力の前に容易に屈服してしまったのか——と。

だが、翌朝、彼は新聞を開いて慰められる。

「捕ったときの写真が、結局、舌切ろうとして、のってたわねえ。だれか、刑事が棒突っこんで、かみ切らせないようにねえ。

死ぬ気だったただねえ。まあ、それだけでも救われるわねえ。自分らをただ裏切らなかったということでねえ」

金嬉老の逮捕をだれよりも痛切な思いで聞いたのは、もちろんオモニである。彼女はそのとき、千頭の駐在所に詰めていた。

「ヒロが捕まる。わしもその場で死ぬつもりで、もう、お酒一升買って。全然あんときまで、わし酒飲めなかったです。飲めなかったお酒を一升買ってから、三合くらい飲んだですよ。ラッパ飲みしちゃったの。もう死ぬつもりで。

テレビで見てたらヒロが舌かんで、血がたらたらたれるところを、舌かんだいうて、その衆らは棒を突っこんで、もうこうやるのをわし見て、ああ、もうすぐ駐在所の下、酒屋あったから、そこ行って、酒一升買って、もうラッパ飲みして、私ももうあの線路のとこ落ちて、死のうと思って、子供らみんな車に積んで、お前ら先帰って、わし用事があるからちゅうて、なにしたけんど、子供がどうしてもわしはなさないで、車積んで、わし家帰って、自分が泣きたいだけどんどん泣いて、その顔でハイヤー呼んでから清水の警察まで行って、もう私、ひとあばれしてから『出せ』ちゅうて、もう『死んでも出せ、たいてい死にたい』ちゅうて、またそこで散々言いっくらやって、それからまたその足で気違いみたいに車に乗って、ここ帰って来たんです」

民族問題を訴える金嬉老の口は、躍りかかった九人の警察官によって、字句通り封じられてしまった。そこに加わった機動隊の巡査部長は次のように話している。

〈そうしたところが、金が何かあわぶくみたいなものを出した。青酸カリということが頭にあったので、青酸カリでも飲んだのかなというような気がしました。ところが舌べらを出したので、すぐ手を歯のところへかけてあけようとしたが、全然口をあけないので、横にいた根来警部補に手錠を出してもらって、手錠で歯のところをこじて口をあけさせましたが、そのときハンカチとか、何かを口に入れるひまもなかったので、一応指を口の中に突っ込んで舌べらをかむのを防ぎました。（中略）それで直ちに手の指をかませて自動車の中に運んだわけですが（中略）ちょうど手近にドライバーの柄がありましたので、それにタオル巻いて、口へ突っこんだところちょうどいいぐあいになりました。

自動車の中では私が頭の方へ乗って、根来警部補がまん中に乗り、根来警部補がドライバーを口に入れて、私はその監視です。道が悪くてバウンドするのでドライバーが口の奥に入ったり抜けそうになるので（笑）口を注意して見ていました。深くなったりすると初めのうちは金の声が聞きとれなかったのですが、手の動作でフカフカ、オーオーいうんです。（笑）私はその手を見ていて深い深いというと（笑）浅くする。しかし、あまり浅過ぎて抜けてしまっちゃうとまた突っ込んでくれ（笑）ということで、清水まで運んでまいりました〉（『芙蓉』金嬉老事件特集号）

長々と引用したのは他でもない。頻繁にあらわれる（笑）の裏にあるものを考えてみる必要があろうと思ったからである。

自殺の防止は、警察官として当然のつとめであろう。それはよい。だが、一人の人間の生き死ににかかわることが、どうして、そんなにおかしいのか。笑いながらそれを語る神経は、いったい何に根ざしているのか。

ぐるぐる巻きにされた金嬉老が、丸太棒のように抱えられてふじみ屋旅館のわきを下りかけたとき、それまでゴーストタウンのようであった温泉街に、約二百人がわっとわき出た。そのほとんどは警察官とジャーナリストである。護送車の屋根はシャッターチャンスを競い合うカメラマンたちの土足で、原形を失った。一つの「事件」は、こうして終末を迎えたのである。

前出の『芙蓉』に寄せられた記者たちの文章の一つに、こういう箇所がある。

〈「記者は常に問題意識を持て」と教えられている。私たちはいろいろな現象にぶつかったとき、それにどんな意味があり、どんな影響を世間に与えるかを判断するわけだが、その前に直感でこれはニュースだととびつくヘキがある。録音（金から警察へかけた電話の）を聞いたいま、金のペースに巻き込まれたやり切れなさが残っている。この事件は最初から狂っていた。殺人犯が記者会見をして、かってな発言をする、さらに警察に謝罪を要求するなど、常識では考えられないことの連続だった。（中略）幸い事件は最良の形で解決された。だが、みんなが金にふり回されてしまった。警察の仕事は信頼を失っては成り立たない。新聞社も同じだ。金嬉老事件の重大さはこの点にあったと思う〉

一連の事件報道を支えていたのは、この程度の問題意識であった。何よりも初めに「狂って」いたのは、人間を人間として認めまいとする、私たちの社会ではないのか。

この記者は殺人犯に発言の機会を与えたことを強く反省しているようである。

声高にも小声にも誇るべき何物も持たないが、かつて殺人をおかしたことのない私が、改めて彼に設問したい。

人間を人間らしく生きさせない不正な社会に対する問題意識は、いったいどこへ行ってしまったのか、と。金嬉老は日本の法律によって裁かれ、現在熊本刑務所に終身刑で服役している。彼に償いを求めた私たちの社会が、その後、いささかでもそれを改めたか。

記者のいう、事件の「最良の形での解決」とは、警察の立場からする結果でしかない。彼の問題意識は、権力と一体化して、金嬉老をひたすら凶悪な人間像に仕立て上げる方向にのみ働いたのであろう。それでなければ、警察の「信頼」と新聞社の「信頼」を同列に置くはずがない。

金嬉老事件の重大さは、在日朝鮮人の懸命の訴えを、権力とマスコミが呼応して葬り去り、差別と抑圧の構造を最悪の形で温存することに成功した点にある。

その裁きは、いったい、だれがつけるのか。

あとがき

この事件が持ち上ったとき私は新聞社の社会部に属していて、遊軍と呼ばれた内勤記者の一人であった。東京から現地へ派遣された取材グループの主力は、警視庁担当とその経験者、つまり事件記者だったと記憶している。

送られてくる原稿を受けながら、私には大きな不満があった。そのどれもが「事件原稿」の域を一歩も出ていなかったからである。

事件記者の日常は「夜討ち、朝がけ」が象徴するように、事件を追う捜査員とのたゆみない接触の連続である。彼はつねに快く受け入れられるとは限らない。というより、現実にしばしば、その逆のかたちをとって現れる。

捜査員から職務に関して知り得た秘密の一端を引き出すために、事件記者は多くの場合、その意を迎えるべくつとめる。そのこと自体は責められないとして、しかし、そうした日常がいつしか記者の内側に警察との一体感を育て上げて行くのだとしたら、これを見過すわけにはゆかない。

残念なことに、事件原稿と呼ばれるものの大半が、警察的な見方にその根拠を置いている。私が属していた新聞が手掛けた金嬉老事件に関する一連の報道は、まさにそれであった。他の新聞についても、その間の事情に大きなかかわりはなかった。

平凡な言い方にしかならないが、ジャーナリストの使命は、自らを権力と対置させるところから始まる。そして、それは、記者たちを包括する新聞社がますます巨大化する一方で、体制化の方向をあらわにしている現在、決して容易なわざではない。

金嬉老事件を私たちの社会が抱え込んでいる差別問題とのからみで見ないことにはその本質が読者に伝わらないという私のかぼそい主張は、殺人犯を擁護するものであるとして、職場でかき消されてしまった。

翌年、ニューヨークに赴任を命ぜられた私は、ほぼ一年間、日本を留守にし、任期半ばで帰国した後、間もなく新聞社を辞めた。読者から負託されたつとめを全うすることが出来ない自分に自ら引導を渡したといえばかえって不遜に響くかも知れないが、それ以上報道機関にとどまるのは息苦しいことであった。

ここで率直に告白しなければならないことがある。金嬉老事件と、これに続く公判を通じて、私は終始、傍観者の立場にしかいなかったというのがそれである。『潮』に本稿を連載（一九七七年十一月号―一九七八年二月号）中、永年にわたり金嬉老氏の法廷闘争を身銭を切って支持してこられたという女性から、きついお叱りをちょうだいした。何のかかわりも持たぬ売文業者の私に、いまさら事件をあげつらう資格はない、というのがその趣旨である。その方からすれば、当然の怒りであろう。

お叱りを甘受すべきだと自身でも考えている私に、申し開きをするつもりはない。ただ一言だけいわせていただけるなら、新聞社を辞めたとき、いずれは果たさなければならない二つの宿題が私には残されたということがある。その一つが「新聞」であり、もう一つが「在日朝鮮人」であった。

そのいずれもが、新聞ではとり上げられないテーマである。そして、どちらにも私自身がかかわっている。

朝鮮総督府の下僚の家庭に生まれた私は、敗戦で支配層の末端から無一物の被征服者へと転げ落ちたことによって、たしかな苦痛を自分のものにすることが出来た。私をして新聞記者の職を選ばせたのは、そうした少年期の敗戦体験である。

新聞を弱者の代弁者だとする素朴な信仰は、やがて崩れるときがくる。そこにいたる経緯は、『体験的新聞紙学』（潮出版社）で述べたから、改めて繰り返さない。私はともかくも一つの宿題を果たした。

もう一つの宿題に対する答案が『私のなかの朝鮮人』（文藝春秋）を経て、いまやっと仕上ったところである。

どれもこれも、中身については、はなはだ心もとない。フリーという、それこそ弱者の道に踏み出して七年、まがりなりにもここにたどりついた小さな安堵感を不安が大きく上回っている。

私が試みたのは、マスコミによってつくり上げられた事件像の訂正にとどまっていて、問題解決の方向を指し示すなどは、到底、及ばないところであった。

頼りない筆者の手になるものが、さいわいにしていくらかの読後感を残すことが出来たとすれば、取材に快く応じて下さった関係者のお力添えの賜物である。

本稿の執筆にあたって、金嬉老公判対策委員会と弁護団の刊行物に負うところがきわめて大であった。傍観者でしかなかった自分の内実を深く嚙みしめ、孤立無援の状況の中で困難とたたかってこられた各位に、心から敬意と謝意を表す次第である。

なお、取材にはフリーとして立場を同じくする佐々木弘、森邦久両氏と私の三人であたった。文責は執筆者である私がすべて負うのは当然として、実質的に三人の共著とでもいうべき性格のものである。お断りして、両氏への感謝の言葉にかえたい。

事件満十年を前に

本田靖春

文庫版のためのあとがき

この事件が持ち上がったとき、私は新聞社の東京本社にいて、現地へ派遣されたいわゆる事件記者たちから電話で送られてくる原稿を受けながら、大いに不満であった。なぜなら、そのどれもが事件原稿の域を一歩も出ていなかったからである。

事件記者の日常は、「夜討ち・朝駆け」が物語っているように、犯人を追う捜査員とのたゆみのない接触の繰り返しである。そのこと自体は取材活動の基本として、当然、認められてよいが、そこから生じる弊害を見落とすわけには行かない。

捜査員との密着は、知らず知らずのうちに、警察との一体感を育てて行く。その結果、時として事件原稿は、警察的な見方の反映として現れるのである。

金嬉老事件に関する一連の報道が、まさにそれであった。これを日本の社会が抱え込んでいる差別問題とのからみでとらえないことには、その本質が読者に伝わらない、という私の主張は、殺人犯を擁護するものであるとして、職場でかき消されてしまった。

十六年間の記者生活の大半を社会部で過ごして、その歳月が私に教えたものは、犯罪の二文字で片付けられる多くが社会の暗部に根ざした病理現象であり、犯罪者はしばしば社会的弱者と同義語である、ということである。

そのような認識に立って、事件をトータルにとらえ、問題のありかを深く掘り下げるのが、ジャーナリストに本来求められている仕事ではないのか。かねがねそう思いながら、新聞の持つもろもろの制約から実行に移せずにいた私は、フリーの道を選ぶにあたって、納得の行く事件の全体像の再現を宿題の一つとして自分に課した。

しかし、フリーにはまた別の制約がいろいろあって、そこに行きつくまでに数年間を要した。やっと手掛けたのが『文藝春秋』の一九七七年六、七、八月号に掲載された「誘拐」であり、それに次ぐのが『潮』の同年十一月号から翌七八年二月号にかけて連載されたこの「私戦」である。

私は、吉展ちゃん事件を犯人小原保の側から描いた「誘拐」が文春文庫に入るとき、あとがきを次のように書いた。この部分は「私戦」にもそっくり通じることなので、再録をお許しいただきたい。

〈……姿を見せぬ犯人にじりじりと迫る捜査員の執念は、獲物を追うハンターの粘りに通じ合う。そして、それは彼の職分といささかも矛盾しない。「法と秩序」を背にする捜査員にとって、犯罪は取りも直さず憎むべき反社会的行為であり、その実行者は草の根を分けても仕留めなければならない敵なのである。

しかしながら、記者までもが捜査員と同じ感覚を身につけてしまうのは、どういうものであろうか。

その一つの表れが、犯人逮捕の際の見出しに用いられる「解決」の活字である。なるほど、犯人が挙がれば、捜査本部は一件落着とばかり祝杯を上げて解散する。しかし、それは社会

全般に通じる解決を意味しはしない。（中略）

もとより新聞は「法と秩序」を否定するものではないが、記者に与えられた役割りは、捜査員の職務とはおのずから別物である。

「鹿を追う猟師山を見ず」のたとえは平凡に過ぎようが、かつての私を含めて、事件報道にたずさわる記者たちにそのきらいがあったことを否定出来ない。……〉

複数の私服警官が、報道陣の暗黙の了解のもとに、記者を装ってその中にまぎれ込み、金嬉老に接近して彼を取り抑えた寸又峡における幕切れは、マスコミ関係者と警察の一体感を何よりも如実に示している。

そのようにして、事件は警察的見地からは解決した。そして、裁判によって終身刑が確定した金嬉老は、当然のことながら犯した罪を償うべく獄中にある。しかし、彼があえて非合法手段に訴えてまで告発せざるを得なかったわれわれの側の問題は、何一つ解決されていない。

「私戦」の連載は、不思議としかいいようのない沈黙に包まれて進行した。雑誌に文章を発表すれば、賛否をとりまぜて読者から反響が寄せられるのが普通であるのだが、「私戦」の場合に限ってまったく反応がなく、担当の編集者は戸惑いを隠さなかった。

この沈黙の意味するものは、いったい何であったのだろうか。

事件当時、寸又峡における金嬉老の発言は、自分の不法行為を正当化するための詭弁にしか過ぎない、とする受け止め方が、日本人のあいだでは一般的であった。そこには、一人一人が与《くみ》している差別の現実から目をそらしたいという心理が、意識するとしないとにかかわらず働いていたように思う。

金嬉老の言い分に耳をかせない、というのであれば、われわれの側でだれかが問題のありかを指摘しなければならない。そういう気負いから、私は浅学非才をも省みずその役を買って出た。

それが、自身の生い立ちにかかわる務めであろう、と考えたからである。

朝鮮総督府の役人から現地の軍需会社の管理職に転じた父親を持つ私は、敗戦によって支配層の一端から転げ落ち、無一物の引揚者となって祖国の土を踏んだ。そこから始まる困難な日々をくぐらなかったならば、加害者としての自分の姿は見えず、日本の支配下に置かれた朝鮮民族の怒り、苦しみ、悲しみに思いが至ることはなかったであろう。

といって、私には在日朝鮮・韓国人の立場を代弁する資格など毛頭ない。ただ、一人の日本人として、同胞に訴えることは許されるであろう。

敗戦体験は、この私にとって、何者にもまさる教師であった。そして、私は、新しく手にした憲法を指針に成長期を送った。その前文は次のようにいう。

〈……われらは、平和を維持し、専制と隷従、圧迫と偏狭を地上から永遠に除去しようと努めてゐる国際社会において、名誉ある地位を占めたいと思う〉（前文から）

この「私戦」を通じて私が問いかけようとしたのは、ここに謳われている〈名誉ある地位〉を、われわれは真に求めようとしているのかどうか、ということなのである。

憲法はわれわれの歴史上の過ちに対する反省と悔恨の証しではなかったのか。

私はつい先日、一人の青年を見送った。その青年は、朝鮮人の父と日本人の母とのあいだに生まれた。数年前からアメリカの西海岸で働いていたが、このたび永住を決意し、グリーン・カード取得のため一時帰国して、日本を捨てたのである。

彼をアメリカへ追いやったのは、他でもない。生い立ちに加えられる〈圧迫と偏狭〉であった。

日米貿易摩擦が強まる中で、アメリカ側では日本の市場閉鎖性を「アンフェア」であるとする声が高まっている。経済に関しては、日本側にも主張すべきことはあろう。しかし、青年を去らせた日本は、政治的にも社会的にも、彼を受け入れたアメリカとの比較において、アンフェアであると認めざるを得ない。

私がこの作品で試みたのは、マスコミによってつくり上げられた事件像の訂正にとどまっていて、問題解決の方向を指し示すなどは、到底、及ばないところであった。

頼りない筆者の手になるものが、いくらかの読後感を残すことが出来たとすれば、取材に快く応じて下さった関係者のお力添えの賜物である。読者の沈黙は、かならずしも黙殺を意味するものではあるまい。私には、寸又峡における「人質」の方々が、一、二を例外として、金嬉老の訴えに人間的な理解を抱いていることに救いを見た。

本稿の執筆にあたって、金嬉老公判対策委員会と弁護団の刊行物に負うところがきわめて大であった。公判の過程を通じて傍観者でしかなかった自分の内実を深く嚙みしめ、孤立無援の状況の中で困難とたたかわれた各位に、心から敬意と謝意を表す次第である。

終わりに、一般には馴染みにくいであろうこの作品を、文庫というかたちでふたたび世に送り出された講談社文庫出版部長の宍戸芳夫さんと担当の長田道子さんに、お礼を申し述べる。

一九八二年の憲法記念日を前に

本田靖春

解説　色褪せぬ本田の憤りとメッセージ

青木　理

ひたすら取材を積み重ね、それによって得られた事実のみを土台にノンフィクションという記録文学を紡ぐ世界に生きている者なら、誰しもが本田靖春に憧憬と尊敬の念を抱いているのではないだろうか。本田よりはるかに後輩で、本田自身とはほとんど直接の交流を持つ機会のなかった私も、その例外ではない。

本田が世を去ったのは二〇〇四年十二月だった。歳月は抗いようもなく無情に流れていくが、本田が遺した数々の秀作は今もまったく色褪せず、いぶし銀の輝きを放ちながら私たちの前にどっしりと屹立している。

本田の代表作として多くの者が挙げるのは、おそらく『不当逮捕』か『警察《サツ》回り』だろうと思う。検察内部に渦巻く権力闘争のあおりを受けて読売新聞の先輩記者が逮捕された事件をテーマとした前者は一九八三年に初版が刊行され、駆け出し記者時代の体験を自伝的に振り返りつつ「戦後」という時代を描いた後者は八六年に刊行されている。いずれも本田が五十代に入ってからの作品である。

一方、本作『私戦』が刊行されたのは七八年。本田が読売を辞して八年目、まだ四十五歳という若さだった。この前年に発表された『誘拐』と併せ、フリーランスとなった本田の初期を代表する秀作であり、両者にはいくつか共通点がある。本作『私戦』にせよ、吉展ちゃん誘拐事件を題材とした『誘拐』にせよ、戦後犯罪史に残る「凶悪事件」を描きながらも、犯行に手を染めた男たちを単なる悪人として断罪せず、むしろ男たちに寄り添い、時には温かな眼すら注ぎ込み、犯行の背後にある社会構造の病を撃とうと試みているのは、その顕著な特徴であろう。

本田も本作中で指摘しているが、メディアの事件報道はしばしば表層的で、紋切り型の偽善を振りかざして犯罪者をひたすら指弾する。そうした病理は現在も変わらず、この点でも本田のメッセージは重く深い。ことに本作は、本田にとってメルクマールともいえる仕事であった。本田が植民地支配下の京城——つまりは現在のソウルで生まれ、敗戦後に引き揚げてきた経験を持つからである。本田自身、「あとがき」でこう記している。

〈新聞社を辞めたとき、いずれは果たさなければならない二つの宿題が私には残されたということがある。その一つが「新聞」であり、もう一つが「在日朝鮮人」であった。

そのいずれもが、新聞ではとり上げられないテーマである。そして、どちらにも私自身がかかわっている。

朝鮮総督府の下僚の家庭に生まれた私は、敗戦で支配層の末端から無一物の被征服者へと転げ落ちたことによって、たしかな苦痛を自分のものにすることが出来た〉（本書379～380頁）

「たしかな苦痛」を自分のものとした本田は、二人のヤクザ者を射殺した後に十六人の人質をとって静岡・寸又峡温泉の旅館に立てこもった金嬉老が懸命に訴えた「民族差別の不当性」に共感し、歴史と社会構造の問題点への真摯な思索の必要性をいくどもいくども訴える。本田の訴えを支持する私ですら、思わずたじろいでしまうほど厳しい筆致で、差別への憤りも露にする。たとえば、次のように。

〈日本人は、すべてを「時代」という曖昧な概念に帰して、歴史に対する責任を自己に問い詰めることもなく、被害者の痛みとはまったく無縁のところで過去を安易に「清算」し、建前としては申し分のない憲法を免罪符に、もっぱら利己的な経済的充足を追い求める「平和国家」の道を歩き始めた。

そして、かなり手ごたえのある分配が行きわたった現在、まるでそれが民族の優秀性の証明ででもあるかのような錯覚に酔って、いまなお断ち切りがたく過去をひきずり続ける存在に対しては、うとましいものを見るような眼をしか持たないのである。

そんなに日本に不満があるのだったら、自分たちの国に帰ればよいではないか――と〉（174～175頁）

〈殺人行為を是認するものは、一人もいないであろう。同時に、差別の現実を否定し去ることの出来るものも、皆無のはずである。

繰り返しになるが、金嬉老は自分のおかした罪を償わないといっているのではない。警察の謝罪をかちとるというかたちで、日本人一人一人の目を差別構造に向けさせることが出来たら、それと引き換えに生命を捨てると確言しているのである〉（255頁）

〈彼の非行歴も犯罪歴も、われわれが恥じるべき性質のものである。なぜなら、それらは、われわれが築いて来た差別と抑圧の構造の所産に他ならないからである〉（329頁）

では、いま本田が健在ならば、昨今の情勢をどのように評しただろうか。

朝鮮半島では、北側に今なお非情な独裁が残存する一方、南半分の韓国は先進国並みの発展を成し遂げ、〇〇年代に入った日本では「韓流ブーム」が巻き起こった。それは一過性のものにとどまらず、どうやら確実に根を下ろし、テレビ画面からは「韓流ドラマ」がしばしば流され、街角では「K―POP」の軽やかなリズムが耳に飛び込んでくる。市民レベルの両国交流も大幅に拡大し、かつてほど露骨で苛烈な差別は影を潜めつつある。

時代は確かに変わった。しかし、皮相で愚劣な排外主義的風潮は、むしろ勢いを増している面もある。特に〇二年の日朝首脳会談以降、北朝鮮による日本人拉致問題を大きな契機としてそれは一挙に噴出し、メディアなども歴史を忘却したかのように激しい北朝鮮バッシングを煽り立てた。そのせいだけではないのだろうが、カタカナで「ウヨク」と評されるような連中が大手を振り、一部は街頭にまで繰り出し、朝鮮差別を露骨に正当化し、「朝鮮人は朝鮮に帰れ」といったアナクロティックな言辞を恥じらいもなく叫び立てている。インターネット上には、目を背けたくなるような差別的文句が溢れ返っている。

本田が世を去ったのは〇四年十二月だから、こうした風潮の一端は認識していたであろうし、おそらくは深く憂いていたに違いない。ただ、九〇年代の後半から幾つもの病に罹患し、壮絶な闘病生活を余儀なくされていた本田は、積極的な執筆や発言をできる状況ではなかった。もし本田の体調が万全だったなら、愚劣で軽薄な風潮は満腔の怒りをもって罵倒したに違いない。それが叶わぬ今となっては、私たちは本作を丁寧に読むことで、差別と差別を生む社会構造の歪みに憤った本田の精神に想いを馳せ、その重みを噛み締めるしかない。

さて、本田よりはるかに後輩である私が本田作品を云々と評するのはこの程度とし、本作で本田が描いた金嬉老の「その後」を紹介しておきたいと思う。

七五年に無期懲役刑が確定した金嬉老は、服役中も荒れた態度で刑務所当局に抵抗を繰り返し、面会に訪れた支援者らにもなかなか心を開こうとしなかったという。「私戦」は獄中でも続けられたということなのか、そうした態度は二十年以上も変わらなかった。

だが、九八年十一月になって金嬉老の心境に決定的な変化をもたらす出来事が起きる。静岡県内の老人ホームで余生を送っていたオモニが八十九歳で世を去ったのである。

金嬉老が心からオモニを愛していたのは本作でも繰り返し指摘されている。以後、獄中での態度も一変し、「恵まれない人たちのために尽くす余生を送りたい」と語るようになった。九八年に金大中が韓国大統領となり、日韓関係が史上最高と言われるほど好転したことも後押しし、九九年九月七日に金嬉老はついに仮釈放された。逮捕から数えれば、実に三十一年ぶりということになる。

ただちに韓国へ出国することが条件とされていたため、金嬉老は釈放直後の九月七日午後、成田空港発の日航機で日本を離れ、南部にある港町・釜山《プサン》に居を定めた。韓国でも早期の保釈を求める署名運動などが広がっていたこともあり、韓国メディアでは一時、「民族差別と闘った英雄」といった礼賛報道が溢れ、超党派の韓国国会議員らによって準備されたマンションが住居として提供され、各地で講演などにも招かれた。つまり金嬉老は〝祖国〟に温かく受け入れられた、かに見えた。

ところが金嬉老は〇〇年九月、〝祖国〟で再び犯罪に手を染めてしまう。釜山市内の女性宅に竹槍などを持って訪れ、女性と夫を脅した挙げ句、放火などをしたとして逮捕されてしまったのである。韓国紙などが伝えた供述によれば、金嬉老は女性と親しい関係になっており、「女性が夫に監禁されていると聞いてやった」などと主張したらしい。真相は定かでないが、本作の中で金嬉老自身、次のように自省していたことが思い出される。

〈自分で自分の存在がたまらなくいやでならない。

何故、俺という奴は乱れた性格に生れて来たのだろう。

（略）

善意ある人々に対して善意で答えてくれない結果を出すかも知れない最近の自分を思うと辛くて苦しむ（略）。これも自我の強さというアブノーマルな性格のゆえんだろう〉（238～239頁）

これをきっかけとして金嬉老を見る韓国内のムードは急速に冷め、韓国メディアが発言や動静を取り上げることもなくなっていった。そして一〇年三月二十六日、金嬉老は前立腺癌のため釜山市内の病院で死去し、壮絶な人生の幕を閉じた。「死ぬ前にオモニの墓参をしたい」と日本渡航を希望していたが、叶うことはなく、最後まで付き添っていた支援者の韓国人僧侶によれば、病床では次のような心情を吐露していたという。

「憎んだのは日本と日本人ではなく、日本政府や警察による在日同胞への差別的待遇だった。差別への憎しみは消えなかったが、日本人への怒りはなかった……」

享年八十一。最愛のオモニが世を去ってから約十一年半後、金嬉老の訴えを作品に昇華させた本田の世を去った日から数えれば、約五年半後の旅立ちであった。


（ジャーナリスト）

本書は『本田靖春集2』（二〇〇二年・旬報社）を底本とした。

初刊は一九七八年に潮出版社より、一九八二年に講談社より文庫化された。一部不適当な表現が用いられているが、原文を尊重し、そのままとした。明らかな誤植と思われるものは正した。

私《し》戦《せん》

二〇一二年 九 月一〇日 初版印刷
二〇一二年 九 月二〇日 初版発行

著　者　本田《ほんだ》靖春《やすはる》
発行者　小野寺優
発行所　株式会社河出書房新社
〒一五一－〇〇五一
東京都渋谷区千駄ヶ谷二－三二－二
電話〇三－三四〇四－八六一一（編集）
〇三－三四〇四－一二〇一（営業）
http://www.kawade.co.jp/

ロゴ・表紙デザイン　粟津潔
本文フォーマット　佐々木暁
印刷・製本　中央精版印刷株式会社

Printed in Japan ISBN978-4-309-41173-6

桃尻語訳 枕草子　上・中・下

橋本治

上／40531-5
中／40532-2
下／40533-9

むずかしいといわれている古典を、古くさい衣を脱がせて、現代の若者言葉で表現した驚異の名訳ベストセラー。全部わかるこの感動！　詳細目次と全巻の用語索引をつけて、学校のサブテキストにも最適。

シネマの快楽

蓮實重彥／武満徹

47415-1

ゴダール、タルコフスキー、シュミット、エリセ……名作の数々をめぐって映画の達人どうしが繰り広げる、愛と本音の名トーク集。映画音楽の話や架空連続上映会構想などなど、まさにシネマの快楽満載！

カリフォルニアの青いバカ

みうらじゅん

47298-0

お、おまえらどぉーしてそうなの。あー腹が立つ。もういいよホントに……。天才的観察眼を持つ男・みうらじゅんが世にはびこるバカを斬る。ほとばしるじゅんエキス、痛快コラム＆哀愁エッセイ。解説＝田口トモロヲ

万博少年の逆襲

みうらじゅん

40490-5

僕らの世代は70年の大阪万博ぐらいしか自慢できるもんはありません。とほほ……。ナンギな少年時代を過ごした著者が、おセンチなエロ親父からバカ親父への脱皮を図るために綴った、青春へのオマージュ。

時刻表2万キロ

宮脇俊三

47001-6

時刻表を愛読すること40余年の著者が、寸暇を割いて東奔西走、国鉄（現ＪＲ）266線区、２万余キロ全線を乗り終えるまでの涙の物語。日本ノンフィクション賞、新評交通部門賞受賞。

水木しげるの【雨月物語】

水木しげる

40125-6

当代日本の“妖怪博士”が、日本の古典に挑む。中学時代に本書を読んで感銘を受けた著者が、上田秋成の小説をいつか自分の絵で描きたいと念願。「吉備津の釜」、「夢応の鯉魚」、「蛇性の婬」の３篇収録。